TRASCENDER LOS NIVELES DE CONCIENCIA

LA ESCALERA HACIA LA ILUMINACIÓN

DAVID R. HAWKINS

EL GRANO D MOSTAZA

Título original en inglés: *Transcending the Levels of Consciousness, The Starway to Enlightenment.*
Copyright © cargo de David R. Hawkins

Título en castellano: *Trascender los niveles de conciencia, la escalera hacia la iluminación*
Autor: David R. Hawkins
Traducción: Miguel Iribarren
Portada: Rafael Soria

© 2016 para la edición española
El Grano de Mostaza Ediciones

Segunda edición corregida diciembre 2016
Segunda reimpresión mayo 2019

Depósito Legal: DL B 10105-2016
ISBN: 978-84-944847-9-7

EDICIONES EL GRANO DE MOSTAZA, S. L.
Carrer de Balmes 394, principal primera
08022 Barcelona
www.elgranodemostaza.com

TRASCENDER LOS NIVELES DE CONCIENCIA

LA ESCALERA HACIA LA ILUMINACIÓN

Recto y estrecho es el sendero...
No pierdas tiempo.
Gloria in Excelsis Deo.

DEDICATORIA

*Esta obra está dedicada a
la liberación del espíritu humano
de las ataduras de la adversidad
y de las limitaciones internas y externas
que asedian a la humanidad.*

CONTENIDOS

TABLAS Y CUADROS

PRÓLOGO

El ego nos mantiene atrapados en la creencia de que todo y todos estamos separados, de que nuestras acciones, nuestros pensamientos, andan libremente, campan a sus anchas sin ir a ninguna parte. Esta forma de ver y entender la vida nos hace tener experiencias dolorosas y sufrimientos innecesarios. Todos ellos están en relación directa con lo que se llama nivel de conciencia.

Una pregunta que podríamos hacernos todos es la siguiente: ¿Qué es un nivel de conciencia? Y una posible respuesta podría ser: Es una apertura, una ampliación de nuestra comprensión de lo que es la "realidad". Un cambio de paradigma que nos permite cambiar nuestra percepción, liberándonos de los apegos y deseos que conllevan dolor y sufrimiento.

Alguien dijo que todos tenemos la experiencia del dolor, pero el sufrimiento es una opción, una elección. Este estaría relacionado con nuestro apego y resistencia al cambio, con la aceptación de nuestra realidad.

Pienso que Este es el "quid" de la cuestión: poner en duda, cuestionarnos seriamente nuestras creencias y nuestros valores, los cuales determinan mi percepción y mi nivel de conciencia.

Lo tangible y lo intangible nunca han estado separados, la Evolución se correlaciona directamente con la Creación. Todo es inteligencia y Todo tiene un sentido que va mucho más lejos de la percepción dual.

Cuando el estudiante se cuestiona permanentemente su percepción de las experiencias vitales, cuando vive en la indagación, cuando comprende que todo dolor, lejos de ser un engorro, es una oportunidad de cambiar, es cuando amplía, sin hacer nada, su conciencia. La Consciencia se abre paso como si hubiera sido liberada de un obstáculo y entra, iluminando la conciencia del estudiante, reforzándole, alimentándole, dando soporte y estructura a este nuevo nivel de apertura de conciencia, hasta la próxima apertura.

Hawkins disecciona magistralmente los niveles de conciencia, y en su estudio quedas irremediablemente abocado a un proceso de cambio y transformación de tu propio nivel de conciencia.

De enorme interés tiene para mí, y lo digo porque refuerza la ecuación emocional fundamental que desarrollo en mi libro *Yo soy tú*, es el párrafo siguiente:

"Aunque la materia tiene una potencialidad enorme, carece de la cualidad o poder innatos para evolucionar hasta el campo de existencia que llamamos 'vida'. La suma de materia y evolución da como resultado la dimensión 'temporal'. En el nivel de conciencia 1.000, el nivel del Absoluto, puede confirmarse que la vida emana únicamente de la Divinidad."

Hawkins nos dice que este es el camino, y yo estoy plenamente de acuerdo con él. En la medida que abramos nuestra conciencia, que permite nuestra experiencia subjetiva en el mundo lineal, al alimento constante del Campo que lo sustenta Todo y que llamamos Consciencia, permitimos que esta última se vaya expresando en el mundo dual, transformándolo Todo a Su paso.

Este campo intemporal, omnipresente y omniabarcante es pura potencialidad, y en él resuena nuestro nivel de conciencia, lo que llamaríamos el nivel de manifestación en el mundo dual, el mundo de la conciencia, el mundo material.

Este libro nos enseña y nos conduce a un estado de conciencia que nos permite trascender las polaridades en las que se desarrolla nuestra conciencia. Se trata de un no posicionamiento, de un no juicio, de un observar con una mente tranquila que observa lo que sucede en la pantalla mental.

Cuando la conciencia no se deja atrapar por los ardides de la mente, cuando está en el estado de no-hacer, es cuando se le abre la puerta a la Consciencia y se le permite expresarse en esta situación y manifestar la "solución" más adecuada, perfecta, diría yo.

Aquí está la solución al juego psicológico que la mente urde para atrapar nuestra conciencia y esclavizarla al ego.

Nuestra conciencia alcanzará niveles de comprensión más elevados en la medida que nos cuestionemos permanentemente nuestra realidad, siendo conscientes de que está sujeta a creencias y valores que muchas veces son dogmáticos e irracionales.

Liberar la mente es no prestarle la atención que ella demanda, pues así es como se alimenta. Nuestra atención, nuestra fuerza creativa, es la energía que la mente necesita para seguir proyectándonos una película que creemos "real".

Se trata de mantener un estado de alerta, un estado de plena atención, de observar, para evitar, en la medida de lo posible, quedarnos atrapados y ser arrastrados por esta realidad virtual.

Como dice Hawkins, la mente es incapaz de diferenciar lo real de lo virtual. Ella busca constantemente atención, busca nuestra fuerza y procura mantenernos hipnotizados en esta "realidad". La mente esta dominada por el ego, y este solamente busca nuestro apego para que nos sintamos constantemente frustrados, solos, buscando "algo" que solucione nuestros problemas. El ego no permite que tomemos conciencia de que nuestros problemas y todas nuestras experiencias guardan una relación directa con el nivel de conciencia en el que estamos viviendo.

Trascender los niveles de conciencia es trascender las diversas polaridades de la vida, comprendiendo que estas son las fuerzas que generan el movimiento de lo que llamamos vida. Una polaridad no pude existir sin la otra. Posicionarse, atacar a la otra polaridad genera más fuerza dual y nos mantiene atrapados en una especie de "noria" que nunca para y cada vez gira más rápido.

Para detener este movimiento preciso la quietud mental que consigo cuando observo con plena conciencia que lo que tengo enfrente es una proyección, cuando en lugar de juzgar comprendo que las polaridades se complementan. Entonces permito una explosión de luz que me lleva a trascender la dualidad y a "ver" la solución a lo que llamaba problema.

Sean todos bienvenidos a ralentizar esta "noria" para que podamos bajar de ella. Gracias doctor Hawkins.

Enric Corbera

PREFACIO

En trabajos anteriores ya se ha descrito la investigación básica de la naturaleza de la conciencia y sus niveles. El primer trabajo se publicó, en forma de disertación, como *Qualitative and Quantitative Analysis and Calibration of the Levels of Human Consciousness*, en 1995. Después vino *El poder frente a la fuerza*, también de 1995, que incluyó explicaciones y elaboraciones. Los dos libros siguientes se dedicaron a la verdad espiritual y la iluminación: *El ojo del yo* (2001) y *I: Reality and Subjectivity* (2003).

Mientras que estos dos últimos libros se dedicaron a la iluminación personal, *Truth versus Falsehood* (2005) investigó la distribución y la evolución de los niveles de conciencia en la vida pública y en la sociedad, así como en el individuo. La intención de este estudio era indicar un camino hacia la paz y la integridad, con la esperanza de reducir la probabilidad de las guerras al proporcionar una ciencia accesible, pragmática y clínica de la verdad.

Este libro vuelve a enfocarse en el individuo y a estudiar los obstáculos subjetivos al avance de la conciencia, avance que conduce a una progresiva apertura espiritual hacia los niveles superiores en preparación para los estados avanzados, como la Iluminación misma. Este material se ha extraído de múltiples fuentes, incluyendo mis cincuenta años de experiencia en la práctica de la psiquiatría y el psicoanálisis, veinticinco años de investigación de la naturaleza de la conciencia y una serie de experiencias espirituales transformadoras que ya se han descrito en otros textos.

En este libro, como en los anteriores, se incluyen los niveles calibrados de algunas declaraciones importantes. Nótese que, debido a los recientes descubrimientos en el campo de la investigación de la conciencia —campo que está en permanente evolución— se han revisado y actualizado las instrucciones para realizar el test muscular (véase Apéndice B).

INTRODUCCIÓN

El campo de energía universal y omnipresente llamado conciencia *(consciousness)** tiene un poder infinito, una dimensión más allá del tiempo, y es no-lineal en cuanto a su composición. Es la "luz del mundo", tal como emana de lo Inmanifestado a lo Manifestado, de la infinita potencialidad no lineal a su expresión lineal, que es el despliegue de la Creación (el dominio físico circunscrito que percibimos).

El poder del campo de conciencia *(consciousness)* infinito y su infinita potencialidad se manifiesta como materia. Posteriormente, el lugar de encuentro entre la Luz de la Divinidad, que es el campo de conciencia *(consciousness)*, y la materia da como resultado el emerger de la cualidad y de la energía únicas de la vida misma. Aunque la materia tiene una potencialidad enorme, carece de la cualidad o poder innatos para evolucionar hasta el campo de existencia que llamamos "vida". La suma de materia y evolución da como resultado la dimensión "temporal". Seguidamente, la mate-

---

* (N. del T.) Aquí el autor parece contradecir su anterior definición dada en el libro Curación y Recuperación, a saber: *"Gracias a la conciencia somos conscientes de lo que ocurre en la mente. Ni siquiera la conciencia (consciousness) misma es suficiente. Dentro de la energía de la conciencia (consciousness) hay una vibración de muy alta frecuencia, análoga a la luz misma, llamada conciencia (awareness). De esta conciencia (awareness) surge el conocimiento de lo que está ocurriendo en la conciencia (consciousness), que nos informa de lo que esta ocurriendo en la mente, y ello, a su vez, nos informa de lo que está ocurriendo en el cuerpo físico".* Parece que donde allí usó "awareness", ahora usa "consciousness", y viceversa. Queremos senalar que aunque pueda haber inconsistencia en el uso de las palabras, el concepto mediante el que señala una relación jerárquica entre la conciencia (awareness) (Consciencia) y la conciencia (consciousness) es perfectamente coherente.

21

ria más el tiempo se expresan como "espacio" y, a partir de aquí, la existencia del tiempo, el espacio y la materia pueden ser discernidos por la inteligencia, un aspecto de la Divinidad expresado como vida. En el nivel de conciencia 1.000, el nivel del Absoluto, puede confirmarse que la vida emana únicamente de la Divinidad.

La Creación solo es capaz de ser conocida en virtud de la presencia de la conciencia *(consciousness),* que es la matriz de la existencia misma. Así, la conciencia *(consciousness)* es la realidad a priori e irreducible por medio de la cual la conciencia subjetiva *(awareness)* no lineal percibe lo lineal.

Seguidamente, la conciencia *(consciousness)* evoluciona a través de una serie de niveles de poder progresivos que podemos calibrar en función de su fuerza relativa, tal como se hace con un fotómetro o cualquier otro medidor de ondas de energía, sean cinéticas, de radio, o los componentes magnéticos de las conocidas estratificaciones que llamamos el espectro electromagnético.

En la década de 1970 surgió una ciencia clínica basada en el uso de la energía de vida y en su interacción con el campo infinito de la conciencia *(consciousness)* misma. Esto produjo los niveles calibrados del mapa de la conciencia, que han llegado ser mundialmente conocidos como consecuencia de su presentación en una serie de libros traducidos a muchos idiomas y de numerosas conferencias celebradas en Estados Unidos, Canadá, Europa y Asia.

La designación de los niveles se estratifica numéricamente de acuerdo con el poder que dan al calibrarlos, siguiendo una escala logarítmica que va desde "1" (que indica existencia) hasta el nivel más alto de "1.000", el nivel de energía más elevado dentro del dominio humano, que solo ha sido alcanzado a lo largo de la historia por unos pocos "Grandes Avatares" (los fundadores de las grandes religiones mundiales, como Jesucristo, Buda, Zoroastro y Krishna). Estos seres estaban iluminados por la Divina Presencia, que reemplaza la mente humana lineal, convencional y limitada por la Realidad no-lineal. A veces, la literatura clásica hace referencia al Ser, la presencia de la Divinidad inmanente, como Mente Universal. Mediante la trascendencia, el yo-ego es reemplazado por el Ser no-ego (véase Hawkins 1995, 2001, 2003). Tradicionalmente, a este fenómeno se le ha llamado "Iluminación". El emerger de una ciencia clínica de la verdad ya se ha descrito en obras anteriores. Una afirmación importante con respecto al campo infinito de conciencia *(consciousness)* es que representa el Absoluto, que permite calibrar todo lo demás en diversos grados con relación a él. El mecanismo es la ciencia clínica viviente del test muscular, que emplea como instrumento necesario de medida la sensibilidad biológica del sistema nervioso y la energía de vida tal como se expresa a través del sistema energético corporal de acupuntura (esta técnica no puede ser duplicada por instrumentos científicos sin vida). En presencia de la Verdad, la musculatura corporal se fortalece. En cambio, cuando confronta la falsedad (que es la ausencia de verdad, y no su opuesto), se debilita. Esta es una respuesta rápida y transitoria que revela rápidamente el grado de verdad del estímulo presentado.

El campo de conciencia *(consciousness)* infinitamente poderoso, intemporal y omnipresente es comparable con un campo electrostático que se mantiene inmóvil a menos que sea activado por una carga eléctrica. Entonces se activa el campo electrostático, que responde exactamente en la misma medida con una carga igual y de sentido opuesto. El campo electrostático, en y por sí mismo, no "hace" nada; únicamente registra y responde.

A diferencia del campo electrostático, el campo intemporal de la conciencia *(consciousness)* es permanente y, por lo tanto, registra todo lo que ha ocurrido o existido dentro del tiempo/espacio/evolución. El campo mismo se alza más allá del tiempo, del espacio y de cualquier dimensión conocida, incluyendo todas las dimensiones sin ser alterado por ellas. Este campo infinito es omnipresente, omnipotente, omnisciente, y solo puede ser identificado como el Absoluto, con el cual es posible comparar todas las expresiones de evolución o existencia.

Todo en el universo, incluyendo un pensamiento pasajero, queda registrado para siempre en el campo intemporal de la conciencia *(consciousness),* que está igualmente presente por doquier. Y todo lo que ha ocurrido, bien físicamente o en el pensamiento, está igualmente disponible, porque el campo está más allá del espacio y del tiempo. No hay "aquí" o "allí"; no hay "ahora" o "entonces". La totalidad está igual y permanentemente presente en todas partes. Por lo tanto, el mapa de la conciencia es una guía muy práctica y pragmática para comprender los niveles evolutivos de conciencia *(consciousness)* que han de ser transcendidos en el proceso de buscar el avance espiritual, la iluminación o el mejoramiento de uno mismo. También nos proporciona un mapa pragmático de los obstáculos que tendremos que superar a fin de alcanzar los niveles de conciencia óptimos. Las calibraciones no establecen la verdad, sino que meramente la confirman, prestándole una corroboración adicional.

EL MAPA DE LA CONCIENCIA ®

Visión de Dios	Visión de la vida	Nivel	Logaritmo	Emoción	Proceso
Ser	Es	Iluminación	700-1000	Inefabilidad	Pura Conciencia
Omnisciente	Perfecta	Paz	600	Éxtasis	Iluminación
Uno	Completa	Alegría	540	Serenidad	Transfiguración
Amoroso	Benigna	Amor	500	Reverencia	Revelación
Sabio	Significativa	Razón	400	Comprensión	Abstracción
Misericordioso	Armoniosa	Aceptación	350	Perdón	Trascendencia
Inspirador	Esperanzadora	Voluntad	310	Optimismo	Intención
Facilitador	Satisfactoria	Neutralidad	250	Confianza	Liberación
Permisivo	Factible	Coraje	200	Afirmación	Empoderamiento
Indiferente	Exigente	Orgullo	175	Desprecio	Engreimiento
Vengativo	Antagonista	Ira	150	Odio	Agresión
Negativo	Decepcionante	Deseo	125	Deseo imperioso	Esclavitud
Punitivo	Atemorizante	Miedo	100	Ansiedad	Retraimiento
Desdeñoso	Trágica	Pena	75	Remordimiento	Desaliento
Condenador	Desesperada	Apatía	50	Desesperación	Renuncia
Rencoroso	Maligna	Culpa	30	Culpa	Destrucción
Despectivo	Miserable	Vergüenza	20	Humillación	Eliminación

Primera sección

NIVELES QUE CALIBRAN POR DEBAJO DE 200: EL EGO

Primera sección – Visión general

LA EVOLUCIÓN DE LA CONCIENCIA

Para comprender los niveles calibrados de conciencia es conveniente recapitular cómo surgió la conciencia en el planeta y su evolución a través del reino animal hasta su expresión en la humanidad. El foco inicial de interés es la evolución del ego, con sus limitaciones innatas. El término "ego" tiene un significado diferente en el trabajo espiritual del que tiene en psicología, psicoanálisis y en las teorías de Carl Jung o Sigmund Freud. Estas diferencias se clarificarán posteriormente.

No se supera al ego viéndolo como un enemigo. Es nuestra herencia biológica, y, sin ella, nadie estaría vivo para lamentar sus limitaciones. Al comprender su origen y su importancia intrínseca para la supervivencia, podemos ver que el ego es muy beneficioso, pero, si no se resuelve o trasciende, tiende a volverse revoltoso y a causar problemas emocionales, psicológicos y espirituales.

En el tránsito de lo Inmanifestado a lo Manifestado, la energía de la conciencia misma interactuó con la materia y, siendo una expresión de la Divinidad, de dicha interacción surgió la vida. En sus primeras formas, las expresiones de la vida animal eran muy primitivas y no tenían una fuente de energía interna e innata. Por lo tanto, la supervivencia dependía de la adquisición de energía externa. Esto no fue un problema en el reino vegetal, donde la clorofila transforma automáticamente la energía solar mediante los necesarios procesos químicos. La vida animal tuvo que adquirir lo que necesitaba de su entorno, y este principio estableció el núcleo principal del ego, que aún sigue estando fundamentalmente dedicado a su interés particular, a la adquisición, a la conquista y a rivalizar por la supervivencia con otros organismos. Sin embargo, es importante señalar que el ego también tenía las características de curiosidad y búsqueda y, por tanto, de aprendizaje.

A medida que progresaba la evolución, los mecanismos de supervivencia se hicieron más elaborados en función de la inteligencia, lo que permitía adquirir, almacenar, procesar, comparar, integrar, correlacionar y estratificar información. Esta observación es la base de la teoría del "Diseño Inteligente", que no exige presuponer la existencia de una Divinidad o de un Creador. Esta teoría confirma que la energía de vida tiene una cualidad innata: mediante la experiencia, adquiere información y es capaz de procesarla en una integración progresiva y en estratificaciones de creciente complejidad.

Seguidamente la vida evolucionó hacia formas progresivamente superiores, y, si vemos un cuadro de este progreso a lo largo de grandes periodos de tiempo, su expresión en el reino animal se hace evidente (Reimpreso de *Truth versus Falsehood*).

Es notable que en los niveles de conciencia situados por debajo de 200 (con excepción de la mayoría de las aves), la vida podría describirse como predadora. Adquiere la energía que necesita a expensas de otros, y como su supervivencia se basa en la adquisición, ve a los demás como rivales, competidores y enemigos. Por tanto, hasta el nivel 200, la vida está presidida por la rivalidad y el interés propio. Como se contempla a los demás como enemigos potenciales, en el lenguaje moderno podríamos decir que la vida es posesiva, competitiva, hostil y, en sus expresiones extremas, agresiva y salvaje.

Niveles de conciencia de las eras arqueológicas

Periodos geológicos	Duración aproximada en millones de años	Formas de vida	Nivel de vida calibrado
Cuaternario	1	Surgimiento y dominio del hombre.	212
Terciario superior		Animales y plantas modernos. Desarrollo rápido de mamíferos modernos, insectos y plantas.	212
Terciario inferior	60		112
Cretácico superior		Mamíferos primitivos, últimos dinosaurios. Surgen las plantas con flores. Primeros pájaros y mamíferos.	
Cretácico inferior	60		84
Jurásico	35	Diversificación de los reptiles; coníferas.	68
Triásico	35	Surgen los dinosaurios; las cicas entre las plantas; peces vertebrados.	62
Pérmico	25	Surgen los reptiles. Insectos modernos. Los últimos de muchos grupos de plantas y animales.	45
Pennsilvaniano (carbonífero)		Primeros reptiles, anfibios, insectos primitivos; helechos con semilla; coníferas primitivas.	35
Mississipiano (carbonífero)	85	Clímax de los tiburones capaces de romper conchas.	33
Devoniano	50	Primeros anfibios, primeros caracoles de tierra. Plantas primitivas. Clímax de los braquiópodos. Primeros rastros de vida en la tierra.	27
Siluriano	40	Escorpiones, primeros peces con pulmones. Se extienden los arrecifes de coral.	17
Ordoviciano	90	Primeros peces. Clímax de los trilobites. Primera aparición de muchos invertebrados marinos.	12
Cámbrico	70	Primeros invertebrados marinos	8
Proterozóico Arqueozóico (Precámbrico)	Más de 1300	Protozoos. Algas, líquenes, bacterias	1

La edad de las rocas más antiguas es de aproximadamente 1.850.000.000 años
Fuente: Adaptado del *Britannica World Language Dictionary,* Nueva York: Funk & Wagnalis, Co.

En el nivel de conciencia 200 se produce un cambio hacia actitudes más benignas. Además de los carnívoros, ahora emergen los herbívoros. Desde el nivel de conciencia 200 hacia arriba, la naturaleza de la vida se vuelve más armoniosa. Aparece el cuidado maternal, junto con la preocupación por los demás, la lealtad a la manada y la identificación con otras personas. Son los comienzos de lo que posteriormente se expresará en la naturaleza humana como capacidad de relacionarse, socializar, jugar, y mantener vínculos familiares y de pareja, y la cooperación grupal para conseguir objetivos compartidos, como la supervivencia por medio de actividades comunitarias.

Con el avance de la evolución, los bípedos, al mantenerse erguidos, dispusieron de dos extremidades que no necesitaban para la locomoción. Estas extremidades libres desarrollaron habilidad manual y, como consecuencia de la oposición del pulgar, fueron capaces de fabricar herramientas.

El emerger del cerebro anterior facilitó la creciente complejidad y el córtex prefrontal se convirtió en el asiento anatómico de la inteligencia humana. No obstante, debido al predominio de los instintos animales, inicialmente la inteligencia estuvo al servicio de estos instintos primitivos. Así, el córtex prefrontal estuvo al servicio de las motivaciones de la supervivencia animal. Como se hace evidente incluso en la observación casual, la evolución representa la Creación, y la cualidad básica de la Creación es la evolución, porque ambas son una misma cosa.

El hombre primitivo apareció como un brote del árbol evolutivo, comenzando presumiblemente hace tres millones de años con "Lucy", y mucho después le siguieron el Neandertal, el Cromañón, el *Homo erectus* y otros; todos ellos calibraban aproximadamente entre 80 y 85. Más recientemente, tal vez hace unos 600.000 años, apareció en África el que probablemente es el predecesor del hombre moderno, el *Homo sapiens idelta,* con un nivel de conciencia situado asimismo entre 80 y 85.

Reino animal

Bacterias	1	Lobos	190
Protozoos	2	Hipopótamo	190
Crustáceos	3	Jabalí	195
Insectos	6	Animales que pastan (cebra, gacela, jirafa)	200
Arácnidos	7	Ciervo	205
Anfibios	17	Bisonte	205
Peces	20	Cerdo doméstico	205
Pulpo	20	Alce	210
Tiburones	24	Vaca lechera	210
Víboras	35	Oveja	210
Dragón de Komodo	40	Ganado vacuno doméstico	210
Reptiles	40	Elefantes	210
Mamíferos depredadores (hiena, león, tigre)	40	Monos	210
Serpientes	45	Caballo de granja	240
Caimanes	45	Gatos	240
Dinosaurios	60	Periquito, loro gris africano	240
Ballenas	85	Gato familiar	245
Delfines	95	Caballo de carreras	245
Aves migratorias	105	Perros	245
Aves de presa	105	Cerdo familiar	250
Roedores	105	Cuervo negro	250
Rinocerontes	105	Gorila	275
Babuinos	105	Chimpancés	305
Pájaros cantores	125	Excepciones:	
Palomas	145	Alex, loro gris africano entrenado	401
Oso polar	160	Koko (gorila entrenado)	405
Oso gris	160	Canción de pájaro cantor	500
Búfalo de agua	175	Ronroneo de gato	500
Oso negro	180	Cola en movimiento del perro	500
Chacal, zorros	185		

Este ego primitivo que persiste en el ser humano da lugar al núcleo narcisista de "egoísmo", que está situado en niveles de calibración inferiores a 200 e indica la persistencia del propio interés, la falta de consideración por los derechos ajenos y el contemplar a los demás como enemigos y competidores, más que como aliados. En nombre de la seguridad, los humanos fueron formando grupos y descubrieron los beneficios de la colaboración y la reciprocidad, lo cual vuelve a ser un corolario de la formación de grupos, manadas y familias en los reinos de los mamíferos y las aves.

El nivel de conciencia de los humanos fue evolucionando lentamente. En el momento del nacimiento de Buda, la conciencia colectiva de la humanidad calibraba en 90. Más adelante se elevó a 100 en tiempos de Jesucristo, y fue evolucionando lentamente a lo largo de los siglos posteriores hasta llegar a 190, donde permaneció durante mucho tiempo, hasta finales de la década de 1980. Entonces, aproximadamente en la Convergencia Armónica, a finales de la década de los 80, de repente saltó de 190 a 204-205. Se quedó ahí hasta noviembre de 2003, y entonces volvió a saltar repentinamente de 205 a su actual nivel de 207. En la actualidad, aproximadamente el setenta y ocho por ciento de la humanidad calibra por debajo del nivel de conciencia 200 (el 49 por ciento en Estados Unidos). Esto significa que el nivel de conciencia de casi el ochenta por ciento de la población mundial sigue estando por debajo de 200, y por lo tanto dominado por instintos, motivaciones y comportamientos animales primitivos (como se refleja en los telediarios).

En la escala de la conciencia (véase a continuación), el nivel crítico de 200 es muy significativo porque diferencia la verdad de la falsedad. Por lo tanto, los niveles por encima de 200, que progresan logarítmicamente, indican niveles de poder, y los situados por debajo de 200 indican que se confía en la fuerza, bien sea emocional, física o social, o cualquier otra que sea su expresión. Esta diferenciación viene señalada por la máxima de que la pluma (ideología) es más poderosa que la espada (fuerza).

También es muy significativo que la fisiología cerebral cambie drásticamente en el nivel de conciencia 200, que es el nivel en el que la cualidad de la vida cambia de depredadora a benigna, y no solo en el ser humano sino también en el reino animal. Esto se expresa en que surge la preocupación por el bienestar, la supervivencia y la felicidad de los demás, en lugar de limitarse al yo personal. Los beneficios de esta evolución hacia el cuidado a los demás y el crecimiento espiritual se muestran claramente en el cuadro siguiente.

Correlación entre los niveles de conciencia
y el nivel de felicidad

Nivel	Logaritmo	Porcentaje
Iluminación	700-1.000	100
Paz	600	100
Alegría	570	99
Amor incondicional	540	96
Amor	500	89
Razón	400	79
Aceptación	350	71
Buena voluntad	310	68
Neutralidad	250	60
Coraje	200	55
Orgullo	175	22
Ira	150	12
Deseo	125	10
Miedo	100	10
Pena	75	9
Apatía, odio	50	5
Culpa	30	4
Vergüenza	20	1

En cada uno de los capítulos siguientes vamos a investigar las dinámicas del ego tal como se aplican a cada nivel específico, lo que clarificará este tema con mayor detalle.

Capítulo 1

VERGÜENZA
(NIVEL CALIBRADO 20)

Introducción

Este nivel está peligrosamente cerca de la muerte, que puede elegirse como suicidio consciente o, de manera más sutil, dejando de dar los pasos para prolongar la vida. La muerte por descuido, indiferencia, falta de cuidado o accidente es común en este nivel. Todo el mundo es consciente del dolor que produce "quedar mal", ser desacreditado o parecer que uno "no es persona". En la vergüenza, la persona baja la cabeza y trata de escabullirse, deseando ser invisible. El destierro es el acompañante tradicional de la vergüenza, y en las sociedades primitivas en las que tiene su origen el ser humano, ser desterrado equivale a morir. Esta es la base del temor a la desaprobación, al rechazo o al fracaso.

Las experiencias tempranas de desatención, o de abuso físico, emocional o sexual producen vergüenza y conforman la personalidad para el resto de la vida, a menos que estos problemas se resuelvan posteriormente. La vergüenza, como determinó Freud, produce neurosis. Es destructiva para la salud emocional y psicológica y, como consecuencia de la falta de autoestima, hace que uno tienda a desarrollar enfermedades físicas. La personalidad basada en la vergüenza es tímida, retraída, introvertida y tiende a menospreciarse.

La vergüenza se usa como herramienta de la crueldad, y sus víctimas suelen volverse crueles. Los niños avergonzados son crueles con los animales y entre ellos. La conducta de las personas cuyo nivel de conciencia está solo en 20 es peligrosa. Tienden a tener alucinaciones de naturaleza acusatoria, así como paranoia, y algunos se vuelven psicóticos o cometen extraños crímenes.

Algunos individuos basados en la vergüenza la compensan con el perfeccionismo y la rigidez, mostrándose muy determinados e intolerantes. Ejemplos notorios de este caso son los extremistas de la moralidad que establecen grupos de vigilancia y proyectan su propia vergüenza inconsciente en los demás, por lo que se sienten justificados para atacarlos. Los asesinos en serie a menudo han actuado a partir de la vergüenza, el odio y el moralismo sexual, con la justificación de castigar a las mujeres "malas". Como esto tira hacia abajo de todo el nivel de la personalidad, la vergüenza da como resultado la vulnerabilidad a las demás emociones negativas, por lo que a menudo produce falso orgullo, ira y culpabilidad.

A nivel clínico

La depresión severa es un problema grave que puede resultar inmovilizador y ser una amenaza para la vida. Se produce no solo en individuos, sino también en grandes grupos de personas que mueren de apatía, o incluso se suicidan.

La desesperación está caracterizada por la impotencia y la desesperanza y, por tanto, se la describe como un estado de descorazonamiento que es muy difícil soportar. Se pierde la voluntad de vivir, pero, en el fondo, ni siquiera es posible suicidarse, debido a la falta de energía. El suicidio pasivo se produce dejando de comer o de atender a las necesidades físicas. Curiosamente, a medida que la persona sale de la apatía severa causada por la depresión y adquiere más energía, se vuelve capaz de suicidarse, lo que explica la paradoja clínica de que, aparentemente, los antidepresivos "causan" el suicidio, especialmente en niños y adolescentes. Este fenómeno era bien conocido en el ámbito clínico mucho antes de que se dispusiera de antidepresivos. Cuando el depresivo apático empieza a mejorar, surge la fase de depresión agitada, en la que está presente la energía para llevar a cabo el suicidio. Hace muchos años, antes de los antidepresivos, a los pacientes se les sometía a una estrecha vigilancia cuando "mejoraban" de la apatía al estado agitado (Hawkins, 2005). La vergüenza también refleja el odio hacia uno mismo que, cuando se dirige hacia fuera, puede producir una agresión severa, incluso homicida. Es curioso que un porcentaje considerable de asesinos insensatos de sus compañeros de clase estuviera tomando antidepresivos.

La depresión viene acompañada de grandes cambios en la fisiología cerebral y de niveles bajos de los neurotransmisores clave, como la norepinefrina y la serotonina. La propensión a la depresión incluye fuertes factores genéticos y kármicos, y a menudo se transmite en la familia. También está relacionada con la vulnerabilidad al alcoholismo. Se estima que al menos un tercio de los adultos tendrán un grado de depresión de serio a moderadamente severo en algún momento de su vida.

A nivel clínico, la depresión suele requerir ayuda profesional. Para complicar las cosas todavía más, resulta relativamente difícil diferenciar entre las tendencias verdaderamente suicidas y los gestos o amenazas de suicidio relativamente más frecuentes que surgen de un problema diferente, por lo general asociado con las relaciones interpersonales y los resentimientos.

Las depresiones graves pueden ser tratadas si se cuenta con las condiciones adecuadas, pero, en realidad, indican la necesidad de recibir ayuda psiquiátrica u otra ayuda clínica profesional, así como protección y apoyo. La pérdida de la esperanza de vivir, junto con la depresión acompañante, a menudo se da en sujetos solos y aislados, en personas mayores, y en personas normales que han pasado por el agotamiento psicológico de un estrés severo, como un divorcio, un desastre económico, la pérdida de seres queridos y el propio proceso de penar. El suicidio es la principal causa de muerte entre los adolescentes.

Como otras enfermedades, los grandes problemas emocionales tienen componentes físicos, emocionales y mentales. También puede haber factores interpersonales y sociales adicionales, así como influencias kármicas. La recuperación puede requerir que se aborden algunos de estos factores o todos ellos. Incluso un problema físico aparentemente simple, como una hipoglucemia funcional no diagnosticada, puede ser un factor importante (muchos depresivos se han recuperado simplemente evitando el azúcar). El hecho de no buscar o de no aceptar la ayuda adecuada a menudo se debe al orgullo (espiritual), a la negación (psicológica), o simplemente a la ignorancia (kármica). Seguidamente, las fluctuaciones del estado de ánimo afectan a las relaciones interpersonales e incluso al empleo (por ejemplo, homicidios y ataques de furia en el puesto de trabajo). Es posible examinar con humildad todos los factores que intervienen y conseguir la recuperación de condiciones muy graves, casi fatales, tal como se comprueba en los grupos de recuperación basados en principios espirituales.

La atracción de la muerte

Aunque se presupone que todo el mundo tiene miedo y aversión a la muerte, paradójicamente, bajo las condiciones adecuadas, la muerte también se contempla como algo atractivo (el final del sufrimiento), o como el acto final de venganza, de sacrificio heroico, o como un acto extremo de autoconmiseración. También existe "la muerte romántica", celebrada por el drama que conlleva (leyendas, ópera y relatos de ficción, como *Romeo y Julieta).*

Lo "emocionante" de la muerte está presente en el coliseo romano, en los duelos, en los circuitos de carreras y en los actos de guerra. El "coqueteo con la muerte" también es lo atrayente de asumir grandes riesgos (tal como viene representado, por ejemplo, en los símbolos de cráneos y huesos que algunos motoristas llevan en las chaquetas y en los tatuajes).

También es posible la muerte ceremonial *(hara-kiri),* y es celebrada solemnemente en los funerales de estado, cuando un carro tirado por caballos transporta lentamente el ataúd.

Freud postuló la existencia de un instinto de muerte innato llamado "Tanatos" (en contraste con "Eros", el instinto de vida) que está profundamente enterrado en el inconsciente primitivo, donde ejerce su potencial influencia, que puede estar fortalecida por el adoctrinamiento (pilotos kamikazes, suicidas islámicos que hacen estallar cinturones de explosivos, suicidios en masa de sectarios). Actualmente hay una larga lista de espera de diligentes voluntarios entre los extremistas islámicos ("Nosotros adoramos la muerte, no la vida", dijo bin Laden.) Existe, por tanto, este "culto a la muerte", que se presenta llena de glamur a jóvenes inocentes e impresionables, a los que no solo se induce a suicidarse, sino a practicar matanzas masivas de inocentes. Durante la Segunda Guerra Mundial hubo muchos voluntarios kamikazes. Así, esta drástica salida conlleva un atractivo singular y el atractivo del drama. Comúnmente el suicidio es un acto de desesperanza y desesperación, consecuencia de la pérdida de fe o esperanza.

Espiritual: la noche oscura del alma

El estado de desesperanza y de sentirse abandonado por Dios produce un sentimiento global de depresión, que puede incluir una alteración de la experiencia del tiempo comparable a la que se vive en los niveles inferiores del infierno descrito por Dante: "¡Oh! Vosotros que entráis, abandonad toda esperanza". Este estado también puede ser una fase transitoria que es consecuencia de un intenso trabajo espiritual, especialmente en el devoto que arroja al viento toda precaución y explora los niveles de conciencia más hondos, en cuya profundidad siente intuitivamente que es necesario renunciar al ego y eliminar toda duda.

Este estado también puede representar la necesidad de alcanzar la validación interna de la verdad espiritual, antes de abandonar el ego por completo. Curiosamente, esta también puede ser la ruta que tome el ateo devoto que trata de probar si es verdad que Dios no existe, y, de ser así, si puede sobrevivir a ello. La depresión espiritual severa puede representar el último asidero del ego en su lucha por sobrevivir. La ilusión básica del ego es que él es Dios, y que sin él sobrevendrá la muerte. Así, lo que se describe como "la noche oscura del alma" es en realidad la noche oscura del ego.

La confrontación con el núcleo del ego puede llegar inesperadamente, y puede ser consecuencia de soltar los apegos, junto con las ilusiones del ego y las falsas creencias y fantasías espirituales/religiosas que hemos atesorado con respecto a Dios. Por ejemplo, la idea de que Dios responderá a la súplica intensa o que negociará ("sacudir las puertas del Cielo"): "Oh, Dios, mira como sufro por ti".

Paradójicamente, la noche oscura del alma a menudo es signo de un progreso espiritual significativo, porque en realidad no es el alma (el Yo superior), sino el ego, el que está en la oscuridad. Se puede obtener cierto confort recordando el principio espiritual de que uno solo puede ascender tanto como ha descendido, y que Jesucristo sudó sangre en Getsemaní, o que Buda sintió que sus huesos crujían cuando fue atacado por los demonios.

En los pozos de la desesperación espiritual y en la negra desesperanza, la necesaria sabiduría que se ha de seguir es que, espiritualmente, todo miedo es ilusorio. La razón por la que es seguro soltar completamente todo lo que uno más quiere, junto con la creencia de que el núcleo interno del ego es la fuente de la vida misma, es que el ego no es la fuente, por más intensa que parezca la experiencia. La última barrera a la que se renuncia y se entrega a Dios es el sustrato aparentemente irreductible del núcleo de la existencia misma. Y la razón por la que es seguro hacerlo es que eso no es verdad.

Con la rendición y la entrega de lo que parece ser la fuente misma, el núcleo irreductible y la esencia de la propia vida, las puertas se abren de par en par cuando es kármicamente apropiado, y brilla la Radiante Presencia de la Divinidad. El "yo" personal, junto con la mente, se disuelven en el "Yo" Infinito del Eterno, con su profunda paz y su estado de Unicidad más allá del tiempo.

Este estado no es una consecuencia de la mente ni del ego, sino más bien del reemplazamiento que se produce cuando dejan de funcionar. Los últimos pasos requieren coraje, convicción y rendición a un nivel muy profundo. Es aquí donde la Verdad, en forma de vibración, y el aura de un verdadero maestro son de máxima ayuda (la histórica "mirada del gurú"), así como la invocación al maestro, salvador o realidad espiritual última que uno haya elegido, sea Buda, Cristo, Krishna o directamente Dios.

Otra forma de la experiencia de la noche oscura del alma es consecuencia de caer de un estado elevado (como la alegría devocional o el éxtasis), tal como se ha descrito en las vidas de los santos cristianos. Es como si uno hubiera sido "abandonado por el Amado"*. Esto puede surgir porque uno ya ha "consumido su buen karma", y entonces el resto de los apegos y las tendencias kármicas salen a la superficie para ser procesados y entregados a Dios. Algunos de ellos son profundos, como el auto-odio, el resentimiento hacia Dios, y algunas creencias muy queridas que están asociadas con el sufrimiento (por ejemplo, la creencia de que el sufrimiento nos garantiza el favor de Dios).

En la noche oscura del alma, la fe en ciertas creencias se confronta con la Realidad. Todas las creencias sobre Dios son información de segunda mano transmitida por otros y, por tanto, también hay que renunciar a ellas. Encontramos la razón de por qué esto es así al examinar por analogía el hecho de que solo un gato sabe verdaderamente qué es ser un gato porque es un gato. El gato no sabe nada "sobre" ser un gato y no tiene sistemas de creencias. Por lo tanto, todas las creencias erróneas sobre Dios son ajenas a la Realidad experiencial. Atravesamos la puerta que lleva a la Iluminación a través de esta profunda honestidad de no saber.

La experiencia de la Divinidad interna como el Ser, o Dios Inmanente, es muy distinta de la creencia en Dios Trascenden-

---

* Véase *Lives of Saints,* de Butler.

te. Debido a esta razón, Buda aconsejó que no se describiera a Dios ni se le diera nombres, porque la Iluminación es una condición o estado en el que conocemos al Ser como nuestra propia Identidad. En esta condición o estado no hay un yo con el que describir el Ser. Esta condición o estado se describe de manera óptima como auto-efulgente y, en dicho estado, el Conocimiento es su propia Realidad (volveremos al tema en capítulos posteriores).

Aunque el término "karma" no se usa específicamente en las religiones occidentales, sigue siendo una realidad básica, pues es la rendición de cuentas espiritual la que determina el destino del alma después de la muerte. Este término también incluye los problemas espirituales inherentes al ser humano, como el hecho de que la humanidad está caracterizada por una comprensión espiritual limitada ("ignorancia"). Así, el propósito de la vida humana es superar y trascender estas limitaciones heredadas, a través de la verdad espiritual tal como ha sido revelada por las grandes religiones y los maestros espirituales.

La mente occidental a menudo confunde el "karma" con el renacimiento, la reencarnación o los múltiples ciclos de vidas humanas. Genéricamente, la palabra karma se refiere únicamente al hecho de que el alma es evolutiva tanto por origen como por destino, y es responsable de sus decisiones.

Cada cual ya tiene un nivel de conciencia específico cuando nace. A nivel pragmático se puede considerar que es irrelevante cómo se ha llegado a esa condición. Las distintas religiones, así como la investigación de la conciencia, ofrecen distintas explicaciones. Sean cuales sean las razones, todo individuo tiene que proceder desde el lugar donde se encuentra en el proceso evolutivo. No obstante, si no se comprende el karma, las circunstancias individuales parecerán accidentales o caprichosas, y por tanto no estarán de acuerdo con los descubrimientos de la investigación de la conciencia, que demuestran que toda la creación es un reflejo de la Armonía, la Justicia y el Equilibrio Divinos.

Desesperación kármica

La desesperación kármica a menudo se experimenta a través de grandes acontecimientos o catástrofes. Por otra parte, también está presente el karma grupal del colectivo humano, que es consecuencia del hecho de ser humano. Este puede expresarse en las condiciones grupales, que pueden ser étnicas, religiosas o geográficas, o puede estar alineado de otra manera debido a actos o acuerdos del pasado. El karma es lineal, se propaga a través del alma, y se hereda como consecuencia de actos significativos de la voluntad. La probabilidad de tales consecuencias aparentemente negativas puede deducirse rápidamente al contemplar la historia humana, en la que frecuente y repetidamente se han dado casos de inútiles matanzas de inocentes, así como de actos de profanación voluntarios y sin motivo (karma negativo).

Verse afectado por lo que parecen ser consecuencias kármicas negativas es el resultado de una concurrencia o participación anterior. Así, los vítores cuando moría un gladiador son kármicamente significativos, como también lo es la lúgubre satisfacción que se obtiene del dolor, el sufrimiento o la muerte ajenos. Vitorear cuando se aplica la guillotina es participar en sus consecuencias kármicas. Tomarse la justicia por la propia mano supone un riesgo kármico, puesto que "Mía es la Justicia, dice el Señor". Si bien la fe en que la Divinidad garantiza una justicia absoluta es difícil de aceptar en un mundo de aparentes injusticias, es mejor confiar en la absoluta justicia de Dios y en el "no juzguéis para que no seáis juzgados", porque conviene recordar: "El que esté libre de falta, que tire la primera piedra".

Una analogía útil de la Justicia Divina (Leyes del Karma) es tomar conciencia de que el campo de conciencia *(consciousness)* infinito, omnipresente y omnisciente es, en sí mismo, la Irradiación de la Divinidad en la que quedan registrados todos los sucesos que ocurren, por más triviales que parezcan. Cuando uno nace, está automáticamente alineado con el campo kármico general como consecuencia de la cualidad de su propio campo lineal dentro del infinito campo de la conciencia misma. Así, una entidad solo puede desplegar su propio destino mediante actos de voluntad. Para bien o para mal, la calibración de la conciencia del sujeto queda afectada por el acto de voluntad y por la decisión interna y, como consecuencia, la entidad individual es atraída hacia su nivel de conciencia adecuado, que está dominado por un "campo atractor"[*]. Así, el nivel de conciencia de cada uno representa una herencia kármica.

Desde una comprensión global de la naturaleza de la conciencia puede verse que la justicia (karma) es automática como consecuencia de la interacción de la vibración del alma dentro del campo de conciencia infinito. La ciencia de la verdad y la investigación de la calibración de la conciencia confirman el pasaje de las escrituras que dice: "Y hasta vuestros cabellos están todos contados (numerados)". El campo infinito de la Divinidad lo conoce todo, y por tanto la justicia prevalece automáticamente. Las fantasías humanas proyectan desde el inconsciente un dios antorpomórfico que es vengativo, celoso, iracundo y es la supuesta "causa" de los desastres. No obstante, es evidente que los grandes desastres naturales que han ocurrido durante la historia de la humanidad ya ocurrían también antes de la existencia del hombre; de hecho, se presume que son la condición que produjo el fin de la era de los dinosaurios.

En resumen, como ya se sabe, el karma (destino espiritual) es consecuencia de decisiones de la voluntad, y determina cuál será nuestro destino espiritual después de la muerte física (los niveles celestiales, los infiernos, el purgatorio, o los denominados planos astrales internos [bardos]). Esto también incluye la opción de reencarnar en el dominio físico humano, la cual, según la investigación de la calibración de la conciencia, solo puede tomarse mediante acuerdo con la voluntad individual. Así, todos los seres humanos han acordado

[*] Véase *El poder frente a la fuerza*.

elegir este camino. Además, la investigación de la conciencia confirma que todas las personas nacen en las condiciones óptimas para su evolución espiritual, independientemente de las apariencias.

El significado real del karma es la responsabilidad y, como se ha citado en la investigación espiritual previa, cada entidad debe responder ante el universo. También es bien conocido que el karma positivo (buenas obras, oración, servicio desinteresado, actos benevolentes, etc.) puede compensar y deshacer el karma negativo ("malo"). En este proceso, los "méritos" se acumulan, y a veces incluso se puede echar mano de ellos cuando hay que afrontar vicisitudes. El progreso espiritual es un resultado automático cuando se elige de manera general estar en el mundo con una actitud de buena voluntad, perdón y amor, en lugar de verlo como un lugar donde hacer transacciones provechosas.

Resolver el propio karma incluye no solo esta vida, sino también aspectos históricos y evolutivos largo tiempo olvidados. El trabajo espiritual puede sacar a la luz actitudes, creencias o pensamientos reprimidos del inconsciente personal, así como aspectos del inconsciente colectivo humano que están energéticamente alineados por analogía al sistema de chakras de los arquetipos junguianos (por ejemplo, el corazón del niño, el bazo del guerrero, la ingenuidad del adolescente, etc.). Debido a la naturaleza del desarrollo humano, incluso un adulto maduro, inteligente y plenamente desarrollado conserva impulsos infantiles reprimidos u olvidados, pero aún funcionales, que operan fuera de la conciencia. Uno de los más comunes es el equilibrio que se produce fuera de la conciencia entre el "yo bueno" y el "yo malo" (esta es el área de los trastornos de la personalidad basados en la división y compartimentalización de la identidad, tipo doctor Jekyll y míster Hyde). La dicotomía bueno/malo puede ser la fuente de múltiples dificultades psicológicas, de las que la más común es la proyección de mi "yo malo" en otras personas.

Grupos y el papel de la catástrofe

La pobreza severa, las privaciones y la inanición son endémicas en grandes áreas, culturas y regiones del mundo, tal como se
ha descrito y mostrado gráficamente en una obra anterior (*Truth
versus Falsehood*, capítulo 14). Estas regiones están caracteriza-
das por altas tasas de nacimiento y de mortalidad infantil, esperanza de vida corta, altos niveles de enfermedad, disturbios,
guerras tribales, crueldad y asesinatos masivos.

La investigación de la conciencia confirma que la pobreza en-
démica regional es de origen kármico, y se correlaciona con la
transmisión genética.

Las primeras formas de homínidos (que calibraban en el nivel
85-90) han ido y venido, y, desde un punto de vista evolutivo,
el *homo sapiens* solo ha emergido muy recientemente en el árbol de la evolución. De hecho, en este momento histórico, la
mayor parte de la población humana (el setenta y ocho por ciento) calibra por debajo de 200, y consecuentemente se inician y
atraen experiencias acordes con ese nivel.

Cada nivel de conciencia indica que se ha progresado de los
niveles situados por debajo, y también puede representar el nivel al que han caído, como consecuencia de sus elecciones, los
que antes estaban más arriba. Este proceso descendente está
bien documentado en casos de líderes políticos muy famosos,
que empezaron siendo íntegros e idealistas, calibrando en 400,
y después, como consecuencia de la megalomanía, cayeron a niveles muy bajos (Napoleón, Hitler, etc.). Este fenómeno le puede ocurrir a individuos y también a grupos, como es el caso de la
sociedad de la Isla de Pascua y de otras que vinieron y se fueron.

Lo que se conoce comúnmente como karma negativo a veces
se denomina "deuda", como por ejemplo en: "Perdónanos nuestras
deudas así como nosotros perdonamos a nuestros deudores". Aunque las decisiones voluntarias tienen consecuencias kármicas, son re-
cuperables con la dedicación y el alineamiento espiritual adecuado.

A medida que la gente evoluciona espiritualmente, cada nivel al que se asciende conlleva sus pruebas o tentaciones, en las

que pueden caer los incautos. De estas, las más conocidas son la riqueza, el poder y el prestigio (el orgullo precede a la caída; el poder corrompe, y el poder absoluto corrompe absolutamente). Esto se describe clínicamente como la "tentación luciférica" del poder por sí mismo o de tener poder sobre otros. El error está en atribuir la fuente del poder al "yo-ego", en lugar de a la Divinidad. En el mundo secular se producen caídas parecidas cuando los ejecutivos corporativos parecen perder todo sentido de la realidad y sucumben a la avaricia del poder ilimitado. La vergüenza también es una consecuencia del abuso del estatus y de la influencia espiritual/religiosa, tal como se comprueba en las catástrofes de los gurús caídos que en su momento fueron aclamados mundialmente y dispusieron de grandes riquezas.

En buena parte de la literatura mundial se cuentan fábulas, como las de los dioses griegos y nórdicos, así como las del Antiguo Testamento y otras religiones, que posteriormente fueron reemplazadas por el desarrollo del monoteísmo. Las historias registradas de los santos cristianos dan testimonio de lo duro que puede ser el trabajo espiritual. Muchas de ellas están bien descritas, como en *La tentación de San Antonio,* de Flaubert, y en las *Confesiones,* de San Agustín. Buda también describió que fue atacado por las ilusiones y las energías negativas de los "demonios" de Mara (ilusión).

En estudios anteriores hemos aprendido que todos nacemos en las condiciones óptimas para disfrutar de oportunidades kármicas. Por lo tanto, es sabio no juzgar, puesto que lo que parece desdicha o catástrofe puede ser la puerta a la liberación para los que tienen karma negativo que deshacer. Así, los sucesos aparentemente catastróficos pueden ser elementos muy esenciales y necesarios para la evolución del alma.

Trascendencia
En el fondo de la desesperación se agota la energía, e incluso la voluntad de vivir. Con frecuencia, solo es posible rendirse y entregar completamente el ego al pozo infernal de la absoluta

desesperación, llegándose a veces hasta el punto de una muerte física inminente. En la agonía extrema e intemporal, el alma puede rogar: "Si Dios existe, le pido ayuda", y entonces se produce una gran transformación. Esto confirma la verdad de la enseñanza Zen: "El cielo y el infierno apenas están a un milímetro de distancia". Extrañamente, el ego puede llegar a este punto en un intento de demostrar que Dios está equivocado, a veces llegando hasta la propia muerte física (el ego se agarra a cualquier cosa); por tanto, el ego batalla hasta el último momento para probar que la muerte es real y que Dios no lo es.

Las dualidades de la vergüenza

La vergüenza es una consecuencia de negar las realidades tanto del yo personal como del Ser. En la vida normal es transitoria, pero cuando la vergüenza es el nivel de conciencia prevaleciente, supone un obstáculo importante para la evolución espiritual, y, cuando es severa, puede incluso amenazar la supervivencia física.

Las dualidades de la vergüenza

Atracción	Aversión
Autocastigo	Perdonarse a uno mismo
Depresión	Elegir la vida
Juzgar	Rendirse a la misericordia de Dios
Negatividad	Soltar la propia posición
Encogerse, esconderse	Hacerse visible
Considerarse indigno	Afirmar el don de la vida
Visión rígida de uno mismo	Corregible, flexible
Condena	Perdonar
Mortificación	Elegir la propia valía
Denigración	Honrarse a uno mismo
Odio hacia uno mismo	Perdonarse
Severidad	Benigno
Desequilibrio	Ver ambos lados de la situación
Culparse	Culpar a la ignorancia del ego
Exagerar las faltas	Trascender las limitaciones
Visión parcial y selectiva	Visión general equilibrada
Considerarse un perdedor	Ser capaz de corregirse
El final del camino	El comienzo de lo nuevo
Considerarse indigno de amor	Tener valía por ser un Hijo de Dios
Error imperdonable	Tomar el error como una lección
Orientación narcisista	Preocuparse por los demás
Servir al yo	Servir a la vida
Autoevaluación indulgente	Soltar la posición egoísta
El yo como centro de la vida	Participar en la vida
Enfocarse en el yo	Enfocarse en los demás
"Debería haber"	Saber que entonces no fui capaz

Capítulo 2

CULPA Y ODIO VENGATIVO
(NIVEL CALIBRADO 30)

Introducción

La culpa, tan usada en nuestra sociedad para manipular y castigar, se manifiesta mediante una variedad de expresiones, como el remordimiento, la auto-recriminación, el masoquismo y todos los síntomas del victimismo. La culpa inconsciente produce enfermedad psicosomática, tendencia a sufrir accidentes y conductas suicidas. Muchas personas luchan con la culpa durante toda su vida, mientras que otras tratan desesperadamente de escapar de ella negándola con comportamientos amorales.

El dominio de la culpa produce preocupación por el "pecado", una actitud emocional de no perdonar frecuentemente explotada por los demagogos religiosos, que la usan para la coerción y el control. Estos mercaderes del "pecado y la salvación", obsesionados con el castigo, probablemente están representando su propia culpa o proyectándola en otros.

Las subculturas que exhiben la aberración de la autoflagelación a menudo manifiestan otras formas endémicas de crueldad, como la matanza pública y ritual de animales. La culpa provoca furia, y matar suele ser su expresión. La pena capital es un ejemplo de cómo matar gratifica a una población iracunda y asolada por la culpa, aunque nunca se ha demostrado que tenga ningún valor disuasorio o corrector. En cambio, satisface la necesidad emocional del "justo" castigo.

A nivel clínico

Este es el nivel de la culpa seria y la autocondena por ser malo y malvado; aquí se considera a Dios como castigador y vengativo. La culpa es una conducta aprendida con componentes psicológicos importantes. Hay factores que contribuyen procedentes de la sociedad, de los padres y de la religión, así como las programaciones negativas de los programas sociales. Por tanto, puede predominar la vergüenza, con el juicio subsiguiente de que uno es indigno, de que no merece amor y de ser un gusano sin valor que es odiado por Dios y no está a la altura de la salvación, y mucho menos del perdón. En este nivel uno se juzga a sí mismo y se considera más allá de cualquier esperanza de redención.

La culpa toma la forma de penitencia, odio hacia uno mismo, autocastigo físico y psicológico, suicidio, abnegación y adicción que se autopropaga. "Oh, Señor, mira cómo sufro" se convierte en un intento sutil de manipular a Dios.

Uno de los modos de gestionar la culpa que tiene el ego es la proyección: como uno no se apropia de sus motivos y emociones, las ve "ahí fuera", lo que hace que el odio y la venganza hacia lo externo estén justificados. La enseñanza religiosa de "odiar el pecado" representa una paradoja espiritual, pues expresa la misma cosa que deplora. La compasión y el perdón permiten pasar por alto este error y tomar conciencia de que los individuos y la humanidad en general son limitados, ignorantes, y en realidad no saben ni entienden qué hacen ni por qué.

La ignorancia es un derivado automático de los mecanismos mentales internos heredados del ego, que fueron examinados y clarificados desde el punto de vista evolutivo en *Truth versus Falsehood* (Sección I). También es posible mejorar la culpa reconociendo la verdad de la declaración de Sócrates de que "todos los hombres buscan únicamente lo que perciben como bueno", pero, por desgracia, debido a las limitaciones de la percepción, no podemos discernir entre la verdad y la falsedad, ni lo verdaderamente bueno de aquello que percibimos como deseable (riqueza, éxito, posesiones, poder sobre los demás, etc.). La culpa es consecuencia del recuerdo de acciones pasadas que lamentamos. Dichas acciones solo pueden ser trascendidas mediante la re-contextualización. Nuestros errores son la consecuencia natural e impersonal del aprendizaje y del desarrollo y, por tanto, son inevitables.

A medida que progresó la evolución, surgió la capacidad de aprender, llamada "inteligencia", como consecuencia del método de prueba y error, un proceso operativo requerido para la supervivencia. Dicho proceso fue acumulándose en forma de datos y recuerdos. Esto dio lugar a la larga continuidad temporal y experimental que clasifica los sucesos en "entonces" y "ahora". El yo presente "es" y el yo anterior "fue", y, en verdad, lo que "fue" no es idéntico a lo que "es". El lamento y la culpa son el resultado de equiparar el yo presente que "es" con el yo anterior que "era", pero en realidad ya no es; ambos no son iguales.

La culpa puede ser una emoción educativa surgida para avisarnos de que no cometamos el mismo error. No podemos reescribir el pasado, pero podemos recontextualizarlo para que sea la fuente de un aprendizaje constructivo. El lamento por los sucesos o las decisiones del pasado puede aliviarse cuando nos damos cuenta que "parecían una buena idea en aquel momento".

Como la mente humana tiene deficiencias y no es omnisciente, la ignorancia y la limitación, que representan etapas evolutivas, dan lugar a la culpa y el lamento. Los errores del pasado se debieron a limitaciones y pertenecen a cierto momento en la línea temporal de la evolución, tanto a nivel personal como colectivo. Lo que era aceptable en el pasado ya no lo es. La ignorancia se debe a falacias en la percepción o en la interpretación. Por lo tanto, cualquiera que sea el contenido del lamento, en realidad se trata del mismo defecto apareciendo en otras circunstancias. La definición absoluta y literal de la palabra "pecado" es "error". Posteriormente, esto se combina con las elaboraciones, las clasificaciones y los mandamientos religiosos en función del grado atribuido de seriedad y culpabilidad.

A nivel operativo, solo hay un único "pecado" recurrente, que es el error, la ignorancia, la percepción equivocada o el fallo en el cálculo. Es una consecuencia de la limitación de la conciencia humana. La humildad y la aceptación de dicha limitación facilitan el perdón de uno mismo. Siendo realistas, lo apropiado suele ser un "lamento decente", como decía Billy W., el conocido fundador de Alcohólicos Anónimos. La culpa y el remordimiento excesivos son una forma disfrazada de egoísmo en la que el yo se hincha y se exagera, convirtiéndose en el héroe de la tragedia y en la negatividad de la que el ego se alimenta. Por lo tanto, liberarse de la culpa requiere renunciar a este egoísmo básico, porque el ego cobra fuerza por medio de la negatividad.

Otra posición egoísta es "tendría que haberlo sabido", la cual da entrada a lo hipotético, que siempre es falaz (todas las posiciones hipotéticas calibran como falsas). Revolcarse en la culpa es complacencia y alimentar al ego. Por lo tanto, tenemos que estar dispuestos a renunciar a ella.

En términos psicológicos y según el psicoanálisis, la fuente de la culpa es lo que Freud denominó el superego. Este es una parte de la mente que está compuesta de juicios y puntos de vista introyectados, y de contenidos aprendidos. Un superego hipertrofiado puede ser la fuente de un exceso de culpa o de escrúpulos, y también puede ser proyectado sobre otros para justificar formas extremas de venganza, como la revancha contra el "malvado" enemigo. Esto permite racionalizar el dar muerte a otros "porque se lo merecen", lo que puede venir apoyado por la propaganda cultural y el lavado de cerebro sectario realizado por figuras de autoridad (por ejemplo, los terroristas religiosos). Las personas que son víctimas de la combinación del error luciférico (orgullo, distorsión de la verdad) y del error satánico (crueldad, salvajismo) alcanzan niveles de conciencia extremadamente bajos. Así, a menudo los peores estragos de la humanidad han sido causados en nombre de Dios (la clásica inversión luciférica del bien y el mal). Desde el punto de vista evolutivo, esto revela las limitaciones del ego. Puede verse que quienes perpetran salvajadas son víctimas de niveles rudimentarios de conciencia.

A partir de analizar sus orígenes y dinámicas, se puede resumir que la culpa no es más que otra forma de egoísmo en la que se infla el error, en lugar de entregarlo a un poder superior. Dios no es sádico, de modo que la autodegradación o el autocastigo no Le sirven ni sirven al resto de los seres humanos.

El lado "gótico" de la cristiandad histórica tendía a glorificar la tela de saco, las cenizas y el sufrimiento de la penitencia. Desde una mayor comprensión del ego y su mecanismo, podemos ver que este mecanismo es sutilmente egoísta, y puede conducir a extremos de ascetismo o persecución (por ejemplo, la Inquisición).

En psicología, uno de los procesos para aliviar la culpa recibe el nombre de "deshacer", y guarda relación con llevar al superego punitivo (conciencia) hacia una visión más realista de la vida y a la compensación del error, de modo que se vuelva más benigno y menos sentencioso y punitivo.

En el desarrollo infantil ideal, las figuras parentales introyectadas (con las que uno se identifica) no son duras sino amables, siendo profesores amorosos. También es posible proyectar externamente el superego punitivo en un posicionamiento político agresivo, crítico y extremo que tienda a propagarse por lo "jugoso" que resulta el odio político. Otras expresión de este error es el modelo agresor/víctima que tanto prevalece en nuestra sociedad, y que se puede aplicar a cualquier situación social. En psicoanálisis, a este mecanismo se le llama proyección y tiene como finalidad mantener el conflicto reprimido, en lugar de tomar conciencia de él y responsabilizarse.

La comprensión y contextualización del "ego" en la terminología freudiana clásica es muy distinta de la que se hace en la terminología espiritual. El ego freudiano es un aspecto de la mente que tiene que lidiar con la realidad externa, además de equilibrar y resolver los conflictos internos entre el "Id" (impulsos primitivos) y la conciencia. Así, se equipara la salud psicológica con tener una personalidad saludable, realista y equilibrada. Cuando el superego maligno mejora y se vuelve benigno, surge el aspecto protector de la autoridad, cuyo papel es educar. Entonces, el superego ya no tiene que ser proyectado en el mundo externo ni tiene que volverse contra uno mismo.

Culpa y memoria

Como hemos descrito, la estructura dualista del ego hace que la percepción (programa lineal editado) se confunda con la realidad (por ejemplo, el porcentaje de errores en los testimonios prestados por los testigos oculares en los tribunales de justicia asciende al cincuenta por ciento). La memoria y el recuerdo no son de la realidad, sino de la percepción que uno tuvo en ese momento (para más información, véase la Sección I de *Truth versus Falsehood).* Aunque es posible que los hechos históricos y literales se recuerden correctamente, no se comprende su significado porque, si queda culpa, los sucesos no fueron verdaderamente entendidos desde el contexto de una realidad mayor.

Transformación

Aunque las explicaciones psicológicas y sociológicas resultan útiles, no esclarecen la verdadera curación que se produce cuando se trascienden estos niveles inferiores de conciencia. Mediante el alineamiento espiritual, las circunstancias pasadas se recontextualizan bajo la influencia de esa energía interna. Este proceso conlleva el ejercicio de la voluntad espiritual, que mediante su intención, invocación, oración y declaración inicia un procedimiento que no pertenece al ego, sino al Ser espiritual. Este proceso se describe extensamente en *Un curso de milagros* (cal. 600), y esta experiencia subjetivamente milagrosa y transformadora da como resultado un sentimiento de paz y sanación.

La participación en grupos espirituales —en los que la energía espiritual personal es potenciada por la intención y el apoyo grupal, y por el campo espiritual (por ejemplo, las reuniones de Alcohólicos Anónimos calibran en 540, el nivel del amor incondicional)— facilita este fenómeno.

Como atestiguan muchos miles de personas, las percepciones negativas y la culpa pueden ser reemplazadas por una comprensión positiva y un cambio en el recuerdo y en la manera de ver las cosas. Esta es la base de la declaración que suele usarse en estos grupos: "Ahora lo veo de otra manera". Mediante esta transformación es posible perdonar a personas que antes odiábamos, y contemplar a los que antes nos daban miedo como sujetos pacíficos; el odio queda reemplazado por la compasión por la fragilidad humana. Aunque es el yo personal el que invita a la transformación, esta viene ocasionada por la invocación al poder de la voluntad espiritual, mediante la cual lo aparentemente imposible no solo se vuelve posible sino una realidad experimentada.

Entender los mecanismos por los que domina el ego

La ilusión es la consecuencia secundaria y automática del posicionamiento. Lo que ocurre en una transformación milagrosa es que el posicionamiento se disuelve, permitiendo así la contextualización en un marco más amplio, fuera del tiempo y del espacio, mediante la cual el contenido lineal queda reemplazado por lo no lineal (contexto). El principal soporte de la persistencia en la negatividad es la compensación secreta que el ego obtiene de ella (le resulta "jugosa"). Esta compensación secreta es la única fuente de energía del ego, de modo que ve el perdón y la compasión como "enemigos" (en las fuerzas armadas totalitarias, no se permiten expresiones de benevolencia, simpatía o compasión, pues se consideran signos de debilidad y están estrictamente prohibidas).

En el mundo espiritual, el principio básico es: "Los resentimientos justificados no existen". El ego aborrece esta declaración.

—Oh, sí —dice—, ¿pero qué pasa con tal y tal?

A continuación, repasa su lista de agravios, su letanía de horrores, violaciones de "derechos", injusticias, argumentos supuestamente "éticos" y "morales", etc. Todos los terapeutas, consultores y asistentes sociales están familiarizados con estas recitaciones. Para recuperarse, la cuestión que uno tiene que afrontar es si desea aferrarse a ello (y por lo tanto conseguir el "jugo") o renunciar. En este punto hay que tomar una decisión y sin ella no se puede producir la curación.

La decisión tomada en este punto de inflexión tiene consecuencias en la fisiología cerebral y en su capacidad de comprender la sabiduría de elegir el perdón en lugar del odio. (Véase el diagrama Fisiología del Cerebro, en el Capítulo 9.)

Para ayudar a aceptar este paso necesario puede ser conveniente utilizar un ejemplo extremo. Probablemente el ejemplo más notable e impactante es el de los veteranos de la Segunda Guerra Mundial, en la cual la experiencia, tanto a nivel individual como grupal, fue horrible en grado máximo. Tras el final de la guerra, la mayoría de los enemigos que combatían se perdonaron rápidamente, llegando incluso a saludarse formalmente y a celebrar juntos el final del conflicto. Se estrecharon las manos en muestra de respeto mutuo. Allí estaban los pilotos kamikazes, que habían castigado la nave de uno y habían matado a los camaradas, dejando también a muchos heridos y minusválidos. Por su parte, los americanos fueron los primeros en tirar bombas atómicas, que mataron a miles de civiles. Después del cese de las hostilidades, se extendió un extraño manto de aceptación de que todo había terminado y "aquello simplemente había sido la guerra". Los antiguos combatientes entablaron amistades y se visitaban periódicamente, acompañados de sus respectivas familias. Hoy en día, los supervivientes aún conmemoran juntos las grandes batallas.

La renuencia a perdonar es consecuencia no solo de la falta de disposición del ego a soltar el "jugo" (recompensa) que tiene para él la injusticia percibida, sino también a la ilusión de que los demás "no se lo merecen". Pero, en realidad, quien más se beneficia del perdón es el que perdona, y no el perdonado. El propósito de este ejemplo es demostrar que es posible trascender hasta las condiciones más extremas, pero solo mediante un acto de voluntad y estando dispuesto a dejar de alimentar el odio y la venganza.

Uno podría preguntarse cómo es posible que se produzca tan santa transformación teniendo en cuenta las horribles circunstancias en ambos bandos, incluyendo los aprisionamientos en campos de concentración, el hambre, las torturas personales, la tremenda crueldad y las matanzas. En realidad, a nivel psicológico, la mente/ego no podría hacer esto en absoluto, porque cuando está atrapada en el campo de energía del odio, que solo calibra en 30, le falta el poder necesario. Por lo tanto, la fuente transformadora de poder no puede tener su origen en la mente o en la personalidad, en lo que llamamos el "yo" personal. El poder necesario reside en una cualidad no lineal de la conciencia llamada "voluntad"; solo ella puede abrir las puertas al poder necesario para disolver el posicionamiento del ego.

Cuando se le invita, el Espíritu Santo transforma la comprensión mediante el poder curativo de la Gracia. Lo que el ego es incapaz de levantar con todo su poder es como una pluma para la Gracia de Dios. Como consecuencia de este proceso de transformación, nuestra visión de los demás se transforma de odiosa a benigna, cambiando también nuestra visión de nosotros mismos.

Las culturas asoladas por la culpa suelen tener una visión negativa de Dios, al que consideran vengativo, iracundo, justiciero y castigador a través de los desastres naturales, que se contextualizan como castigos de Dios por la maldad. El juicio personal se basa en la percepción, reforzada por las creencias y las programaciones anteriores, y todas ellas se mantienen en su lugar por la recompensa que suponen las energías negativas para el ego. Al ego le "encanta" sufrir un "mal", ser el mártir, ser malinterpretado, y ser siempre la víctima de las vicisitudes. De esta manera consigue grandes compensaciones, y no solo de su propio posicionamiento, sino también de la simpatía, de la autoconmiseración, de la importancia, de ocupar el centro del escenario en el que uno es el héroe o la heroína del melodrama. El ego acumula ofensas y lesiones, alimenta los "sentimientos heridos" y apila los agravios en su tragicomedia interna de recolector de injusticias. Con este fin el ego colectivo ordeña "derechos" de los que echar mano para racionalizar y defender cualquier posicionamiento o punto de vista extremista. La batalla por los "derechos" es la principal fuente de noticias de los medios de comunicación y de la denominada lucha "política". En nombre de los derechos, la verdad se sacrifica y se intercambia voluntariamente por ganancias. Por ellos mueren millones de personas.

Un examen interno hecho con honestidad revela los deleites secretos que el ego obtiene de alimentar estas protestas y justificaciones. La ilusión del ego es que este proceso nos nutre, cuando en realidad tiene el efecto contrario.

Para liberarse de este círculo vicioso conviene contemplar la totalidad del sufrimiento humano y recontextualizar los hechos desde la compasión. Como señaló Buda, ser mortal conlleva automáticamente sufrimiento. Esta es la razón por la que enseñó la Iluminación, a fin de evitar esta recurrencia kármicamente determinada. Cuando uno libera del anzuelo a un atacante odiado mediante el perdón, no es esa persona quien se libera del anzuelo, sino uno mismo. Como también dijo Buda, no hay necesidad de castigar a los demás ni de vengarse porque la venganza les llegará de su propia mano.

Al púbico le suele preocupar que los culpables no sean castigados. Cualquiera que esté familiarizado con la realidad de la conciencia y la verdad espiritual se da cuenta de que eso es imposible. Todo el mundo es responsable ante el universo y está sujeto a la Justicia Divina por la propia dinámica del universo. Como corchos en el mar, cada alma flota según su propio nivel de flotabilidad, que no se debe a ningún acto arbitrario del mar. Nuestra mano es la única que dirige el timón de nuestra vida;

esta es la libertad total que Dios nos concedió. Ningún hombre cae si no es por su propia mano. Una ocurrencia supuestamente "accidental" solo lo es para nuestra percepción. No hay accidentes en el universo, ni siquiera son una posibilidad. Lo que esto significa es que los acontecimientos son imprevisibles o incomprensibles para el ego lineal, limitado al paradigma newtoniano de causa y efecto (calibra al nivel 450).

En los periódicos de hace veinte años salió un día una noticia, que aquí hoy nos sirve de ejemplo, sobre un avión que volaba a gran altura cuando se desprendió parte del fuselaje y resultó que solo una persona, de entre los cientos de pasajeros, fue absorbida y cayó al vacío. Las personas se congregan en grupos porque están alineadas con el mismo campo atractor. Cuando los peces del fondo del mar nadan en grupo o cuando los pájaros vuelan en bandadas, cada uno está donde está no porque esté alineado con los demás, sino porque todos están sintonizados exactamente con el mismo campo atractor. Cada uno de ellos, individualmente, está siguiendo una especie de poderoso campo magnético, que a su vez está sujeto al campo atractor superior, y así sucesivamente hasta la Divinidad (este pasaje calibra en 995).

Las políticas del ego/el odio

El ego estructurado en la dualidad se propaga a sí mismo mediante un posicionamiento que tiende a verlo todo en términos de atacante/víctima (el clásico error relativista de Karl Marx). En virtud de un posicionamiento arbitrario, divide los sucesos en polos opuestos, y el proceso de echar la culpa que se produce seguidamente puede estar dirigido hacia dentro, en forma de culpabilidad, o proyectado hacia fuera, en forma de odio y paranoia. Así, el ego juzga y, sin darse cuenta, se convierte en su propia víctima. Si odia, inconscientemente sentirá culpa por violar la verdad, y es posible que reprima la culpa acumulada, lo que añadirá más energía al odio proyectado. Como se comentará en un capítulo posterior, esto también contribuye a mantener el nivel de miedo, puesto que el ego espera inconscientemente que lo que proyecta le sea devuelto.

A pesar de sus mecanismos, el ego no puede escapar de las consecuencias, tanto si dirige el ataque hacia dentro como hacia fuera. La falacia inherente al posicionamiento del ego es que, en realidad, no es la persona real la que siente culpa u odio, sino solo el propio ego. El Ser real no se ve afectado porque la verdad es inmune a la falsedad. Así, a nivel operativo, este juego de odio/culpa solo es una cuestión de política interna, en la que distintas voces tratan de dominar y ganarse la lealtad de uno.

El ego siente envidia de lo que intuye que es superior a sus limitaciones, y por lo tanto odia y denuncia lo que no puede entender. Tiene interés en denigrar y considerar que está mal aquello que no puede comprender. Así, el escéptico odia sutilmente la verdad espiritual o la conciencia superior y sus valores (amor, verdad, Divinidad, belleza). El odio a la pureza o a la estética se expresa en la obscenidad y en la vulgaridad, así como en la profanación (destruir la Pietá, humillar la feminidad, insultar la erudición, difamar la integridad, etc.).

Muchas supuestas críticas (disfrazadas de "discurso libre") son odio envidioso mal disimulado, y van acompañadas por justificaciones racionales a fin de reducir la culpa. El odio ideológico alimenta el debate público sobre casi todos los temas o problemas de nuestra sociedad, del que el ego deriva lo que percibe como ganancias en forma de atención. El odio a menudo toma la forma de culpa proyectada cuando se echa la culpa a alguien.

Asimismo, estas políticas del ego tienen su contraparte en la sociedad, que está muy preocupada por culpar. Aunque los individuos desempeñan su papel, los sucesos desdichados a menudo representan un fracaso del propio proceso social subyacente debido a políticas que son intrínsecamente falaces. Si bien castigar a los culpables satisface al público, generalmente resta algo a la sociedad, porque para encontrar la resolución hay que examinar el proceso subyacente.

La culpa derivada de un juicio impreciso realizado en el pasado puede superarse mediante mecanismos de reparación, confesión y re-dedicación moral, así como mediante la compensación con buenas obras (el proceso de "deshacer"). La humildad también ayuda a la recuperación cuando admitimos que una parte de la culpa surge del orgullo. Por ejemplo: "No debería haber cometido ese error". La palabra "debería" es errónea, pues representa algo hipotético. Lo hipotético nunca es real, y en realidad es una abstracción idealizada. Por lo tanto, lo hipotético es una fantasía.

La historia personal pasada representa lo mejor que uno pudo realmente hacer en las circunstancias dadas, que incluyen nuestros estados perceptivos y emocionales en ese momento. Los errores pueden tener un efecto positivo porque nos sirven para mantener una humildad realista. El ego es una brújula errónea que a menudo da orientaciones equivocadas. Cuando consideramos la medida de sus limitaciones, es una maravilla que cualquiera sobreviva el tiempo suficiente incluso para cometer errores.

El estudio de la historia de la civilización revela rápidamente que no solo los individuos, sino también grandes multitudes, han caído y han muerto como consecuencia directa de la incapacidad de la mente humana de discernir entre la verdad y la falsedad. Millones de personas, países enteros e incluso generaciones de ciudadanos han sido devastados repetidamente por falsas creencias, ilusiones, engaños y por la incapacidad de reconocer la falta de integridad de algunos líderes. El famoso libro de Mackay *Delirios populares extraordinarios y la locura de las masas* se ha venido reimprimiendo de manera constante desde 1841.

Debido a que la evolución de la conciencia, tanto individual como colectiva, es progresiva, el pasado parece compararse de manera desfavorable con respecto al presente. Las lecciones solo pueden aprenderse mediante el despliegue de la experiencia a lo largo del tiempo; así, hipotéticamente, siempre hay algo más que podría saberse. En realidad, a la edad de veinticinco años uno no puede disponer de la información con la que cuenta a los cincuenta. Todo el mundo piensa: "Si hubiera sabido eso, habría hecho otra cosa". Por tanto, podemos considerar humildemente que cada momento conlleva cierta limitación. Lo que éramos entonces no es lo que somos ahora. Los errores son intrínsecos al proceso de aprendizaje, que es el destino de la propia condición humana. Como la mente tiene una conciencia limitada, lo compensa mediante la sustitución por presuposiciones (una suposición fundamentada) y, por lo tanto, a nivel operativo, las elecciones y decisiones se basan en lo que parece ser la mejor opción, tal como indica el aforismo de Sócrates*.

La culpabilidad espiritual es consecuencia de la moralidad, de la ética y de los sistemas de creencias religiosos que, aunque contribuyen a ella, también incluyen procesos consolidados para aliviarla y recuperarse, como la confesión, el perdón, la penitencia y la renovación, y volver a dedicarse a los principios espirituales, así como a las buenas obras, al servicio desinteresado y a los esfuerzos humanitarios. Es posible dar un buen uso a la culpa haciendo que nos motive a cambiar para mejor. Una culpabilidad razonable también prueba que uno tiene conciencia y, por lo tanto, puede ser corregido. El psicópata carece de este rasgo y sigue adelante ciegamente, cometiendo los mismos errores una y otra vez y hundiéndose cada vez más. Por tanto, la persona de orientación espiritual puede sentirse agradecida por contar con unos criterios a observar en su vida que guíen su comportamiento de manera realista.

"El ideal del ego"

Otra estructura del ego psicológico es lo que Freud denominó "el ideal del ego" (en contraste con el Id de los instintos animales reprimidos, y el superego o conciencia). Este mecanismo mental consiste en establecer criterios, objetivos, y una identidad que

---

* Nadie hace mal a sabiendas.

están basados en aquello que admiramos, deseamos e idealizamos. El ideal del ego es aquello que uno tiene planeado, en lo que quiere convertirse. Las figuras idealizadas se introyectan como modelos, y, por lo tanto, inspiran y favorecen las ambiciones y la planificación de la vida.

El logro de estos ideales aporta una mayor autoestima y satisfacción, pero, alternativamente, fracasar en el intento de vivir estas expectativas también puede producir culpa. Así, las expectativas poco realistas tienen que ser revisadas periódicamente para que no se vuelvan opresivas. Tener un objetivo en mente resulta inspirador y ayuda a conseguirlo, porque lo que tenemos en mente tiende a realizarse. Sin embargo, es un error atacarse a uno mismo con la culpa por no haber alcanzado el ideal. Cuando se examina esta situación, a menudo se descubre que lo que se deseaba no era el objetivo en sí mismo, sino la satisfacción asociada con él.

Cada momento incluye simultáneamente opciones y limitaciones. Estas son consecuencia de factores kármicos que se expresan colectivamente como la totalidad de las circunstancias de nuestra situación y de nuestra herencia de vida. El ego/ yo es lineal, y por lo tanto sujeto a limitaciones y obstáculos. El reconocimiento de este dilema humano puede dar como resultado que elijamos objetivos espirituales en lugar de materiales ("No puedes llevarte un coche al cielo"). Es de ayuda recordar la frase bíblica "Almacena tesoros en el cielo y no en la tierra". A la larga, simplemente ser bondadoso con los demás y con la totalidad de la vida tiene consecuencias mucho más positivas que el éxito mundano, que es temporal y acaba perdiéndose. Es conveniente reevaluar periódicamente los objetivos y preguntarse si son realmente importantes o solo son consecuencia del egoísmo. El éxito en cualquier empresa es una consecuencia automática del estilo de vida en el que uno da lo mejor de sí sin buscar ganancias.

Para recuperarse de la culpa, la oración y la dedicación a los valores espirituales son extremadamente valiosas, como también lo es darse cuenta compasivamente de que la condición humana es difícil para todos, incluso en el mejor de los casos y a pesar de las apariencias.

Los problemas de resolver la culpa o los defectos morales

La culpa es una función del superego normal, o conciencia, y es un mecanismo de restricción para equilibrar los instintos y los impulsos animales de lo que Freud denominó el "Id", compuesto por instintos reprimidos muy primitivos que incluyen incluso los impulsos de matar.

Si bien un exceso de culpa pide corrección, su ausencia total es aún más grave, y generalmente es consecuencia de una condición patológica congénita que conduce a diversas formas de criminalidad y psicopatología, como se ve en los asesinos en serie, en las personalidades psicopáticas o en política, donde toma la forma de narcisismo mesiánico maligno.

En las personas normales existen mecanismos normales de culpa que disuaden del egoísmo, la crueldad o los impulsos predadores. Entre los aspectos útiles de la culpa se incluyen el arrepentimiento, la contención y la autocrítica constructiva, todos ellos componentes de la moral y de la ética responsables. Estos aspectos de la conciencia contrarrestan los extremos de egoísmo que exhiben las personalidades criminales y psicopáticas. Sin restricción, los impulsos muy primitivos de odio, normalmente reprimidos, quedan sueltos en sociedad, tomando la forma del asesino, del violador, el pedófilo, el asesino en serie y el criminal de masas. Todas estas condiciones calibran en un nivel de conciencia de aproximadamente 30, o incluso más bajo. Por la extrañeza de las conductas que expresan, se ha dicho de estas personas que están "poseídas" (por ejemplo, por el mal). Están dominadas por niveles de conciencia que han sido caracterizados como el "bajo astral".

A menudo, estos desórdenes pueden diagnosticarse hacia la temprana edad de tres años por la característica incapacidad de postergar la gratificación, de aprender de la experiencia y de anticipar las consecuencias. Hasta ahora, estos desórdenes han demostrado ser incurables, y su curso clínico es la reincidencia y la criminalidad crónica como estilo de vida. Si el desorden va acompañado por un intelecto adecuado, puede tomar la forma de fraude corporativo e incluso de distorsión patológica de la religión, que seguidamente se usan para camuflar los instintos predadores. Esto se ve en algunas sectas extrañas o en distorsiones aberrantes de las religiones tradicionales, que se convierten en sectas, llegando a conducir al suicidio individual o en grupo, o a la matanza de inocentes en nombre de la Divinidad.

Otra variante de estos desórdenes puede verse en la personalidad dividida y compartimentalizada, en la que el lado normal se presenta ante la sociedad y el lado predador oculto actúa como agente doble, espía o informador traidor. Es sus expresiones políticas importantes, el desorden también puede verse como megalomanía narcisista mesiánica que, cuando se ve severamente amenazada, pide la muerte de grandes cantidades de compatriotas (Nerón, Hitler, Hussein, Stalin, etc.).

El equilibrio de la culpa

Como es evidente a partir de lo anterior, la ausencia de culpa es una condición más severa que su opuesta, la culpa excesiva. Su ausencia conduce a un tipo de desorden mental que hace un siglo se llamó "imbecilidad moral". En cambio, la conciencia hipertrófica está asociada con la escrupulosidad o el desorden obsesivo-compulsivo, en el que la persona vive temiendo la culpa incluso en asuntos triviales, como cometer un error normal.

Mediante la evolución espiritual, la culpa puede ser recontextualizada de modo que produzca beneficios. Tiene que ser reencuadrada como precaución, y tiene que ser considerada una salvaguarda contra el verse dominado por impulsos destructivos. Posteriormente se representa como la sabiduría de la madurez y sirve para equilibrar éticamente el autocentramiento. Por tanto, la culpa se trasciende cuando ha sido recontextualizada, armonizada y equilibrada con responsabilidad y moralidad concienzuda e interiorizada. La culpa puede ser aceptada cuando se recontextualiza como protectora, salvaguarda y mecanismo de aprendizaje.

La culpa es desagradable porque está asociada con la pérdida de amor y la desaprobación de las figuras paternas internalizadas, junto con una pérdida de autoestima. A menudo se usa como herramienta para controlar a otros (instigadores de culpa). También es un símbolo de rechazo, desgracia y pérdida de estatus. En la religión está muy asociada con el pecado y el temor de Dios, que expulsó a Adán y Eva del Jardín del Edén, lo que marca los orígenes históricos de ser simplemente humano y, por tanto, proclive al error y a desafiar la autoridad Divina. Tras el oportuno examen, este error parece ser una curiosidad infantil descontrolada; la serpiente tuvo éxito al tentar al niño interno curioso, crédulo e ingenuo.

Una interpretación y un uso útil de la culpa es emplearla para respetar los límites y parámetros. De esta manera, la culpa y el miedo maduran y dan lugar a la precaución y la sabiduría. Esto da como resultado el respeto de los preceptos morales y los límites que reemplazan la culpa, y acaban siendo rasgos de carácter que fomentan la supervivencia, el éxito y la felicidad.

El ego odia a todos los que le hacen sentirse culpable, lo que contribuye al odio inmaduro de todo tipo de autoridad, que seguidamente se percibe como arbitraria y represiva, en lugar de benignamente protectora. Como la culpa se considera dolorosa, otro mecanismo para evitarla es negarla y proyectar la responsabilidad culpando a otros, lo que mejora el dolor de conciencia y, además, justifica la externalización del odio, que de otro modo podría usarse para atacarse a uno mismo. Por lo tanto, la sociedad está ansiosa por acusar y determinar culpas, y busca incesantemente culpables en los que poder proyectar el odio y la culpa sin sentirse culpable por hacerlo (por ejemplo, la paradoja de "odiar el pecado").

Culpa inconsciente

En las personas normales, desviarse de la verdad y de la honestidad da como resultado una acumulación de culpa que, seguidamente, se reprime debido a su naturaleza desagradable y dolorosa. Así, con el tiempo, se acumula una notable cantidad de culpa, que escapa a la atención o a la conciencia a menos que sea descubierta haciendo periódicos e intrépidos inventarios. Esta es una condición muy común que contribuye a la discordia social y al enfrentamiento. Las carencias morales/éticas a menudo son excusadas mediante la racionalización, pero la mente inconsciente no se deja llevar por este engaño y sabe de manera innata cuando le están mintiendo, tanto si lo hace uno mismo como los demás.

Una fuente habitual de culpa social surge de la actual tendencia a politizar todos los aspectos de la sociedad, lo que después exige justificaciones racionales. Esto lleva a distorsionar las evidencias que debilitarían nuestro posicionamiento. Un ejemplo de ello son los argumentos en contra de hacer cualquier referencia en público a la religión o a la Divinidad. Quienes argumentan "en contra" citan la frase de la constitución[*]: "No se hagan leyes con respecto al establecimiento de una religión", pero la frase no acaba ahí, pues continúa diciendo "[...] ni se prohíba el libre ejercicio de la misma". La constitución es deísta pero no teísta, y esta es una diferencia muy importante.

La presentación de medias verdades a fin de ganar una posición se racionaliza, reprimiéndose así la culpa. Los ejemplos abundan en torno a la oposición a los programas sociales, cuyos oponentes dejan de informar intencionalmente de que dichos programas son estrictamente voluntarios. Esta actitud también está presente en el apoyo a los derechos de los agresores que ignora los derechos de las víctimas. La acumulación de culpa social acaba en una proyección abierta de acusaciones

---

[*] El autor se refiere a la constitución norteamericana. (N. del T.)

y vilipendios, que seguidamente requieren nuevas justificaciones, reforzadas por nuevas distorsiones sutiles y una retórica elaborada. La culpa y el odio mejoran mediante la aceptación de las limitaciones del ego/mente, con su estructura intrínseca y sus defectos operativos. Resulta triste ver a personas generando odio, destruyendo sus propias vidas y las de otros. El odio no aporta ningún beneficio. La capacidad de perdonar surge de aceptar con honesta humildad las limitaciones de la condición humana, la cual, después de todo, solo está en una curva de aprendizaje de la evolución de la conciencia. Únicamente en los últimos veinte años la conciencia general de la humanidad ha superado el nivel de verdad de 200, y el setenta y ocho por ciento de la población mundial aún calibra por debajo de 200 (el cuarenta y nueve por ciento en Estados Unidos).

La culpa y el proceso de evolución espiritual

Los aspirantes espirituales a menudo preguntan por dónde empezar el trabajo interno y cómo proceder. En primer lugar, generalmente hay un periodo de adquisición de conocimientos espirituales mediante el estudio, la visita a grupos espirituales, o la asistencia a conferencias, encuentros o retiros. Después, uno comienza a enfocarse en el viaje interno de autoexploración, el cual, para que resulte exitoso, debería tener una dirección general, en lugar de arrancar y detenerse esporádicamente, lo que a menudo lleva al desánimo y hace que se abandone el proyecto.

Muy importante: antes de hacer un inventario moral interno, es esencial conocer la propia conciencia y cómo opera. Es importante que se vuelva benigna y que sea utilizada constructivamente, porque, si no se recontextualiza, acaba autoculpándose e incrementando la culpa, la vergüenza o la pérdida de autoestima. Debe verse claramente que todos estos defectos son inherentes a la propia estructura del ego, que es ingenuo e incapaz de discernir entre la esencia y la apariencia. En realidad no tiene la capacidad de distinguir entre la verdad y la mentira con respecto al mundo ni con respecto al yo personal.

Lo mejor es hablar a la propia conciencia interna y hacer que se convierta en un aliado y profesor útil, en lugar de en un autoagresor sádico. Es importante vincular decididamente su propósito a fines educativos. Uno debe tomar la decisión de que una conciencia madura es una herramienta y una guía útil con la que uno está de acuerdo por propia elección. Mediante el ejercicio de la voluntad, a la conciencia se le puede prohibir que se convierta en otro atacante autoindulgente, revolcado en la culpa y, paradójicamente, egoísta.

Es bueno ser consciente de que vestirse con tela de saco y cubrirse de cenizas en señal de penitencia puede resultar melodramático, pero es inútil para el mundo o para la integridad espiritual, y en realidad esconde una actitud autoindulgente. Es posible reemplazar la culpa por un "lamento decente" de las limitaciones humanas que hemos heredado, sabiendo que la perfección es una idealización carente de realismo. La aceptación de la limitación restringe la culpa, y a su vez es una consecuencia positiva de la humildad. Por lo tanto, la culpa puede ser rechazada como otra forma más de autoindulgencia.

Ser honesto con uno mismo requiere coraje, humildad, paciencia y compasión por los aspectos inmaduros de la conciencia, la cual, después de todo, surgió originalmente como un producto de la infancia. Por lo tanto, tiene tendencia hacia la exageración, o, alternativamente, a ser descartada si se interpone ante un impulso. Nuestra tarea consiste en reconocer honestamente los defectos internos o las faltas de nuestro carácter sin producir ataques de culpa caracterizados por el autoodio, la ira o el resentimiento hacia uno mismo o los demás.

La mente/ego está formada por una serie de comportamientos aprendidos, y el objetivo último es trascender su programación y funcionamiento mediante el poder de la Irradiación del Ser, que recontextualiza la vida de manera benigna. La Presencia del Ser se experimenta como compasión por la totalidad de la vida en todas sus expresiones, incluyendo su evolución como nuestro propio yo personal. Así, el perdón reemplaza a la condena, lo que es un signo de que ahora es seguro ahondar en un inventario interno serio sin someterse a una tensión indebida.

El proceso anterior representa la sabiduría colectiva de los grupos de recuperación de los doce pasos, que han tenido un éxito enorme, y también de otros. Asimismo, representa la premisa básica que se sigue en los análisis profundos, como el psicoanálisis, donde la regla fundamental consiste en aproximarse siempre a la exploración de los conflictos intrapsíquicos, en primer lugar, desde el superego. También es de ayuda recordar que el mundo se beneficia de la sabiduría y no del odio, la culpa o el culpar a otros. En el camino del descubrimiento interno, uno se encuentra con recuerdos y sucesos que merecen ser lamentados, y esto simplemente da como resultado la decisión de hacerlo mejor.

Otra herramienta muy útil en el trabajo espiritual y terapéutico es un sentido del humor que contrarreste los peores aspectos de este teatro mundano del absurdo, con sus indignantes "pedradas y flechas". El humor es consecuencia de ver más allá de las ilusiones de la paradoja.

Mientras que los grandes maestros enseñaron que el defecto básico del ser humano es la ignorancia, resulta más útil ver que la limitación humana es la ingenuidad, a la que hemos de considerar fundamentalmente como un defecto. Con la preparación adecuada, trabajo interno y honestidad rigurosa podemos asumirla sin caer en la vergüenza, la desesperación, la desesperanza, la autocondena, la depresión o la pérdida de autoestima. Como dijo el ladrón cuando le pillaron con las manos en la masa: "Bueno, nadie es perfecto".

Si bien las religiones del mundo proponen periodos formales de penitencia y autoexamen, estos tienden a volverse compartimentados y a considerarse desagradables y sombríos. El resultado del trabajo espiritual maduro es el crecimiento y la educación gratificante, que conducen a una mayor alegría y felicidad. La penitencia tiende a ser episódica; el crecimiento espiritual es permanente.

Teología y culpa

La humanidad es una especie que evoluciona progresivamente, cuyos orígenes fueron muy primitivos e ignorantes de la realidad. Así, las creencias teológicas de las antiguas civilizaciones nacieron de los mitos de una imaginación inculta, e incluían una preponderancia de la negatividad acorde con los niveles de conciencia prevalecientes. La alegoría de "Adán y Eva" calibra en 70, y la idea de que el hombre "nació en pecado" calibra en un nivel de verdad de solo 30. La Divinidad era percibida como opresora y atemorizante.

Una visión alternativa surgida de la investigación de la conciencia es que los humanos emergieron como seres básicamente inocentes pero ignorantes, y calibra en 200. Por otra parte está la visión del hombre que expresó Sócrates, por la que todos los hombres son intrínsecamente inocentes porque solo pueden elegir hacer aquello que perciben como bueno, pero son incapaces de discernir entre lo verdaderamente bueno y las falsas ilusiones del mundo (la declaración de Sócrates calibra en 700.). Amplias investigaciones, así como la experiencia clínica y espiritual, la historia y la investigación corroboran la verdad de Sócrates.

Como el ser humano carece de la capacidad de discernir entre verdad y falsedad, se instituyó el sistema del bien y el mal, que es práctico y tiene un valor social para los niños y para amplios segmentos de la población que calibran por debajo de 200. Como los inmaduros y los no evolucionados carecen de criterios espirituales/éticos/morales, son guiados por las "reglas" del "bien" y del "mal". Por debajo del nivel de conciencia 200 no existe la preocupación por los demás y, por lo tanto, los dictados sobre "el bien y el mal" substituyen esta falta de conciencia. Lo que resulta tentador para quienes carecen de integridad sería una opción impensable para personas más evolucionadas (por ejemplo, asesinar a alguien por su dinero). El crimen está directamente asociado con el nivel personal de conciencia (los presos calibran en un nivel medio de 50). Así, la culpa desempeña una valiosa función social, donde es apropiada para contrarrestar los instintos primitivos.

La culpa basada en lo bueno y lo malo tiene un valor similar para aquellos niños que también carecen de un sentido de la realidad (por ejemplo, es "malo" estrujar a un gatito recién nacido). En este caso, la culpa tiene un aspecto positivo como contrapeso inhibidor de los impulsos instintivos, primitivos y descontrolados del ego no evolucionado ni civilizado.

En personas más maduras, los impulsos instintivos primitivos pueden abrirse paso inesperadamente, a través de las defensas, en forma de un impulso que se lamenta posteriormente, o que se considera un error necio y, por tanto, un aviso útil para ser más consciente de una tendencia que conlleva errores de juicio. La maduración es un proceso que dura toda la vida y, como reza el viejo dicho: "Las canas se ganan una a una". Cierto grado de remordimiento y lamento por los errores pasados es inevitable, y contribuye al desarrollo de la compasión por uno mismo y por los demás. Dejar margen para el error humano es un indicador de una conciencia benigna y realista.

Las dualidades de la culpa y el odio

Como las consecuencias para uno mismo y para los demás pueden ser amplias, es necesario prestar atención con seriedad a la culpa y el odio, tanto si están dirigidos hacia dentro como hacia fuera. Las recompensas de experimentar mayores grados de felicidad son gratificantes, y su experimentación bien vale el esfuerzo. Renunciar a la culpa y al odio produce grandes beneficios a todos los niveles de la vida, pues estos posicionamientos del ego son corrosivos para uno mismo y para los demás. La resistencia a hacerlo emana del placer secreto que el ego deriva de la negatividad.

Las dualidades de la culpa y el odio

Atracción	Aversión
Hacer juicios	Entregar los juicios a Dios
Castigarse a uno mismo o a otros	Perdonarse a uno mismo o a otros
Rechazar la misericordia	Aceptar la misericordia y la compasión
Justificar la negatividad	Renunciar al placer secreto
Proyectar sentimientos	Asumir responsabilidad
Elegir la percepción	Elegir la esencia
Visión rígida y estrecha	Flexibilidad, ver ambos lados
Penitencia, autoindulgencia	Servicio a los demás
Aferrarse a la propia posición	Pedir milagros a Dios
Justificar	Transigir, elegir opciones
Expresar, exteriorizar	Trascender
Disfrutar de ser malintencionado	Disfrutar de ser grácil con uno mismo y los demás
Actuar en contra de uno mismo y los demás	Actuar para ayudarse a uno mismo y a los demás
Elegir lo negativo	Elegir lo positivo
Tener "razón"	Estar equivocado
Impotente, estancado	Flexible, crecimiento
Reforzar	Trascender
Atascado en el pasado	Vivir en el ahora
Maligno, cruel	Benigno, clemente
Tacaño	Benevolente
Proyecta la responsabilidad	Elegir ser el autor
Vengativo	Misericordioso
Ser pequeño	Elegir ser "más grande que eso"
Codicioso	Desprendido

Capítulo 3

APATÍA
(NIVEL CALIBRADO 50)

Introducción

El nivel de la apatía está caracterizado por el descuido, la indiferencia, la pobreza y, en grados más severos, la desesperación y la desesperanza. El mundo y el futuro tienen un aspecto lúgubre y el tema de la vida es el padecimiento. Es un estado de impotencia, y sus víctimas, necesitadas en todos los sentidos, no solo carecen de recursos, sino también de la energía para aprovechar lo que pueda estar disponible. A menos que los cuidadores aporten energía externa, se puede producir la muerte por suicidio pasivo. Sin voluntad de vivir, los desesperados tienen una mirada fija y vacía, y no responden a los estímulos. Los ojos dejan de seguir el movimiento, y ni siquiera les queda suficiente energía para tragar la comida que se les ofrece.

Este es el nivel de los sin techo y de los abandonados de la sociedad. También es el sino de muchos ancianos y de otros que se han quedado aislados por las enfermedades crónicas o progresivas. Los apáticos son dependientes; son "pesados" y sienten que son una carga para quienes les rodean. Representan la expresión humana de *tamas,* dentro de las gunas clásicas del hinduismo: una trilogía de cualidades formada por *tamas* (inercia, resistencia), *rajas* (alta energía) y *sattva* (paz), que son intrínsecas al mundo.

La sociedad suele carecer de motivación suficiente para ofrecer una ayuda real a las culturas y los individuos situados en este nivel, y los ve como un desperdicio de recursos. Este es el nivel de las calles de Calcuta, donde solo los santos, como Madre Teresa y sus seguidores, se atreven a entrar. Es el nivel en el que se abandona la esperanza, y son pocos los que tienen la valentía de mirarlo a la cara.

A nivel clínico

La apatía no reconocida en forma de inercia es el núcleo de muchos problemas personales y sociales. El fracaso de las agencias burocráticas/gubernamentales a la hora de "atender" y asumir responsabilidad puede dar como resultado catástrofes masivas. Abundan los ejemplos en los que se ha fallado a la hora de actuar o de funcionar, como en la falta de preparación anterior a Pearl Harbour, ser "engañados" en la guerra de Corea, los avisos previos al ataque del 11 de septiembre y otros ataques de Al-Qaeda, la falta de acción después del bombardeo del USS Cole, la falta de preparación de los militares para la guerra de Irak, la tardía respuesta al huracán Katrina y otros.

La apatía indica que hay muy poca energía disponible e interés. Esto puede ser un estado generalizado en ciertas culturas y regiones, entre las que se incluyen algunas áreas metropolitanas y las azotadas por la pobreza. La laxitud y la indiferencia pueden transmitirse culturalmente por medios sutiles. "¿De qué va a servir?" es una actitud infecciosa.

La pereza es uno de los siete pecados capitales porque supone rechazar el regalo de la vida que Dios nos hace, y es autoindulgencia sin amor. En este estado no nos preocupa el bienestar de otros y ni siquiera nos preocupamos adecuadamente de la calidad de nuestra propia vida. A continuación, esta actitud se proyecta en Dios, a quien se atribuye una actitud de rechazo, distanciamiento e insensibilidad. El desperdicio de la propia vida hace que consideremos a Dios indiferente, condenador y alejado. Esto conduce a la desesperanza y el pesimismo. La apatía suele ser la base de la pasividad y la autocondena, y produce baja autoestima y mala autoimagen. El sentimiento de no valer refuerza las actitudes y conductas sociales negativas, que producen pobreza y baja calidad de vida. La desesperanza conduce a un nuevo declinar, que a continuación se usa como racionalización para salvar la cara. El núcleo de esta situación consiste en que se rechaza la responsabilidad y se reemplaza por una mentalidad de víctima crónica que trata de evitar los verdaderos problemas, proyectando su supuesto origen en el mundo externo, a quien seguidamente resulta muy cómodo culpar como "causante". La división dualista de víctima/agresor queda aún más reforzada por las teorías sociales "postmodernas" y relativistas que perpetúan la ilusión.

Una paternidad deficiente es relativamente influyente al principio de la vida en el establecimiento de patrones de conducta en los que se manifiesta la falta de amor y de los factores motivadores habituales. Esto da como resultado la baja autoestima y que nuestro sistema interno de recompensas sea inadecuado, y el desánimo agrava el problema. Aunque es posible que se desarrolle el "ideal del ego" y que se admire a las figuras heroicas, internamente uno está convencido de que dicho ideal es inalcanzable debido a la desesperanza y el escepticismo. La persona normal recibe cierto reconocimiento por el esfuerzo puesto en intentar algo, aunque fracase. La persona desesperanzada ni siquiera le ve sentido a intentar un nivel de funcionamiento superior.

El campo energético atractor de la apatía atrae hacia sí otras expresiones del mismo bajo nivel de energía (el conocido principio de "la ventana rota"*), que da como resultado un medio social deprimente que engendra crimen y pobreza.

---

* Cuando se ve que una ventana está rota y no se repara, esto invita a la dejadez. (N. del T.)

La condición apática indica una discapacidad que lleva a recurrir a excusas para salvar la cara. También puede producir hipocondría, invalidación crónica y una personalidad autocentrada, pasiva y disfuncional que busca relaciones dependientes. La comodidad de las drogas también puede proveer un escape del vacío interno. Cuando se desvanece la euforia temporal inducida por las drogas, el retorno al estado anterior se vuelve intolerable, de modo que la dependencia de las drogas no es solo una adicción, sino también un estilo de vida. La espiral descendente se autoperpetúa pudiendo producir intentos desesperados de sobrevivir, entre los que se incluye el apego a las relaciones abusivas. La condena de uno mismo se proyecta sobre Dios y la sociedad, a los que se culpa por la propia condición.

Podemos identificar que el núcleo del desorden es la incapacidad o la negativa a asumir la responsabilidad personal, lo que produce culpa, vergüenza y baja energía, que pueden dar lugar a la indigencia, la vagancia y la dependencia social. La falta de habilidades vitales conduce a descensos periódicos hacia la depresión severa, pudiendo incluir el suicidio.

Trascender la apatía

En la vida de cualquiera puede haber momentos de apatía, e incluso periodos ocasionales en los que se producen "bajones" y sentimientos de desánimo. Este estilo de vida se convierte en una negación del valor de la vida y de la Divinidad que es su fuente.

El único modo de salir de este *impasse* es a través de la Voluntad, pues solo ella tiene el poder potencial de compensar la falta de energía intrapsíquica. La Voluntad, que es de naturaleza y origen espiritual, no debe confundirse con la "fuerza de voluntad", que solo es mental y psicológica. En el estado apático, la voluntad personal es débil e ineficaz. Dicho estado solo puede trascenderse mediante la invocación a la Voluntad Divina, que calibra en 850 y tiene el poder de regenerar. Si bien el yo/ego se atribuye rutinariamente el mérito de la supervivencia, su verdadera fuente es la presencia de la Divinidad bajo la forma de nuestro Ser. El ego solo es capaz de autosustentarse debido al Ser. Solo es un receptor de energía de vida, y no su origen, como él cree.

La súplica a lo divino puede producir o no el resultado deseado porque, para el Ser, la adversidad e incluso la muerte física pueden ser el único modo de derrotar al ego. Para el Ser, la renuncia al mundo personal o al cuerpo físico puede ser un requisito para la transformación del alma. Así, en esta aparente paradoja, la derrota de la entidad ego/mente/cuerpo es, en realidad, el sacrificio de lo temporal por lo permanente (la evolución del alma) y, por tanto, una ganancia kármica.

Si bien la voluntad personal solo calibra al mismo nivel que la propia persona (extremadamente débil en el estado de apatía, en aproximadamente 30), la Voluntad calibra en un nivel muy poderoso. Estas son las condiciones en las que actúan las fuerzas dinámicas que son responsables de la verdad expresada en las siguientes palabras: "Lo que es una calamidad para el hombre es una oportunidad para Dios".

Por ejemplo, la invitación a la Divinidad queda bien demostrada en los grupos de los doce pasos, cuyos primeros pasos (parafraseándolos) son: "Admitimos que no tenemos poder sobre nuestra vida, y que solo Dios podría aliviarnos de nuestra locura". Mediante la admisión de la impotencia personal y el alejamiento del ego, se toma la decisión de dejar la propia vida en manos de Dios. A esto le sigue la elaboración de un intrépido inventario moral, y después la búsqueda de guía mediante la oración y el establecimiento de una práctica espiritual diaria (*Twelve Steps and Twelve Traditions*, 1996).

Se ha demostrado que el proceso anterior ha producido la recuperación de un gran número de problemas, muy difíciles y desesperados para millones de personas de todo el mundo, durante muchas décadas. Las transformaciones que se producen son de tal grado que a menudo se describen como milagrosas. Este programa tan simple comenzó en Oxford, Inglaterra, y fue llevado a Estados Unidos por Rowland, el paciente desesperado del famoso psicoanalista suizo Carl Jung, cuya honestidad ayudó a Rowland a tocar fondo cuando le dijo: "Ni yo ni mi arte podemos ayudarte. Tu única esperanza es lanzarte de todo corazón a un programa espiritual, porque ha quedado registrado históricamente que, aunque solo en raras ocasiones, se han producido algunas recuperaciones en estas circunstancias". La dramática recuperación de Rowland estableció el paradigma de lo que actualmente es el movimiento mundial de los Doce Pasos, así como otros programas basados en la fe, que incluso han tenido éxito en un treinta y cinco por ciento de los casos en los que se ha aplicado a criminales crónicos extremadamente endurecidos.

La apatía está en el núcleo de muchas condiciones aparentemente desesperadas y situadas más allá de la capacidad de resolución de la sociedad o de la voluntad humana. La recuperación de cualquiera de estas condiciones apáticas queda fortalecida por la participación en grupos espirituales, porque su nivel general de energía calibra en 540, el nivel del amor incondicional, que es raro entre la población en general (0,4 por ciento).

Otro programa fuerte, aunque no espiritual, y también dedicado a la recuperación y mejora de la propia vida mediante la estricta aceptación de responsabilidad es el conocido como "EST" *(Erhard Seminars Trainings),* que calibra en el nivel 400. La técnica consiste en una confrontación constante con la irresponsabilidad y en cancelar todas las excusas, racionalizaciones y evasiones.

En lo que consideramos como apatía, en realidad hay una fuerte resistencia interna en forma de orgullo y egoísmo sutilmente disfrazados que se describen como "no puedo" o "no quiero". La persistencia del ego es tan fuerte que a menudo hace falta una catástrofe masiva, como una guerra o un terremoto, para confrontarla hasta el punto en el que esté dispuesta a rendirse. Así, mediante el karma colectivo, grupos enteros son llevados a situaciones específicas que pueden parecer catastróficas y, sin embargo, conllevan beneficios kármicos ocultos.

Accidentes

El campo infinito de la conciencia es Omnipresente, Todopoderoso e incluye la Totalidad de la Existencia. No es posible que ocurra nada fuera de su dominio infinito porque es la Fuente de la Existencia. Dentro de este campo de poder infinito hay otros campos de energía que siguen un orden descendente. A medida que se expresan progresivamente en la forma (linealidad), su poder relativo decrece hasta llegar al individuo. Puede describirse como un inmenso campo electrostático en el que el individuo es como una partícula cargada que, debido al infinito poder del campo, se alinea automáticamente con él en función de su "carga" individual. La carga del cuerpo kármico espiritual queda establecida por la intención, la decisión y el alineamiento intencional. A la percepción ingenua le parece que lo que no puede ser explicado intelectualmente es "accidental", especialmente cuando el suceso es imprevisible. En la medida en que el campo infinito de la conciencia es ilimitado en sus dimensiones, no hay nada que pueda ocurrir fuera de él. Todo lo que ocurre dentro de él está bajo su influencia y, por lo tanto, nada "accidental" es posible en la Realidad.

La apatía en el individuo normal

Los periodos de apatía son recurrentes en la vida de casi todo el mundo, siendo un fenómeno temporal y transitorio. Para los que están espiritualmente orientados, indagar en el yo para llegar al núcleo de este fenómeno a fin de comprender sus orígenes produce un resultado positivo. En el individuo normal, la apatía generalmente es aplicable a ciertas áreas de la vida que hemos descuidado, a las que nos resistimos o de las que no queremos responsabilizarnos. Estas áreas también se expresan como atracciones y aversiones que, una vez investigadas, se acaba viendo que están basadas en ilusiones. Es posible disolver casi cualquier resistencia, aversión o ilusión mediante la rendición completa y total, y la disposición a renunciar a objetivos ilusorios. A nivel operativo esto puede describirse como entregar lo lineal (el ego) a lo no lineal (Divinidad).

La dicotomía pasivo/agresivo

Tanto la vergüenza como la apatía y la culpa son formas de agredir a nuestro yo, atacándolo con el autoodio, la acusación y las críticas negativas. Los aspectos alternativos de estos mecanismos se usan en la maniobra defensiva de proyectar y externalizar el odio y la culpa. La apatía también es una manera de resistirse al proceso de maduración, una forma de rechazo y negación, como por ejemplo la obcecación oculta.

Mediante estos mecanismos se vuelve a negar la responsabilidad personal y, en los individuos aparentemente normales, se puede alternar periódicamente con actitudes de agresión extrema hacia los demás. Cuando el gusano del autoodio se gira y, en lugar de atacarse a uno mismo, se dirige hacia fuera, se expresa en forma de vituperios, malicia, malevolencia, calumnia e incluso vilipendios públicos que pueden ser extremos.

El autoodio dirigido externamente calibra muy bajo porque supone negar la verdad a un nivel profundo, y consecuentemente es destructivo para la sociedad y sus criterios. Esta agresión dirigida hacia fuera encuentra aprobación social, expresándose en las guerras, en las bandas criminales, el terrorismo, los ataques contra el medio ambiente, la violencia multitudinaria, el Ku Klux Klan, etc. Estas proyecciones solo son posibles si la conciencia está ausente, como en el caso del psicópata, o si está amortiguada por la racionalización (los partidarios de los movimientos de liberación justifican la revancha, las guerras "santas" o políticas, etc.).

La necesidad de justificaciones recurre a los rencores, a las interpretaciones distorsionadas de la sociedad y a la colecta de "injusticias". Cuando este mecanismo psicológico opera en un líder carismático, miles e incluso millones de personas mueren periódicamente. Este síndrome recibe el nombre de "narcisismo mesiánico maligno", y se describe detalladamente en *Truth versus Falsehood* (véase Capítulo 15). La patología extrema de tales líderes se hace evidente en las matanzas voluntarias de sus propios compatriotas, a los que odian y ven como "perros", carne de cañón o que "merecen morir". Estas personalidades distorsionadas desprecian el amor (y por tanto a las mujeres) por considerarlo débil y por creer que muestra una vulnerabilidad interna que ellos temen. Cuando estos mecanismos proyectados no pueden ser actuados o representados externamente, se producen conflictos internos en la conciencia, y a menudo estos líderes mesiánicos acaban suicidándose.

Estos mismos mecanismos operan inconscientemente, aunque en un grado más limitado y atenuado, en las personalidades hostiles que buscan publicidad y realizan públicamente comentarios venenosos, difamando a las figuras públicas mediante falsas acusaciones y la distorsión de los sucesos.

En términos psicoanalíticos, el sujeto se desprende de la negatividad intensa proyectándola a fin de conservar la ilusión del "pobre de mí" inocente, a pesar de que para el público este camuflaje es evidente. La consecuencia de la deshonestidad a menudo es la pomposidad y verse a uno mismo como superior a los demás. El ego también incorpora imágenes y conceptos espirituales para reforzar sus defensas, que de esta manera se distorsionan, convirtiéndose en sus opuestos exactos a fin de justificar las matanzas de infieles, de no creyentes, de herejes, etc., que, por serlo, "merecen" morir. Esta proyección del autodesprecio y de la debilidad interna quedó representada dramáticamente por los japoneses con los prisioneros americanos en Manchuria y China, cuando ejecutaron sumariamente a los soldados enemigos que se rendían.

El intelecto es capaz de racionalizar los campos de energía muy bajos, y a continuación ve las distorsiones pseudorreligiosas como verdad, con lo que acaba ensalzando el martirio y el suicidio. El *hara-kiri* es un clásico ejemplo de la expresión externa y dramatización de lo que en la gente normal y saludable sería un conflicto internalizado y reprimido.

La represión intrapsíquica de los impulsos y conflictos inaceptables agota la energía psíquica, que ya no puede realizar operaciones adaptativas normales. Esto da como resultado la apatía expresada como agotamiento, estar cansado, y la falta del placer de vivir (anhedonia). Esta incapacidad de sentir placer por medios normales puede ser compensada artificialmente mediante diversas adicciones. Cuando esta actitud escapista queda bloqueada y el placer no puede conseguirse, vuelve la depresión interna, que puede dar como resultado la expresión de los impulsos reprimidos o medidas de evitación desesperadas. Muchos eligen morir en lugar de afrontar los conflictos internos y responsabilizarse del conflicto mismo o de buscar ayuda y resolución.

Esta espiral descendente y progresiva a menudo acaba conduciendo a una crisis que produce confrontación, como un arresto, el divorcio, perder el trabajo, arruinarse, la hospitalización o ser desahuciado. Así, la confrontación es una de las consecuencias positivas surgida de la aparente calamidad, que a menudo salva la vida y es un rescate disfrazado.

Estadísticamente, como más éxitos se consiguen en la recuperación de los patrones de vida patológicos es a través de los grupos basados en la fe, puesto que ser honesto con uno mismo es un proceso difícil, cuando no imposible, para la mayoría de la gente si no cuenta con una fuerte motivación. La recuperación requiere fuertes apoyos además de experiencia en cómo llevarla a cabo, y el ejemplo de los miembros que ya se han recuperado tiende a desanimar la negación. Asimismo es muy útil la insistencia en la integridad moral y la admisión de los defectos del carácter sin revolcarse en la culpa. Además, ayudar a otros es beneficioso e incrementa la autoestima.

Aunque las medidas estrictamente psicológicas a veces resultan beneficiosas por un tiempo, estos desórdenes suelen ser crónicos, y la recuperación requiere programas de naturaleza intrínsecamente espiritual, que aborden el problema central y consideren los problemas psicológicos y conductuales como secundarios. El autoodio subyacente y profundamente arraigado requiere una terapia que calibre en un nivel de conciencia muy elevado, como el amor incondicional, que lo hace en 540. Las medidas psicológicas que calibran en 400 no tienen suficiente poder para producir la sanación interna. El proceso de sanación requiere un consejero, patrocinador o tutor que ofrezca guía y sirva como ejemplo con el que identificarse, alguien a quien amar y respetar. En las décadas de experiencia con las que ya cuentan dichos grupos se ha visto que solo un miembro recuperado tiene la autoridad necesaria para suscitar respeto, y por tanto una transferencia terapéutica o identificación. A través de este mecanismo, el amor retorna de una manera aceptable, y su aceptación queda facilitada por una humildad realista y espiritualmente íntegra.

No se debe confundir la humildad espiritual con su interpretación social como "humillación". Paradójicamente, la persona espiritualmente humilde no puede ser humillada, y, por lo tanto, puede aceptar sus faltas sin pérdida de autoestima. Apropiarse de los propios fallos internos permite sentir respeto por los demás en lugar de juzgarles, y abre la puerta a la compasión por toda la humanidad.

Apatía frente a motivación

Las conductas humanas pueden ser el resultado de impulsos instintivos o, alternativamente, de sentirse atraído o motivado por metas positivas idealizadas. El "ideal del ego" freudiano es la interiorización de cualidades admiradas, logros o figuras heroicas que nos inspiran y representan posibilidades de crecimiento y desarrollo. Las figuras admiradas se seleccionan de acuerdo con el nivel de conciencia prevaleciente en el individuo, de modo que, típicamente, cada nivel tiende a tener sus correspondientes líderes inspirados. La ausencia de tales figuras puede ser producto de la falta de cuidados parentales o de no tener padres, y de la falta de autoestima o valía personal que conduce al pesimismo, a tener expectativas de fracaso y al "síndrome de falta de motivación".

En cuanto a los pasos que conlleva el proceso de acumular confianza en uno mismo, es mejor hacerlo en pequeños incrementos, ayudados por los ánimos y la motivación. Una autoimagen negativa puede estar compuesta por fracasos del pasado o por críticas de compañeros o de figuras paternas, lo que produce las actitudes de "no puedo" o "no valgo". El viejo adagio: "Si no lo consigues a la primera, vuelve a intentarlo una y otra vez", cae en oídos sordos, pues la apatía suele estar defendida por muchas excusas y justificaciones racionalizadas para evitar la vergüenza. En algunos casos, la apatía puede ser consecuencia de una depresión clínica debida a una química cerebral defectuosa que requiera antidepresivos para corregir el desequilibrio, al menos temporalmente, a fin de reorganizar la psique.

Las clásicas virtudes que contrarrestan la apatía y la autoimagen negativa son "la fe, la esperanza y la caridad". Los beneficios de ayudar a otros están muy bien demostrados en todos los ámbitos de la sociedad, tanto si es algo que se hace por elección, como por inspiración o incluso por coacción. Para los que han caído muy bajo, incluso el simple hecho de cuidar de un animal puede ser un muy buen punto de partida, como lo demuestran los programas de entrenamiento de perros por parte de reclusos reincidentes. Algunos llegan a quedarse en prisión una vez cumplida la condena para poder completar el trabajo con el perro que tienen asignado. Los pacientes apáticos de los geriátricos se animan cuando el asilo les proporciona perros domésticos. Las actuales investigaciones indican que el mero hecho de ser propietario de una mascota reduce los niveles de depresión e hipertensión, y tiene un efecto positivo en la salud general. Por lo tanto, cuidar de otros seres vivos es terapéutico, como lo demuestran los alcohólicos desesperanzados, cuando empiezan a ayudar a los recién llegados a los grupos de apoyo, o los atletas abatidos, que se recuperan de la actitud derrotista por el mero hecho de animar a otros miembros del equipo.

En el trabajo espiritual, la participación en un grupo también tiene un efecto motivador que es consecuencia de la energía espiritual intrínseca del grupo. Así, las organizaciones religiosas sirven a un gran propósito, al igual que los mentores, entrenadores, oradores motivacionales, las organizaciones humanitarias, los clérigos y los profesores inspirados. Generalmente el individuo medio tiene algunas áreas limitadas de apatía, al menos durante algunos periodos, que ha descuidado debido a la falta de tiempo y energía, o de interés. La apatía espiritual también es una expresión muy común de la evitación o renuencia a afrontar conflictos internos, que de esta manera se convierten en un impedimento para el progreso y el crecimiento. Cabe esperar que se produzcan estos retrasos, que pueden superarse mediante la oración y la inspiración innatas de los grupos espirituales activos. La motivación aumenta en casi cualquier empresa humana cuando se cuenta con un mentor, un confidente o un amigo fiel. A menudo, la apatía es resultado del aislamiento, y se cura involucrándose activamente en relaciones positivas que proporcionan una fuente de atenciones. La apatía indica ausencia de amor, que es su antídoto más poderoso. Esto puede ser producto de una situación concreta o puede ser consecuencia de haber rechazado el amor debido al egocentrismo o a una muy baja autoestima resultante de la falta de amor y cuidados al comienzo de la vida.

Elegir amar *a* Dios activa el amor *de* Dios mediante la oración y la adoración. Así, el abatimiento puede ser el desencadenante que abra la puerta al emerger del interés y del progreso espiritual. Muchos han encontrado a Dios en los pozos oscuros de la desesperación y la desesperanza. El ego es tan fuerte que a veces solo "tocar fondo" de forma severa constituye un estímulo lo bastante fuerte como para renunciar al dominio del ego. Cuando esta disposición se activa, el espíritu interno se renueva, y la apatía es reemplazada por la esperanza. "Rezar incesantemente" puede ser la única opción disponible para resolver periodos severos o prolongados de deuda kármica. A veces, a dichos periodos se les denomina "pruebas de fe", y la mejor manera de atravesarlos es mediante la convicción de que "esto también pasará" y "los que solo están de pie y esperan también sirven".

La apatía, como cualquier otro obstáculo en el camino evolutivo, se resuelve mejor mediante la aceptación que mediante la negación. La apatía espiritual puede remediarse volviendo a exponerse a las verdades espirituales básicas, como las que proveen las escrituras y la literatura espiritual. La reflexión y la meditación sobre ciertos versos, como los del salmo noventa y uno u otros pasajes favoritos, con frecuencia reactivan la inspiración debido a que calibran muy alto en la escala de la conciencia. A menudo la repetición, en entornos hermosos, de nuestras oraciones e himnos favoritos, o de nuestra música clásica preferida, renueva la inspiración.

La música de alta calibración genera un campo energético que supera el intelecto y la actividad mental negativa. La música que calibra por encima de 500 (que viene en el Capítulo 9 de *Truth versus Falsehood)* tiene un efecto edificante. Puede variar desde la banda sonora de *Riverdance* hasta la música clásica, desde el son conmovedor de las gaitas escocesas hasta la música irresistible de los Bee Gees.

La apatía transitoria puede indicar resistencia a afrontar algún defecto personal, que se supera más rápidamente mediante la admisión directa y la aceptación. Esto reactiva el movimiento espiritual, en lugar de anularlo. Hasta es posible contrarrestar la evitación aceptando el hecho de que es operativa en este momento (evitando la negación de la negación). Mediante la evitación uno puede elegir evitar conscientemente un problema en lugar de estar a expensas de él. Esta alternativa nos ofrece la opción de no lidiar con el asunto inmediatamente, y elegir tomarnos unas vacaciones de él mediante lo que podría considerarse el "escapismo terapéutico", como irse al cine, hacer un viaje corto, etc.

La elección consciente de aceptar tiene consecuencias distintas de la negación inconsciente. El cuidado de uno mismo es una intención íntegra cuando se realiza conscientemente. Es un ejercicio de desarrollar el amor por uno mismo, especialmente si se dedica a Dios. A veces, es necesario descansar y recuperarse para rejuvenecer. Esta es una de las funciones del juego y de las actividades recreativas que están al servicio del reforzamiento interno en lugar de ser simple autoindulgencia.

Las dualidades de la apatía

Tal como ocurre en los otros niveles, los posicionamientos se expresan como dualidades de atracción y aversión que tienen que ser resueltas con la ayuda de la oración, y a menudo contando también con la ayuda de otras personas.

Las dualidades de la apatía

Atracción	Aversión
Culpar, proyectar la "causa"	Tomar responsabilidad
"No puedo"	"No quiero"
Verse como víctima	Verse como participante
Indiferencia	Cuidado
Derrotismo	Optimismo
Justificación, racionalización, excusa	Emprender una acción
Verse impotente	Verse capaz
Desesperanza	Esperanza
Negar la propia valía	Elegir ver la propia valía como un regalo de Dios
Verse como alguien débil	Verse potencialmente fuerte
Rechazar las soluciones	Estar dispuesto, aceptar
Autosabotaje	Autoapoyo
Indolencia, pereza	Energía para actuar
Pesimismo, cinismo	Confianza, fe, esperanza
Considerarse indigno	Aceptar el valor de la vida
El futuro es sombrío	El futuro ofrece oportunidades
Verse incapaz	Verse como alguien dispuesto a aprender
Rígido, inflexible	Maleable, capaz de crecer
Pasivo	Activo, hacer el esfuerzo
Rechazar la ayuda	Aceptar ayuda
Autocompasión	Compasión, después seguir adelante
Aferrarse a una posición	Renunciar al posicionamiento
Autoindulgencia	Seguir adelante, "superarlo"
Excusa	Honestidad con uno mismo
Hundirse más	Evolución, ascenso
Sucumbir	Resistir, negarse, rechazar

Capítulo 4

PENA

(NIVEL CALIBRADO 75)

Introducción

Este es el nivel de la tristeza, la pérdida y el abatimiento. La mayoría de la gente lo ha experimentado durante algún tiempo, pero los que permanecen en este nivel viven una vida de constante lamento y depresión. Este es el nivel del duelo, del luto y del remordimiento por el pasado. También es el nivel de los perdedores habituales y de esos jugadores crónicos que aceptan el fracaso como parte de su estilo de vida, lo que a menudo les lleva a perder el trabajo, los amigos, la familia y las oportunidades, así como el dinero y la salud.

Las grandes pérdidas al comienzo de la vida hacen que más adelante uno sea vulnerable a la aceptación pasiva de la pena, como si el pesar fuera el precio de la vida. En la pena uno ve la tristeza por doquier: la tristeza de los niños pequeños, de las condiciones del mundo, e incluso la tristeza de la vida misma. Este nivel colorea toda nuestra visión de la existencia. Parte del síndrome de la pérdida es la sensación de ser incapaz de reemplazar lo que se ha perdido o lo que ello simbolizaba. Se produce una generalización a partir de lo particular, de modo que la pérdida de un ser querido se equipara con la pérdida del amor mismo. A este nivel, estas

93

pérdidas emocionales pueden activar una depresión seria o incluso la muerte. Aunque la pena es el cementerio de la vida, aún tiene más energía que la apatía. Así, cuando los pacientes apáticos traumatizados empiezan a llorar, sabemos que están mejorando, porque cuando empiezan a llorar vuelven a comer.

A nivel clínico

La pena es una experiencia humana universal, y es difícil de ver y de atravesar porque es muy común y por su emocionalidad, con la que la gente está muy familiarizada. En sus grados menores puede expresarse como pesar o arrepentimiento, pero en sus expresiones más intensas puede resultar agobiante e incapacitante.

La universalidad de la experiencia se debe a la estructura y naturaleza del ego, que percibe erróneamente la fuente de felicidad como si fuera externa o emocional, convirtiéndola en algo muy especial. En realidad, la única fuente de felicidad está dentro, y su mecanismo es intrapsíquico e interno. Cuando se consigue un objeto, situación o relación deseados, con la satisfacción de ese deseo empieza a operar el mecanismo interno, porque al objeto, situación o relación se le ha imbuido de cualidades especiales. El valor está en los ojos del observador o perceptor, y no es algo intrínseco del objeto ni de la persona deseada. Por lo tanto, la pena está vinculada con el deseo, así como con la propiedad.

La sociedad asume colectivamente que ciertas condiciones, objetos o cualidades son valiosos, y este acuerdo afecta a nuestras elecciones personales. La persona espiritualmente evolucionada que tiene pocos deseos y apegos es relativamente inmune a la pena, pues la experiencia de la fuente de felicidad tiene su origen dentro y no depende de cosas externas. Si se emplean los mecanismos del ego para adquirir la fuente de felicidad, se basará en imágenes, sistemas de creencias y valores proyectados, en lugar de basarse en la Realidad Absoluta, que es invulnerable a la pérdida. El mecanismo del apego y la proyección de valor subsiguiente hacen que se sobrevaloren los objetos, cualidades y relaciones. Cuanto más especialismo se proyecte en la relación con el objeto o la persona deseados, tanto mayor es el potencial de pena y pérdida. El miedo a la pérdida contribuye a la creación de apegos dependientes, así como al materialismo y a los atributos sociales, como el dinero y la fama.

La felicidad es la recompensa psicológica interna o sistema de autogratificación por el logro de objetivos externos, y el error consiste en creer que la fuente de la felicidad está "ahí fuera" en lugar de venir de dentro. El prototipo ha sido establecido por el propio proceso de evolución. En la vida primordial, así como en la vida posterior, las formas de vida animales no se energizaban a sí mismas, sino que dependían de fuentes de energía externas que podían encontrarse mediante el proceso de prueba y error. Así, el mecanismo biológico que se estableció es necesidad-búsqueda-prueba y error-encuentro-recompensa.

En los seres humanos persiste este mismo patrón en los niveles situados por debajo de 200 (véase el cuadro del funcionamiento del cerebro en el Capítulo 9). La adquisición es básicamente un instinto de supervivencia animal, que depende de "conseguir" una pareja, alimento, territorio, abrigo, dominancia y control. Así, tal como están programados los instintos animales, la fuente de la felicidad viene de "ahí fuera". Por lo tanto, es "conseguible" y está sujeta a la pérdida. Con el apareamiento y el vínculo animal esto se extiende a las parejas y a los miembros del grupo. Podemos ver la pena en el mundo animal en las reacciones de las manadas de lobos y de elefantes, y en las colonias de monos y gorilas, que viven procesos de penar.

La externalización de la fuente de felicidad percibida conduce al apego y al emerger del control como principal mecanismo de supervivencia, que junto con el deseo de estatus y sus símbolos de seguridad dan lugar al materialismo.

La orientación espiritual

No deja de ser común que las grandes pérdidas den como resultado que se acuda a la religión y a la espiritualidad en busca de respuestas y ayuda. A nivel emocional, la gente encuentra consuelo en el apoyo empático, la oración y en retornar a las prácticas religiosas. Por lo tanto, las pérdidas proveen una oportunidad de incrementar nuestra intención de reevaluar los principios espirituales y de ponerlos en práctica en lugar de limitarnos a apreciarlos intelectualmente.

Al principio, una pérdida no es un suceso bien recibido porque nos altera y es emocionalmente intrusivo. La respuesta inicial puede muy bien ser de *shock* y resentimiento, e incluso de incredulidad. La tormenta emocional exige energía y atención en un momento en que nuestra energía está baja, y esto produce enfado. Lo que nos ayuda a procesar la crisis es enfocarnos en ciertas realidades internas y trascender sus limitaciones inherentes.

Cuando la pérdida es involuntaria e inesperada, hay enfado y resentimiento, así como temor a la pérdida de control. Cuando algo inesperado altera nuestra vida también genera ansiedad por el reajuste forzado, que puede requerir decisiones importantes. Es bueno saber que la investigación espiritual indica que todo el sufrimiento y el dolor emocional son producto de la resistencia. Su cura es la rendición y la aceptación, que alivian el dolor.

Durante el proceso, se nota que el dolor emocional producido por la pérdida no es constante ni continuo, sino que viene en oleadas que pueden disminuir mediante una actitud consistente de no resistencia y entrega continua a Dios. Aunque uno tenga la ilusión de estar entregando la pérdida de una persona, objeto, deseo, objetivo o cualidad aparentemente esencial, en realidad uno está procesando el dolor producido por la alteración del apego; lo que uno está entregando solo es el propio apego. Una verdad básica de la que nos damos cuenta durante el proceso es que no hay una fuente de felicidad posible y real fuera de uno mismo. En realidad, la pérdida saca a la superficie ilusiones prolongadas, junto con la oportunidad de que pierdan su dominancia en la psique. El ego tiene multitud de apegos a creencias, eslóganes, objetos, personas, títulos, dinero, comodidades, entretenimientos, muebles, regalos sentimentales y memorias de todo lo anterior. El ego/mente atesora lo temporal y transitorio porque lo valora como "especial" y, por lo tanto, lo ve como una "fuente" de felicidad.

Paradójicamente, la pérdida supone al mismo tiempo la libertad y la apertura de nuevas opciones. La pérdida ofrece adaptaciones y cualidades internas que representan oportunidades de crecimiento. La mente lamenta la situación y le gustaría deshacer el cambio y volver a la comodidad de las anteriores circunstancias, pero el crecimiento y el desarrollo evolutivo son insistentes. Por lo tanto, lo que produce resentimiento es tener que cambiar. El cambio puede ser una fuente de placer anticipatorio si es elegido, y una fuente de resentimiento si nos resistimos a él. Estamos apegados al presente y al futuro anticipado, así como al pasado. Todas estas posiciones son ilusorias porque nunca hay otro tiempo que el momento presente, y nadie experimenta nunca el pasado o el futuro, excepto en la imaginación y en los recuerdos. La única fuente de felicidad que tiene una base realista está en el presente, y lo que está en el presente no está sujeto a pérdida.

Todas las formas de pérdida son una confrontación con el ego y sus mecanismos de supervivencia. Todos los aspectos de la vida humana son transitorios; por lo tanto, apegarse a cualquiera de ellos acaba trayendo pena y pérdida. Sin embargo, cada incidente es una oportunidad de buscar dentro la fuente de vida, que siempre está presente, es inmutable, y no está sometida a pérdidas ni a las devastaciones del tiempo.

La pena o la pérdida, como cualquier situación estresante en la vida, pueden verse como valiosas oportunidades de crecimiento, y un periodo para reevaluar nuestros valores y objetivos. Con esta actitud es posible soltar todos los apegos, incluyendo los sistemas de creencias, y experimentar la fuente de felicidad que emana desde dentro.

Apegos

El apego es el proceso por el que se produce el sufrimiento que conlleva la pérdida, independientemente de a qué se esté apegado, sea interno o externo, y tanto si es un objeto, como una relación, una cualidad social o ciertos aspectos de la vida física. El ego se perpetúa a sí mismo mediante su elaborada trama de programas, valores y sistemas de creencias. Así, van surgiendo necesidades que adquieren más energía a medida que las embellecemos y elaboramos, hasta el punto de fijarlas. La fuente de dolor no es el sistema de creencias en sí, sino nuestro apego a él y la inflación de su valor imaginario. El procesamiento interno de los apegos depende del ejercicio de la voluntad, que es la única que tiene el poder de deshacer el mecanismo de apego mediante el proceso de entrega o rendición. Dicho proceso puede ser experimentado subjetivamente o contextualizado como un sacrificio, aunque en realidad es una liberación. El dolor emocional de la pérdida surge del propio apego y no de lo que se ha perdido.

Al principio resulta difícil soltar apegos y sistemas de creencias que han quedado reforzados socialmente mediante el acuerdo, como el apego a la riqueza, el éxito, la fama, la belleza y otros. Todos ellos representan el mismo concepto: algún tipo de "añadido" a lo que "es" nos producirá una mayor felicidad. Además del proceso de apego, el otro mecanismo concomitante del ego es su creencia en "tener".

La investigación de la conciencia revela que los grados de felicidad declarados concuerdan con los niveles calibrados de conciencia más que con las circunstancias externas. Cuando se llega al nivel 540, el porcentaje de individuos que se declaran felices se acerca al cien por cien.

La ilusión de poseer: "tener" y "mío"

La pena guarda relación con la pérdida, y la pérdida implica que antes hemos sido propietarios de algo y que hemos mantenido una relación especial con ello. La idea de que algo es "mío" denota una contextualización y un significado únicos, que son producto de la manera de pensar dualista del ego, mediante la cual un "yo" separado está mágicamente vinculado (en la fantasía) con un "ello" o un "tú" y, por lo tanto, con cierta cualidad, posesión o persona. Por ejemplo, un reloj solo es un objeto, pero mediante la reivindicación de su propiedad, ahora queda imbuido de una cualidad única y especial que hace que sea "mío". Lo que solo era "un" reloj ahora es "mi" reloj, y esto lo transforma mágicamente. Cuando se enfatiza esta cualidad, entonces se convierte en "mi reloj *favorito*". Mediante este proceso, ahora, a la composición de esta cualidad única de ser especial se añaden el apego, el control, el miedo a la pérdida y el sentimiento. Podemos ver que el escenario está listo para una tragedia, que ocurre cuando la persona cree haber perdido "mi" reloj en lugar de tan solo "un" reloj. Es evidente que en cuanto se introducen la posesión y la idea de que algo es "mío", surge la atadura.

La carga emocional puede aflojarse dándose uno cuenta de que en realidad todo pertenece únicamente a Dios, y que los humanos solo somos los administradores. En el mundo, la propiedad es una forma de relación especial transitoria, y el valor y la valía dependen exclusivamente de la percepción, la conceptualización y las legalidades.

Hay otros apegos del ego que acompañan a la posesión, como el orgullo, los sentimientos de seguridad y el placer sensorial. El sentimiento de felicidad se inicia por la satisfacción de un deseo interno que libera ciertos neurotransmisores en el cerebro, como la serotonina y las endorfinas, que son la consecuencia y la concomitancia, pero no la fuente, de la experiencia de felicidad en sí misma. Todos los estudios sociológicos/psicológicos de la felicidad confirman que las personas religiosas o espiritualmente orientadas son en general más felices en todo momento, cualesquiera que sean las circunstancias. (Wellas, 2005)

Procesar los sentimientos negativos

El proceso espiritual de no resistencia y entrega es efectivo para tratar la pérdida (sin embargo, este no es un proceso adecuado para los estados emocionales que calibran por debajo de 75, como la depresión, la culpa o la apatía). Una persona espiritualmente orientada valora todas las experiencias de la vida y considera cada una de ellas una oportunidad de evolucionar espiritualmente. La técnica de procesamiento incluye varios pasos que dependen de la buena voluntad y de la capacidad de entrega.

1. Permanece con el sentimiento y mantente enfocado en él sin alteraciones. Date cuenta de que todo el dolor es debido a la resistencia. El sufrimiento de la pérdida surge del apego y de considerar que algo o alguien es especial.

2. Estate dispuesto a sumergirte y a rendirte a los sentimientos sin evitarlos. Date cuenta de que vienen en oleadas y que rendirse a las más intensas tiende a reducir su severidad emocional.

3. Pide ayuda a Dios y rinde tu voluntad personal a Dios (es de ayuda leer el salmo noventa y uno u otros pasajes espirituales favoritos).

4. Estate dispuesto a soportar y sufrir el proceso. Si no te resistes, se procesará por sí solo y llegará a su final.

Aunque el sufrimiento de la pérdida puede haber sido activado por un suceso específico, en realidad las dolorosas emociones de apego han surgido de múltiples fuentes a lo largo del tiempo, y es posible que debajo de la superficie haya más de ellas de lo que pudiera sospecharse en un principio. Así, en realidad cada pérdida representa todas las pérdidas, porque lo que se experimenta es la pérdida misma y no solo el suceso específico que la trajo a la conciencia.

Una fuente de fuerza durante el procesamiento de las emociones dolorosas es identificarse con toda la humanidad y darse cuenta de que el sufrimiento es universal e intrínseco al fenómeno de ser humano y a la evolución del ego.

El no apego frente al desapego

Esta es una distinción importante, y no entenderla puede conducir a un importante error espiritual. El "desapego" es un proceso constante que, por desgracia, puede llevar a la apatía, a tener emociones planas, a no involucrarse y a la indiferencia. También puede dar como resultado la pasividad y la pérdida de interés por la vida. Existen comprensiones erróneas de la espiritualidad que enseñan que incluso el amor es un apego, lo cual es un error, puesto que el amor es un aspecto de Dios; la posesividad es un aspecto del ego.

Una comprensión incorrecta del camino de la negación puede dar como resultado la esterilidad del "Vacío" y de la "Nada". Si bien el Vacío es una experiencia espiritual impresionante (calibra en 850), no es el Estado Último, que es el de la Totalidad. Esto ha surgido de una comprensión errónea de las enseñanzas de Buda. "Vacío" significa no lineal, y la ausencia de "la cualidad de ser cosa (coseidad)", o de linealidad. Más allá del vacío está la realidad última, omniincluyente y no lineal de la Totalidad. La experiencia subjetiva del vacío, aunque es muy impresionante, es considerablemente distinta de la Realidad del estado de la Presencia de Dios como Totalidad, que incluye la importantísima cualidad del Amor Infinito (véase Capítulo 18).

Resolución

El dolor de procesar nuestra pérdida personal se reduce mediante la aceptación emocional/filosófica y mediante la toma de conciencia de la realidad general de la condición humana que todos compartimos:

1 En el dominio humano, todo es temporal, transitorio y evolutivo.

2 En realidad no puedo ser "dueño" de nada ni nada puede ser "mío". Todas las relaciones son temporales y arbitrarias. La legalidad solo proporciona el derecho a controlar.

3 Todo pertenece a Dios. Consecuentemente, todo lo que considero que es "mío" y "me pertenece" solo obedece a una condición temporal, incluyendo el propio cuerpo humano. La dominación solo es control; es el domino lo que reina.

4 Contempla todo derecho de propiedad y todas las relaciones únicamente como si fueras su administrador. Tu obligación es responsabilizarte del alineamiento, más que apegarte o involucrarte.

5 Apégate a principios más que a personas, objetos, condiciones y situaciones transitorias. Los niveles calibrados de conciencia son indicadores de los principios que se correlacionan con (y determinan) cada nivel y con su campo de conciencia atractor, mediante el cual todo se alinea y es influido.

6 Toma la decisión de vivir con coraje y dignidad. Este posicionamiento evoca el Poder invisible mediante el cual toda vida sobrevive. Acepta que la pena es un proceso normal en lugar de resistirte a ella.

7 Acepta que todos los seres conscientes viven por la fe. A pesar de todas las declaraciones pretenciosas e ingenias que afirman lo contrario, todas las personas viven únicamente mediante el principio de fe; solo es cuestión de fe en "qué". La fe puede depositarse en lo ilusorio, en el intelecto, en la razón, en la ciencia, en el progreso, en el poder político y mundano, en las satisfacciones del ego, en el placer, en la riqueza o en la esperanza (por ejemplo, en el "mañana").

Todas estas fes se basan en presuposiciones que pueden ser eclipsadas en cualquier momento porque son creencias frágiles. Incluso el hipotético escéptico o "no creyente" vive por su fe en su propio intelecto, que, para esa persona, representa "la realidad". En Presencia de la Realidad Infinita, todas estas pretensiones se evaporan, como también lo hacen todos los posicionamientos de un "esto" (yo) que cree en un "eso" (proposición). La Realidad se afirma a sí misma porque es Identidad, dentro de la cual la naturaleza dualista de toda creencia cae por tierra.

Desmontar la pena (y también el deseo)

El valor que atribuimos a los deseos refleja lo que ellos representan simbólicamente o como categoría. Ver más allá de lo particular y percibir la esencia facilita la retirada del apego y, por lo tanto, difumina tanto la intensidad del deseo como la importancia de la pérdida. Solo valoramos cada persona, "cosa" o elemento que consideramos importante porque representa una cualidad más abstracta. Así, la pena de la pérdida no se debe a lo particular, sino a un campo de conciencia atractor del que es una representación simbólica. Cada "cosa" refleja cualidades abstractas que pueden clasificarse en niveles progresivos de abstracción:

Específico	Categoría	Abstracto
"El viejo Rover"	"Perro"	Compañía
Dinero	Un activo, un bien	Supervivencia
Riqueza	Medios	Importancia, prestigio, confort
Amante	Relación	Sexo, orgullo, seguridad, compañía
Pariente	Familia, tribal	Identidad grupal
Coche	Posesión	Transporte práctico, comodidad, estatus
Título	Supervivencia	Orgullo, estatus
Casa	Hábitat	Comodidad, supervivencia, seguridad
Lujos	Posesión	Confort, orgullo, estatus
Empleo	Economía	Supervivencia, estatus, habilidades
Juventud	Oportunidad, aprendizaje	Futuro abierto, vigor, atracción
Pareja	Personal	Compañía, ayuda, afecto, amor
Padre	Relación	Identidad familia/grupo, el pasado
Hijo	Relación	Amor, potencial de futuro, rol parental
Salud	Físico/vida	Supervivencia como cuerpo
"Objetos de valor"	Posesión	Sentimiento, "mío", familiaridad
"Necesidades"	Posesión	Conveniencia

Darse cuenta de que el "valor" es algo superpuesto, que depende del significado abstracto y de lo que una cosa o atributo simboliza, facilita la renuncia al apego. Así, descubriremos que es posible compensar una ganancia o pérdida específica mediante la sustitución por un equivalente de la misma o superior categoría.

Algunas formas de pena guardan relación con la pérdida real o imaginaria de atributos personales, como la juventud, la fuerza física, la salud o incluso con oportunidades perdidas y lamentos por proyectos que no han fructificado, fracasos del pasado o elecciones desafortunadas. La pena por los errores del pasado o los juicios erróneos se disuelve recontextualizándolos como parte del proceso de aprendizaje que llamamos "ser humano". El lamento también es consecuencia de dar realidad a lo hipotético (por ejemplo, "debería haber", "podría haber", o "si hubiera elegido otra cosa", etc.). Esto también incluye la ilusión de que las decisiones hipotéticamente "mejores" hubieran aportado beneficios o mayor felicidad. Estas suposiciones ignoran que la evolución se sitúa en una curva de aprendizaje y que nuestras elecciones están sometidas a influencias kármicas, tanto positivas como negativas. Hay una falacia inherente en la proposición de que "podría haber" o "debería haber" porque, en realidad, si uno realmente "hubiera podido", evidentemente "lo hubiera hecho", si todas las condiciones hubieran sido favorables a realizar una elección mejor.

La compasión por uno mismo y por la naturaleza de la vida humana favorece el proceso de curación. La pena es consecuencia de apegarse a percepciones anteriores. Tomar la decisión de dedicarse al presente y enfocarse en él sin hacer juicios de valor ni presuposiciones duras con respecto al futuro aporta importantes beneficios. Cuando no tiene impedimentos, la psique humana es creativa e ingeniosa. Cada nivel de conciencia tiene sus problemas innatos, pero también sus soluciones correspondientes. El deseo de deshacer el pasado es comprensible pero fútil, y nos ciega a las oportunidades del presente. Una limitación en un área de la vida supone simultáneamente la apertura de opciones y oportunidades en otras áreas. Las pérdidas a menudo hacen que la persona pase de mirar hacia fuera en busca de la felicidad, a mirar hacia dentro para reevaluar sus activos y otras opciones que antes se pasaron por alto. Así, la pérdida puede resultar beneficiosa cuando se la convierte en un acicate para el crecimiento y la evolución espiritual. Hace falta tiempo para que madure el descubrimiento de que la pérdida es "una bendición disfrazada". Rechazar esta oportunidad produce amargura y una reducción del valor intrínseco de la vida. La aceptación de las vicisitudes de la vida humana conduce a una mayor comprensión y compasión.

El amor es la oportunidad de entregar la voluntad personal a Dios y de reevaluar cuál es el propósito general del regalo de la vida humana.

Las dualidades de la pena

Si bien es inevitable cierto grado de pena a lo largo de la vida, la pena crónica exige que renunciemos a los posicionamientos dualistas en los que se basa como actitud a largo plazo o estado de conciencia prevaleciente.

Las dualidades de la pena

Atracción	Aversión
Apegarse a	Soltar
Vivir en el pasado	Vivir en el ahora
Deshacer	Aceptar
Regatear con Dios	Aceptar la limitación – karma
Esperanza de cambiar, súplica	Rendición, entrega
Verlo como una pérdida	Verlo como una oportunidad de avanzar
Rechazar, negar	Resolver
Enfado, resentimiento	Aceptación
Culparse a uno mismo	Aceptar la limitación
Sentirse vacío	Reemplazar por nuevos valores
Sentir que ahora uno es menos	Compensar
Equiparar "al otro" o a "eso" con la fuente de la felicidad	Ver la felicidad como algo interno
Depender de lo externo	Depender de uno mismo
Resistir	Trascender
Desánimo	Esperanza
Ir atrás en el tiempo	Avanzar hacia nuevas opciones
Emocionalizar	Minimizar
Buscar la simpatía	Suficiencia de uno mismo
Evitación, control	Aceptación, resolución
Ver la pérdida como algo permanente	Ver la pérdida como algo temporal
Ver que la fuente de felicidad está "ahí fuera"	Ver que la fuente de felicidad está "aquí dentro"
La pérdida es irreemplazable	El futuro es prometedor
La vida esta llena de problemas	La vida esta llena de soluciones
Amargura	Fe y esperanza

105

Capítulo 5

MIEDO
(NIVEL CALIBRADO 100)

Introducción

En el nivel 100 hay mucha más energía de vida disponible. El miedo al peligro dirige buena parte del mundo, espoleándolo a una actividad interminable. El temor a los enemigos, a la ancianidad o a la muerte, y al rechazo, junto con una multitud de miedos sociales, son los motivadores básicos en las vidas de la mayoría de la gente.

Desde el punto de vista de este nivel, el mundo parece peligroso, lleno de trampas y amenazas. El miedo es la herramienta oficial favorita de los agentes opresivos y totalitarios para ejercer el control. La proliferación de los temores es tan ilimitada como la imaginación humana. Una vez que uno se enfoca en el miedo, los interminables sucesos temibles del mundo lo alimentan. El miedo se vuelve obsesivo y puede asumir cualquier forma; por ejemplo: el miedo a perder una relación produce celos y un elevado nivel de estrés crónico. El pensamiento temeroso puede inflarse hasta la paranoia o generar estructuras defensivas neuróticas y, como es contagioso, puede convertirse en una tendencia social predominante.

El temor limita el crecimiento de la personalidad y lleva a la inhibición. Como hace falta energía para elevarse por encima del miedo, los oprimidos son incapaces de alcanzar un nivel superior sin ayuda. Así, los temerosos buscan líderes fuertes que parezcan haber conquistado su propio miedo y que les conduzcan fuera de su esclavitud.

El miedo es una emoción pasajera, pero como estilo de vida permanente resulta limitante. El temor realista (por ejemplo, la precaución) está al servicio de la supervivencia, en contraste con los temores irracionales, que indican problemas psicológicos intrapsíquicos. El miedo socialmente útil es un concomitante normal y aceptado de toda vida humana. Su omnipresencia se expresa en casi todas las áreas de la vida, desde las puertas cerradas y las alarmas antiincendios hasta la salud y los hábitos alimenticios, y toda la estructura económica de la sociedad. Además, los medios de comunicación se enfocan en el miedo de forma recurrente, pues este desempeña un papel importante en los asuntos humanos, especialmente en la supervivencia.

Desde el punto de vista evolutivo, el miedo surgió como un requisito de la supervivencia animal, que en el ser humano progresó mediante la capacidad cognitiva hacia expresiones que tienen significado, incluyendo su expresión abstracta.

La capacidad de analizar y de abstraer la percepción del tiempo y su concepto del futuro nos proporciona una variedad interminable de condiciones reales o imaginarias en las que es posible proyectar el miedo. Así, una multiplicidad de temores se difunde interminablemente a través de los mecanismos de la imaginación y la fantasía. Mientras que la culpa, la vergüenza y la pena representan el pasado, el miedo es una anticipación enfocada en el futuro.

Como los mecanismos básicos del miedo son de origen animal y son un prerrequisito de la supervivencia, están inscritos en la fisiología y en la estructura misma del cerebro humano (véase el cuadro del Funcionamiento del Cerebro, Capítulo 9). El miedo también acaba produciendo temor a los síntomas emocionales y fisiológicos del propio miedo. Estos síntomas pueden generar capacidades adaptativas pero, cuando están fuera de control, su intensidad puede incrementarse hasta el pavor, el terror y el pánico paralizante.

El miedo promueve precauciones que atañen a todos los aspectos de la vida cotidiana, y sus fluctuaciones operativas se aceptan como normales. El miedo, como modalidad de conducta prevaleciente, es incómodo y acaba siendo un obstáculo que limita la capacidad de poner a prueba la realidad de las cosas, lo que produce una reducción del nivel de conciencia.

Como nivel de conciencia predominante en el nivel de calibración 100, el miedo se convierte en una limitación y en un estado de expectativa habitual, prevaleciente y subjetivo, que seguidamente puede proyectarse en casi cualquier aspecto de la vida. Esto genera una sobreexcitación de los mecanismos cerebrales de supervivencia, produciendo un nivel de alerta más elevado en el "sistema reticular activador" que libera las hormonas del estrés expresadas en el equilibrio adrenalina/cortisona, junto con otros neurotransmisores. Los temores asociados a las medidas protectoras favorecen la supervivencia. Sin embargo, los miedos irreales pueden incapacitar.

Desde el punto de vista evolutivo, puede verse que, en el comienzo de la vida humana, el niño ya experimenta temor (a que lo dejen caer o a la pérdida de la figura materna). El miedo sigue adelante a lo largo de la existencia y acaba con el miedo a la muerte misma, junto con el temor a lo desconocido. En la vida cotidiana hay una miríada de maniobras defensivas y de compensaciones que alivian el temor y hacen la vida tolerable, e incluso placentera, pero en las sombras acechan los temores inexplicables, incluyendo el miedo a los accidentes o a las catástrofes.

La literatura de investigación indica que el alineamiento religioso/espiritual con la fe es capaz de reducir los niveles generales de temor. La energía espiritual cambia la dominancia cerebral hacia un sistema de procesamiento más benigno mediante el cual las endorfinas y los niveles de serotonina y otros neurotransmisores reemplazan a las hormonas del estrés.

El miedo patológico/clínico

Los grados clínicos del temor se expresan como desórdenes de ansiedad, entre los que se incluyen las fobias, el trastorno de estrés post-traumático, las inhibiciones o los mecanismos compensatorios excesivos, como la retirada, la dependencia o la adicción a sustancias. El uso extendido de los tranquilizantes y del alcohol atestiguan el problema de una ansiedad incómoda y excesiva, que también incluye factores genéticos y de otro orden, heredados tanto individual como grupalmente. En respuesta a la necesidad han surgido diversas modalidades de tratamiento, entre las que se incluyen el des-condicionamiento, el asesoramiento individual y grupal, y las diversas psicoterapias, entre las que se incluye el psicoanálisis. El temor mórbido también subyace a otras dificultades psicológicas, como los desórdenes obsesivo-compulsivos, la hipocondría y la histeria.

Transcender el miedo

El procesamiento de los sentimientos negativos guarda similitud con la recuperación de otras actitudes y estados negativos. En este proceso se permite que los temores surjan sin resistirse a ellos, y a medida que emergen entregamos su energía emocional. Para ello, hay un técnica simple llamada: "¿Y entonces qué?". En este proceso, uno comienza con el temor y seguidamente se rinde a las posibles consecuencias de que tal temor ocurra en la realidad. Por ejemplo:

"Tengo miedo de perder mi trabajo".

"¿Y entonces qué?"

"Entonces no tendré dinero."

"¿Y entonces qué?"

"Entonces nos echarán de casa."

"¿Y entonces qué?"

"Entonces seremos indigentes."

"¿Y entonces qué?"

"Entonces no tendremos dinero para comer y podríamos morir de hambre."

"¿Y entonces qué?"

"Entonces enfermaríamos y moriríamos", y así sucesivamente. A medida que vamos entregando las consecuencias de cada miedo (es algo que *puede* hacerse, porque hay muchos que hacen exactamente esto), esta serie de temores siempre acaba en el miedo a la muerte física. Curiosamente, la experiencia "de cercanía con la muerte" elimina todo temor al deceso (esto también es una verdad que el autor ha experimentado en su vida). Casi todos los miedos sociales, psicológicos y físicos solo son elaboraciones inconscientes del miedo a la muerte, del cual surgen todos ellos. Revisar toda la lista de horrores puede llevar muy poco tiempo, o podría llevar horas, días e incluso más. Finalmente, cuando se acepta la muerte y se la entrega a Dios, el núcleo del temor desaparece. Evidentemente, esta curativa entrega final saca a luz nuestro concepto de la Divinidad, y la entrega de nuestra vida física a Dios saca a la luz el último paquete de miedos, relacionados con el Destino: el temor a un Dios punitivo, a las descripciones antropomórficas y a las leyendas sobre la Divinidad. Es conveniente recordar que si Dios no fuera misericordioso, probablemente ni siquiera estaríamos vivos a día de hoy.

Hasta los sistemas de creencias primitivos, que adoran a dioses punitivos, celosos, vengativos e iracundos, proveen soluciones para alcanzar la redención y la salvación. Dentro de los ámbitos más racionales y confrontables, estas soluciones incluyen la absolución mediante la confesión, la penitencia, la aceptación de un Salvador, la adopción de un cambio de conducta importante, la oración, la súplica y, básicamente, rendir nuestra voluntad a Dios.

Resulta útil darse cuenta de que, momento a momento, la totalidad de la vida se basa en la fe, cualquiera que sea el nombre que le demos. Incluso el ateo se aferra por fe al sistema de creencias que dice que las creencias son válidas y auténticas. La investigación de los niveles calibrados de conciencia ha verificado la validez de las principales religiones del mundo y de los sistemas de creencias espirituales (*Truth versus Falsehood*, 2005).

La paz puede ser la consecuencia de rendirse a las inevitabilidades de la vida. El escéptico religioso/espiritual puede mirar dentro y observar que la cualidad interna e irreductible de la vida es la capacidad de ser consciente, de darse cuenta y el sustrato de subjetividad. Sin conciencia, el individuo no "sabría", y ni siquiera "sabría" si "sabe" o no, de modo que la conciencia es una condición a priori de la existencia, independientemente del contenido de dicha existencia. Así, la propia conciencia puede aceptarse como una realidad obvia sin tener que elaborar que sea Divina (como recomendaba Buda). "Ser" es una cosa y, evidentemente, *saber* que uno "es" requiere una cualidad más trascendente.

Todo miedo es producto de estar en la etapa evolutiva del ego, y está asociado con la dimensión física. La vida que no es capaz de sentir sigue adelante mediante el diseño y los mecanismos de realización que operan en el campo atractor predominante; un ejemplo de ello son las colonias de coral. Pero, con la conciencia evolutiva de la propia existencia surge un "yo" separado de la especie animal. Así, el miedo surge en consonancia con la capacidad de elegir y con la conciencia de las consecuencias. El temor se propaga en el individuo mediante la resistencia y recede mediante la aceptación, que podemos facilitar reestructurándolo para considerarlo como una baza a nuestro favor.

Una vez examinado, y aparte de su contenido, se puede tener miedo del propio miedo porque es una reacción desagradable a nivel fisiológico, emocional y experiencial. Esta es la base de la famosa cita del presidente Roosevelt: "No tenemos nada que temer excepto al miedo mismo". Por lo tanto, a la hora de procesar el miedo, tenemos que aceptar sus aspectos físicos en lugar de resistirnos a ellos. De esta manera, las sensaciones acaban por sí mismas (mariposas en el estómago, temblores musculares, sudor, pulso rápido). El miedo puede reducirse al ámbito estrictamente físico.

A nivel clínico, es relativamente fácil trascender los miedos en estado de hipnosis. Una modalidad terapéutica aplicable consiste en enseñar autohipnosis al paciente, una técnica relativamente simple que puede aprenderse en una sesión. La autohipnosis también es una herramienta para la regresión y el recuerdo de vidas pasadas. El escepticismo dura hasta que la experiencia de una vida pasada empieza a desplegarse, permitiendo que el problema central se haga aparente, lo que conlleva un gran alivio. Los temores pueden convertirse en predicciones y cálculos racionales que contribuyen a preservar la vida sin caer en la emocionalidad del miedo mismo. Finalmente, también existe la adicción a la excitación que acompaña al miedo y al imaginario melodrama asociado.

La investigación de la conciencia revela que en el momento del nacimiento queda establecido el momento preciso de la muerte física: no el "cómo" sino el "cuándo" (calibra como "verdad"). Es conveniente darse cuenta de que el individuo es lineal y, por lo tanto, limitado, mientras que el Ser es no lineal e ilimitado. También conviene darse cuenta de que la muerte física no es una posibilidad real, pues la vida solo puede cambiar de una dimensión a otra, pero no puede extinguirse. Lo que es lineal (forma) es el receptáculo de la vida, pero no su fuente, porque la vida y la Fuente de la vida son no lineales y, por lo tanto, no están sujetas al tiempo ni a las dimensiones.

Eliminar el miedo requiere subyugar la imaginación que tuvo su origen en la infancia, cuando la diferencia entre realidad y fantasía aún no estaba desarrollada. Las imágenes emocionales y atemorizantes están en la imaginación, y no están sujetas a ninguna restricción. Posteriormente pueden ser elaboradas y dar lugar a supersticiones reforzadas por los cuentos de hadas y la influencia programante de los medios de comunicación. Por lo general, los dibujos animados de los niños contienen muchas imágenes y elaboraciones gráficas atemorizantes, y a menudo son la fuente de los temores infantiles. Es importante señalar que las investigaciones indican que el cerebro de un niño no puede distinguir entre la violencia real y la televisada (Lohmann, 2004). A los adultos les gustan las películas de terror porque elaboran los temores desde la distancia segura del espectador. No obstante, esta capacidad imaginativa de la mente humana puede usarse terapéuticamente en los programas de desensibilización mediante técnicas "virtuales".

El miedo tiende a autorreforzarse y supone una limitación para el desarrollo de las habilidades adaptativas. El temor al fracaso produce inhibición y anula el desarrollo de la confianza social. El miedo a la desaprobación de otros conduce a la retirada y a la precaución, o a sentirse necesitado emocionalmente. La negación del miedo puede producir su aparente opuesto: una sobrecompensación en forma de envalentonamiento y conductas de riesgo innecesarias.

El miedo y la evolución espiritual

Jesucristo dijo que el miedo es el último obstáculo en superarse. Desde el punto de vista de la investigación de la conciencia y de su evolución, todo temor es producto de la persistencia del ego, y de su negativa a dejar su soberanía en manos de la voluntad de Dios. Rendirse activamente a la voluntad de Dios es algo que se elige, una decisión de la voluntad y, por tanto, dista mucho de la pasividad, la apatía y la resignación. Elegir conscientemente alinearnos con la Verdad y la Divinidad nos fortalece y cambia la identidad del yo al Ser, incrementando la confianza, el coraje y la dignidad personal, en lugar de la autohumillación y la denigración. La rendición total produce paz; la rendición parcial o condicionada conlleva una duda persistente.

A medida que vamos entregando progresivamente nuestro ego/yo, este se disuelve y es reemplazado por el Ser, que irradia desde la intemporalidad borrando toda duda para siempre. Esta misma comprensión se produce en las personas que han vivido una experiencia de cercanía a la muerte, y en aquellas con una conciencia avanzada que han vivido comprensiones transformadoras. La investigación de la conciencia confirma que la muerte no es una posibilidad. La vida está sustentada por su eterna Fuente, de la que no puede ser separada. Lo lineal, circunscrito y limitado en el tiempo viene a la existencia debido a eso que es eterno y no lineal (esta frase calibra en 1.000).

El miedo y la religión

El miedo surge cuando tomamos conciencia de las consecuencias que pueden tener en el futuro nuestras transgresiones, errores y lapsos morales, sean pasajeros o prolongados. Hay miedo al Juicio Divino y también a las descripciones antropomórficas de un Dios iracundo e incluso vengativo. Cuanto más primitiva es la visión de la Divinidad, más atemorizantes son las imágenes. Los miedos están asociados y combinados con la culpa y la expectativa de castigo, e incluso con el infierno mismo. Los sistemas de creencias mitológicos arraigados en la cultura también contribuyen a estos temores.

Cuanto más elevado es el nivel de conciencia, menor es el miedo a Dios. Tradicionalmente, al ser humano se le ha retratado de manera ambigua: por un lado, se le considera inocente debido a su ignorancia ("no saben lo que hacen"), y por otro, culpable a causa de los instintos animales del ego. La ignorancia es inherente a la estructura y a las limitaciones del ego/mente dualista, que por su limitado desarrollo evolutivo es incapaz de discernir entre la esencia y la apariencia. El ser humano en el mundo, si no cuenta con un salvador, avatar o gran maestro, está en seria desventaja. A excepción del principio monoteísta, hasta las propias religiones tienden a estar en conflicto. Por tanto, el humano está en conflicto, corre un riesgo a nivel operativo y está asediado por tentaciones tanto internas como externas.

Las religiones judeo-cristianas e islámica ofrecen como solución la salvación y la redención, mientras que el budismo y el hinduismo ponen el acento en la evolución espiritual para superar las limitaciones del ego lineal y llegar a niveles más elevados y no lineales de identificación espiritual. Como quiera que se contextualicen, las consecuencias del pecado/error/limitación/ignorancia son compensadas por la misericordia, el amor y la compasión Divinos.

A partir de la investigación de la conciencia, queda claro y puede confirmarse que el destino de un alma es consecuencia de sus propias elecciones y decisiones, más que de la venganza de una deidad iracunda. Como un corcho en el mar elevándose en función de su grado de flotabilidad natural, o como una viruta de hierro moviéndose automáticamente dentro de un campo electromagnético universal, cada espíritu determina su propia posición evolutiva dentro del contexto no lineal del campo de conciencia infinito.

La Justicia Divina es innata y autónoma como consecuencia de la Creación misma. Además, la omnipresencia generalizada de la Totalidad incluye opciones de salvación que siempre están presentes. Por lo tanto, la Justicia de Dios es perfecta porque garantiza la perfecta libertad y la oportunidad de que evolucionen la conciencia y la comprensión espiritual (la frase anterior calibra en 945; en cambio, las descripciones antropomórficas de Dios calibran en 75.)

Las dualidades del miedo

El miedo es un mecanismo de supervivencia básico e intrínseco a la evolución del ego desde las primeras formas de vida animal. Existe un miedo realista y a corto plazo que contrasta con el miedo como nivel de conciencia dominante y prevaleciente. Los miedos comienzan en el niño en una época temprana y proliferan a lo largo de la vida a menos que sean contrarrestados por un sentimiento general de seguridad. Sentirnos adecuados en nuestra respuesta a la vida requiere que superemos los temores irracionales, surgidos como resultado de los numerosos posicionamientos del ego.

Las dualidades del miedo

Atracción	Aversión
La excitación del peligro	Mantener la serenidad
Pánico, reacción exagerada	Autocontrol
Dramatizar	Tratar con calma
Enfatizar	Desinflar
Pedir atención y ayuda	Ser autosuficiente
Sobrevivir	Confiar en Dios
Proteger	Perder, pérdida
Control	Rendición
Emocionalismo	Pensar con claridad
Exagerar	Minimizar
Imaginar	Conservar la lógica
Proyectar en el futuro	Vivir en el ahora
Proliferación de la imaginación	Supresión de la imaginación
Ver enemigos	Ver seguridad
Resistirse, defenderse, evitar	Aceptar
Elaborar e incrementar las percepciones	Reducir las percepciones
Albergar emociones o problemas	Resolverlos
Justificar	Ver con realismo
Proyectar la causa	Hacerse responsable
Muerte	Ver que la vida es eterna
Enfocarse en el cuerpo	Enfocarse en el espíritu
Ver la vida como algo físico	Ver lo espiritual como la realidad
Pérdida de juventud, dinero, posesiones	Ver que la fuente de la felicidad es innata
Perder el amor de los demás	Ver el Ser como la Fuente de amor
Depender de uno mismo	Confiar en Dios, en el Ser

Capítulo 6

DESEO

(NIVEL CALIBRADO 125)

Introducción

En el nivel del deseo aún hay más energía disponible. El deseo motiva grandes áreas de la actividad humana, incluyendo la economía. Los anunciantes juegan con nuestros deseos para programarnos con necesidades vinculadas a los impulsos instintivos. El deseo nos mueve a dedicar grandes esfuerzos a conseguir metas u obtener recompensas. El deseo de dinero, prestigio o poder dirige las vidas de muchos de aquellos que se han elevado por encima del miedo como motivación vital predominante.

Este también es el nivel de las adicciones, en las que el deseo se convierte en una compulsión más importante que la vida misma. En realidad, las víctimas del deseo pueden no ser conscientes de cuál es la base de sus motivos. Algunos se hacen adictos a recibir atención, y alejan de sí mismos a los demás con sus exigencias constantes. El deseo de aprobación sexual ha producido las enormes industrias de la cosmética y de la moda, que exaltan el glamur y el atractivo.

El deseo guarda relación con la adquisición y la acumulación, que a menudo son insaciables debido a que se trata de un campo de energía constante. La satisfacción de un deseo simplemente es reemplazada por el deseo insatisfecho de alguna otra cosa: por ejemplo, los multimillonarios a menudo continúan obsesionados con adquirir más y más dinero.

Evidentemente, el deseo es un estado muy superior a la apatía o la pena. Para "conseguir", en primer lugar uno tiene que tener la energía para "querer". La televisión ha influido de manera importante en muchos pueblos oprimidos, inculcándoles necesidades e incrementando su deseo hasta el punto en el que salen de la apatía y empiezan a buscar una vida mejor. "Querer algo" puede hacer que emprendamos el camino de lograrlo. Por lo tanto, el deseo puede ser un trampolín hacia niveles superiores de conciencia.

A nivel clínico

El deseo constructivo produce la agradable gratificación que conllevan las opciones elegidas; estas pueden conseguirse utilizando los recursos de la razón, seguidos por un acto de la voluntad, y ambas, razón y voluntad, afectan a nuestro nivel general de conciencia. Así, la compulsión y el deseo pueden ser sustituidos por la elección y la decisión.

La desventaja del deseo reside en su cualidad compulsiva, que puede conducir a un apetito constante. Cuando la emoción expande el deseo, podemos experimentarlo como "necesidad". La consecuencia de una vida en la que se persigue interminable y ansiosamente la adquisición de fuentes de satisfacción externas y artificiales es una mayor exposición al miedo a perder.

El origen evolutivo de la pauta y del impulso de desear se remonta al comienzo de las formas de vida animales, que carecían de una fuente interna de energía y, por tanto, tenían que buscar fuera mediante el método de prueba y error. Así, las necesidades y los deseos se vincularon con el miedo y la supervivencia. En el ser humano, los deseos y apetencias se elaboran en expresiones sociales y abstractas, y esto puede dar lugar a la búsqueda compulsiva, o incluso a recurrir a conductas de alto riesgo.

La compulsión puede ser continua debido al fracaso del mecanismo de satisfacción interna. Esto hace que nunca parezca haber suficiente, y la adquisición se convierte en un estilo de vida caracterizado por la búsqueda constante. El deseo compulsivo es un derivado del impulso original de satisfacer el hambre y la sed, que puede convertirse en una conducta autoimpulsada que produzca frustración crónica. En la terminología esotérica clásica, la compulsión y el deseo están situados energéticamente en el chakra plexo solar, y a veces se dice que una persona está "impulsada por su plexo solar". Las formas patológicas del deseo crónico son bien conocidas en nuestra sociedad, como por ejemplo el anhelo constante de relaciones, de sexo, materialismo, acumulación, adicciones, etc. El constante deseo de aprobación conduce a conductas de "agradar a la gente", a la subordinación y al servilismo. El deseo compulsivo de interacción social a menudo compensa las dudas con respecto a uno mismo, la baja autoestima y la necesidad de proveerse constantemente de fuentes externas de placer.

Las expresiones sociales de deseo y necesidad pueden estar vinculadas a conceptos externos, a posiciones políticas y a la necesidad de controlar a otros porque buscamos sentirnos importantes y recibir atención del público. Así, el deseo y la necesidad son desmesuradamente narcisistas, aunque parecen expresiones y posicionamientos sociales altruistas. La necesidad compulsiva de interacción social también indica la presencia de ciertos rasgos de personalidad, como la manipulación, la competición y la búsqueda de estatus.

Deseo y el ego

Debido a su origen evolutivo, el ego desarrolla la función adquisitiva de "conseguir", que es biológicamente necesaria para la supervivencia. Por lo tanto, la fuente de satisfacción se sitúa "ahí fuera", mientras que la verdadera fuente de placer es un mecanismo cerebral interno que se activa mediante la adquisición de algo "deseado". En sus expresiones más benignas, el ego desea y necesita nutrición social y emocional, como las que provee la familia, la tribu o la manada.

El proceso de socialización genera la motivación de conseguir dominio, control y capacidad de atracción. En el ser humano, estas elaboraciones se expresan socialmente en la búsqueda de rango, estatus, posesiones y en un estilo de vida competitivo que conduce a los celos y la envidia.

El problema básico de este nivel de conciencia es que la sensación interna de carencia produce insatisfacción crónica, sensación de no estar completo y comportamientos de búsqueda constante. La vulnerabilidad del desear generalizado del ego reside en la presuposición de que la gratificación depende de adquirir cosas externas. La necesidad exagerada produce una excesiva estimación de lo externo y una inflación poco realista de su importancia. Así, el deseo generalizado conduce a la insaciabilidad, a la frustración y a la ansiedad, así como a la avaricia, la codicia y las ganas crónicas de adquirir.

El problema del deseo está vinculado con la tendencia del ego a proyectar que los objetos, personas o cualidades relacionados con él son "especiales". Así, a la persona, al atributo o a la posesión deseados se les infla, se les envuelve en romanticismo y se les hace atractivos mediante atributos mágicos exagerados (como se describe en el clásico: *Glamour, un problema mundial,* de Alice Bailey, 1950). Así, el ego se queda encandilado por sus propias proyecciones; este proceso está facilitado por la propia energía del glamur, que da al objeto, a la persona o a la cualidad deseados un encanto mágico y una atracción seductora que, tal como la mayoría de la gente descubre con tristeza, son ilusorios (por ejemplo, los enamoramientos adolescentes).

Seguidamente, el deseo hipertrófico amplificado se convierte en compulsión, en un impulso irracional. Cuando la promesa mágica ilusoria se disuelve en la realidad, se produce un sentimiento de amargura o pérdida y de pena. Los medios de comunicación están especializados en hacer atractivos productos y personalidades cuya "presentación" es mucho más importante que la realidad subyacente. Así, el "dar bombo" de los medios de comunicación constituye una industria importante e influyente ("Cualquier publicidad es mejor que ninguna"). Esto produce un deseo y un anhelo interminables de estar bajo los focos, puesto que "conseguir atención" es uno de los atractivos del ego. El ego es el principal héroe/heroína en la película interna de la vida de uno.

La ansiedad interna que siente el ego con respecto a la satisfacción de sus necesidades proyectadas conduce a una insaciable codicia de poder y control sobre los demás, que emerge en sus formas más expandidas como dictaduras, megalomanía narcisista y grandiosidad, que buscan dominar a la totalidad del mundo. La frustración de los deseos egoístas ha conducido a la furia, la revancha y al asesinato de millones de inocentes a lo largo de la historia. Esto es consecuencia del egocentrismo insaciable que produce barbarismo y extremismo totalitario militante. A esta enfermedad se le denomina "narcisismo mesiánico maligno", porque el núcleo del ego no evolucionado envidia y odia secretamente a Dios, considerando a la Divinidad como un rival. El taimado ego expresa su grandiosidad interna tratando de reemplazar a la Divinidad y declarándose a sí mismo Dios (Nerón, César, etc.), o reclamando una autoridad divina especial al declarar que ha sido ordenado y, por tanto, autorizado, por la Divinidad.

La usurpación de la Divinidad puede verse en las exhibiciones públicas despóticas del "gran líder", que en realidad espera ser adorado. Los potentados requieren que se incline la rodilla ante ellos y se les haga la reverencia, y asumen el título de "lord". Los reyes reinan por "derecho divino" y desde un trono que siempre está más elevado que los asientos de los súbditos. El trono mismo simboliza la pretensión de soberanía, poder ilimitado y el "derecho divino de los reyes".

La paradoja de las pretensiones mesiánicas de los líderes del mundo a lo largo de la historia es que pocos de ellos mantienen un nivel calibrado lo suficientemente alto como para indicar un verdadero poder intrínseco. Más bien confían en la fuerza (munición, policía secreta, ejército y terrorismo).

El lado oscuro del deseo: frustración, envidia y celos

El sentimiento de carencia interna y el impulso de compensarla mediante cosas externas conduce, en su expresión social, a la compulsión y al deseo de símbolos de importancia, prestigio, rango, "hacerse notar", popularidad y otros. Estos impulsos llevan a la rivalidad, a la búsqueda de estatus, a trepar por la escala social y a interminables deseos de poseer, mediante los cuales el dinero se convierte en un fin en sí mismo. El deseo "de ser alguien" se contextualiza como "deseo de ser especial", e implica una superioridad que hace atractiva cualquier cosa así simbolizada. También es posible buscar otras vías mediante comportamientos extremos para obtener titulares y conseguir la atención de los medios. Una de las fuentes evidentes del deseo de estatus es la rivalidad entre hermanos y los años escolares, en los que se recompensan la competición y los logros. La idea de "ser alguien" a toda costa es la motivación básica admitida en los asesinatos de celebridades (por ejemplo, es el caso del asesino de John Lennon).

El trastorno marcado por un deseo generalizado e insatisfecho puede llegar a adquirir proporciones extremas y patológicas, como las que se ven en el criminal crónico o en los militantes políticos extremistas que no pueden esperar a "reivindicar" sus actos de extremismo violento y horrible, conductas grotescas por las que quieren el reconocimiento general y buscan la atención de los medios de comunicación. Otra expresión es la del asesino en serie que deja su firma y se mofa de las autoridades haciéndose famoso y evitando ser detenido. La excesiva necesidad de aprobación se extiende tanto a la imagen pública como a la privada, y puede expresarse como perfeccionismo o ambición excesiva.

El deseo como atadura

El cumplimiento de lo que queremos produce felicidad y satisfacción, mientras que el deseo constante produce ansiedad y tensión. A lo que uno está apegado es a la sensación interna que produce el sistema de recompensas que se activa en el cerebro, que al principio de la evolución estaba asociado con los sentidos. La adicción y el deseo compulsivo son elaboraciones (actividades, pensamientos) de las que el ser humano se sirve para activar la respuesta esperada del cerebro. Así, Buda dijo que nuestra atadura básica y primaria es a los sentidos.

La gula o glotonería estaba incluida en la lista de los siete pecados capitales por su vinculación con el cuerpo y sus placeres, de los que la comida y el sexo se convierten en las adicciones más comunes. En una etapa posterior de la civilización se incluyeron el alcohol y las drogas para activar artificialmente el sistema cerebral de recompensas.

El deseo como adicción

La satisfacción repetida del ciclo deseo-saciedad conduce a habituarse, lo que en individuos vulnerables puede ir en aumento y dar paso a la compulsión y la adicción. La compulsión escala al mismo nivel que los impulsos instintivos, e incluso es posible que se le dé prioridad sobre los instintos de supervivencia normales. Cuando satisfacer la compulsión se convierte en la actividad dominante, la inhibición mediante la razón se vuelve fútil e inoperante, como se ve en las aventuras de alto riesgo, que tienen en su historial una elevada tasa de calamidades (por ejemplo, ascender al Everest, navegar las cataratas del Niágara en un barril o lograr el récord de buceo de profundidad). Incluso la posibilidad de morir a causa de la lava volcánica o sepultado en un avalancha no es suficiente para controlar la fuerza de la compulsión insaciable y la emoción de coquetear con la muerte, lo que también puede verse en los extremos desesperados de la criminalidad *(Bonnie and Clyde)*.

Las adicciones pasan por alto la racionalidad y el instinto de supervivencia a pesar de sus severas consecuencias. Las compulsiones retornan rápidamente cuando vuelve la oportunidad de hallar satisfacción, como se ve en los jugadores compulsivos, en los pedófilos, en las adicciones al alcohol y a las drogas, en la criminalidad, en la cleptomanía, en la sexualidad, en los incendiarios, en las conductas psicopáticas, en las alteraciones de la alimentación, en las compras compulsivas y en los abusos, así como en la extravagancia irracional, en la avaricia, etc.

Las investigaciones de la neuroquímica cerebral han revelado mecanismos genéticos en los neurotransmisores que intervienen en las adicciones que responden a intervenciones con fármacos. En general, a nivel operativo, todas las adicciones son similares en el sentido de que activan la liberación por parte del cerebro de los neurotransmisores asociados con el placer. Básicamente, todas las adicciones son consecuencia de la adicción a la propia respuesta placentera, por el medio que sea (un descubrimiento clínico reciente indica que hasta los medicamentos para tratar la enfermedad de Parkinson podrían producir conductas compulsivas relacionadas con el juego, el sexo o las compras [Tanner, 2005]).

Estas conductas abarcan desde objetivos económicos depredadores y multimillonarios hasta la violación y asesinato en serie de niños, pero el mecanismo subyacente es el mismo. El tipo particular de conducta seleccionada guarda relación con factores genéticos y culturales kármicamente influenciados, que dan como resultado el nivel de conciencia del individuo. Las consecuencias negativas, por duras que sean, no extinguen las adicciones. Por tanto, las adicciones no son comprensibles para la persona común que espera que una condena a prisión desanime la criminalidad. La mayoría de los criminales reincidentes vuelven a delinquir a los pocos días de salir de prisión debido a la fuerza de la compulsión, siendo un caso típico los abusadores de niños.

El ego como adicción

La comprensión de la adicción nos permite comprender la tenacidad del ego. El yo busca placer y se vuelve adicto al placer que recibe de sus posicionamientos. Seguidamente, este ciclo de respuestas queda reforzado por el hábito, dando como resultado un patrón cerebral dominante que persiste a pesar de las consecuencias negativas para uno mismo y para los demás. Incluso las satisfacciones que proporcionan las actitudes negativas se deben principalmente a la *adicción*. Esto explica la naturaleza crónica de las patologías sociales/espirituales/emocionales que dominaron civilizaciones enteras durante siglos. Incluso a día de hoy, estas patologías dominan al setenta y ocho por ciento de la población mundial, porque renunciar a las conductas y las emociones negativas representaría una pérdida de placer y satisfacción.

La recompensa del orgullo resulta evidente; las de la avaricia, la adquisición y la pomposidad están igualmente claras. La gente se apega al odio y busca justificarlo interminablemente durante siglos. Abundan los coleccionistas de injusticias y también los mártires, los instigadores de odio, los sádicos, los masoquistas y los perdedores, así como los demagogos y los tiranos de todo tipo. El odio de la violencia es embriagador, y los asesinos de inocentes se muestran *jubilosos*. Los conflictos políticos, religiosos y filosóficos son tan adictivos que culturas y poblaciones enteras van a la muerte por el gran placer de "tener razón" y de vengarse.

Si bien estos ejemplos anteriores son extremos, el mismo mecanismo subyacente del placer secreto como recompensa está presente en la terquedad, el resentimiento, la autorrecriminación culpable y, por más extraño que parezca a primera vista, en el sufrimiento mismo. Y también en otras formas, como la culpa crónica, los miedos interminables, las obsesiones, las compulsiones y los temores constantes, que en la vida ordinaria reciben el nombre de "preocupaciones". Paradójicamente, incluso la derrota y la pérdida pueden resultar gratificantes como castigo, o como prueba de la crueldad del destino. Las posiciones del ego tienen la característica de negar la responsabilidad y de poner la culpa "ahí fuera". Al final, para el ego, la recompensa consiste en conseguir la energía que le permite persistir, porque carece del placer que supone la entrada de energía espiritual. La recompensa del ego es lo que él usa como sustituto de la

Divinidad, y de este modo mantiene su soberanía y resulta convincente en su silenciosa creencia secreta de que él es la fuente de nuestra vida, es decir, de que él es Dios.

La recuperación de la adicción al ego

En y por sí mismo, el ego es incapaz de trascender sus propios circuitos, la compleja trampa del laberinto de espejos de la ilusión. Por sí mismo, el ego nunca buscaría la salvación. Solo es posible trascender los niveles de conciencia mediante el despertar de la energía espiritual. El mecanismo de la salvación recurre a la voluntad, que invita a la intervención Divina.

El ego se volvió dominante como resultado de su antiguo y atávico origen, en el que era esencial para la supervivencia primitiva. El ego interpreta el "deseo" como "necesidad" y "tengo que tener", por lo que su búsqueda puede volverse frenética, haciendo que lance toda precaución por la ventana. Así, el deseo puede agudizarse hasta una sensación de desesperación y exigencia de sacrificio, lo que podría incluir la muerte de millones de personas. Debe tener lo que desea a toda costa y encontrará muchas excusas para justificarse. El ego se libra de la razón con ingeniosas retóricas apoyadas en la culpa y la demonización de otros, porque él tiene que ganar a toda costa debido a que, a lo largo de millones de años de evolución, moría si no satisfacía sus deseos y necesidades. El ego tiene mucha, mucha memoria y millones de años de reforzamiento.

Trascender el deseo

Como el problema es interno más que externo, los intentos de controlar los deseos compulsivos mediante la "fuerza de voluntad" (el ego) raras veces tienen éxito, y tampoco lo tiene la satisfacción de los deseos interminables, que solo ofrece un alivio temporal. Como es bien conocido, las formas más destructivas de compulsión responden óptimamente a los programas de tratamiento basados en la fe y a los grupos que siguen fundamentalmente el ejemplo establecido por el proceso de los doce pasos. Todas estas organizaciones ponen el acento en los mismos conceptos básicos de humildad, honestidad, responsabilidad y entrega a un poder mayor que uno mismo. El fracaso a la hora de responder a estos programas se debe a que la persona no está dispuesta a abandonar la resistencia que emana del núcleo del propio ego, para el que rendirse es anatema, a menos que el dolor de la enfermedad alcance proporciones insoportables.

Algunos grados menos severos, pero también problemáticos, de compulsión pueden trascenderse sustituyendo las exigencias por preferencias y entregando a Dios cada impulso a medida que surge. Otra práctica es el proceso espiritual "¿Y entonces qué?", en el que cada consecuencia temida y anticipada se va entregando a Dios. Al principio, este proceso parece imposible, pero una vez investigado, lo que parecía "imposible" acaba siendo una mera falta de buena disposición. Así, el proceso de la entrega depende más de "querer" que de "no poder".

Otro ejemplo del proceso "¿Y entonces qué?" es el siguiente: "Si renuncio a tal cosa y a la otra, entonces estaré aburrido, infeliz, aislado, me convertiré en un don nadie, seré un indigente", y la lista de condiciones supuestamente intolerables continúa. El examen más detenido revela que ninguna de ellas es intolerable, y que la intolerabilidad se debe a la propia resistencia, y no a la condición en sí (por ejemplo, si las condiciones fueran reales, nadie sería feliz a menos que fuera rico y famoso).

La falta de buena disposición y la resistencia a menudo asumen la forma de la excusa "no puedo" para evitar hacerse responsable y entregar el motivo del ego. Esto puede descubrirse preguntando: "Si alguien estuviera apuntándote a la cabeza con un arma cargada para que te rindieras, ¿lo harías?". La respuesta, por supuesto, es que sí podrías hacerlo, de modo que el problema es que no quieres y no que "no puedes". Nótese que incluso una vida en extremo ascética es aceptable cuando uno la elige. Existen muchas comunidades espirituales de renunciantes y de seguidores del principio "menos es más". La simplicidad elegida es aceptable, pero produce resentimientos cuando es impuesta.

Cuanto más evolucionado esté el nivel de conciencia de la persona, menor será la presión de las necesidades. Cuando la evolución está avanzada, los deseos y las necesidades desaparecen, porque la satisfacción no surge de lo que uno tiene, sino de la realización de la Fuente de la propia existencia, y esto no depende de nada externo, ni de alterar artificialmente la fisiología cerebral. La persona evolucionada experimenta la alegría de sentir libertad interna.

Siguiendo la secuencia de "¿Y después qué?", finalmente se llega al temor de fondo que activa toda la secuencia, el miedo a la muerte. Este miedo a la muerte, inconsciente y reprimido, está detrás de la miríada de temores a los que muchos son propensos. Mediante la entrega de la vida misma y su encarnación a la voluntad de Dios, brilla la irradiación interna del ser, y la propia supervivencia se deja alegremente en manos de Dios. Un prerrequisito para conseguir eliminar el miedo a la muerte es rendirse a Dios a gran profundidad y al mismo tiempo rezar pidiendo la Gracia Divina.

El proceso de dejar atrás las limitaciones y restricciones atraviesa los clásicos pasos del "tener" al "hacer" y al "ser". La realización del propio potencial espiritual elimina todos los deseos y necesidades, porque se comprueba que la fuente de la felicidad reside dentro, donde siempre ha estado. Las fuentes de felicidad del ego son provisionales, temporales, transitorias e ilusorias, y esto es una Realidad que solo puede ser verificada en la experiencia. El Ser no desea nada porque está totalmente completo de manera innata, pues es la Fuente primordial de todo lo que existe.

Aparte de las necesidades básicas de supervivencia, la "carencia" es una percepción. El reto espiritual consiste en descubrir la Fuente de la felicidad. Muchas personas ricas y exitosas reconocen con franqueza que, aparte de las comodidades físicas, básicamente no son más felices que cuando eran estudiantes sin recursos; de ahí la perenne atracción y popularidad de la ópera *La Bohème* (Puccini, 1896).

El ego/yo cree que la felicidad personal está sujeta a condiciones, lo que produce temor. "No querer nada" es estar libre de miedos y, por tanto, es un estado intrépido e inmune. Al final, hasta el deseo de tener un cuerpo desaparece, puesto que se le considera engorroso, aunque útil para explorar el dominio lineal.

A nivel operativo podríamos considerar que el cuerpo es una "nave espacial" temporal para moverse en la dimensión lineal, y este proceso está al servicio de la evolución espiritual. El apego al cuerpo se basa en la identificación ilusoria con él como si fuera el "yo", la fuente y ubicación de la vida. Desde el punto de vista de los estados de conciencia superiores, el cuerpo puede parecer una molestia y una limitación, además de una distracción. Más adelante esto también tiene que ser entregado. Al final, la identificación con el cuerpo desaparece y este sigue adelante espontáneamente, más como un "ello" que como un "yo".

Reemplazar el deseo

La mente piensa que querer y desear son motivaciones necesarias para conseguir objetivos. Esta creencia procede del antiguo sistema evolutivo animal basado en el deseo y la gratificación. Por encima del nivel 200, los objetivos no se consiguen por desearlos sino por un acto de voluntad que incluye elegir, tomar una decisión y comprometerse. Entonces el objetivo nos inspira, lo que produce un alineamiento de las prioridades que da como resultado, tal como ocurre en el trabajo espiritual, la dedicación y el abandono de las resistencias. La decisión añade valor al proceso de hacer los esfuerzos necesarios para lograr un objetivo. No es necesario "desearlo tenazmente", sino tomar la decisión de dar los pasos necesarios para su realización, pasos que resultan más fáciles cuando se renuncia a las resistencias que podrían surgir si el ego/mente pinta los objetivos como "sacrificios".

Los posicionamientos del deseo

Cada nivel de conciencia está asociado con presuposiciones que refuerzan las percepciones de ese nivel y producen resistencias. En el caso típico, dichas resistencias toman la forma de las polaridades dualistas de atracción y aversión.

Las dualidades del deseo

Atracción	Aversión
Especial	Común
Ganar	Perder
Riqueza	Pobreza
Control	Pasividad
Conseguir	Perder
Anhelar	Frustrarse
Fuerza	Debilidad
Aprobación	Crítica
Éxito	Fracaso
Fama	Anonimato
Terquedad	Cesión
Agresión	Sumisión
Resistencia	Cambio
Defensa	Entrega
Adquisición	Pobreza
Conquista	Pérdida
Popularidad	Pasar desapercibido
"Tener que tener"	Preferir
Importante	Ordinario
Sentirse "elevado"	Ser normal
Excepcional	Promedio
Ser notado	Ser ignorado
Excitación	Aburrimiento
Glamoroso	Común
Cambiar el mundo	Cambiarse uno mismo
Posesión	Simplicidad
Tendente a exhibir	Amable
Superior	Común

Estos son impulsos reconocibles que tradicionalmente han estado asociados con el chakra plexo solar, y que encuentran una amplia aceptación y refuerzo social. Colectivamente emergen como actitudes y motivaciones que tienen que ser entregadas, ya que son apegos. Los procesos necesarios son una buena disposición, además de contemplación, reflexión y meditación, pero la recompensa subsiguiente es grande y abre la puerta a muchos beneficios inesperados que recontextualizan las cualidades subjetivas de la vida.

Capítulo 7

IRA

(NIVEL CALIBRADO 150)

Introducción

La ira puede conducir a la acción constructiva o destructiva. A medida que la gente sale de la apatía y de la pena, y supera el temor como estilo de vida, empieza a desear. El deseo conduce a la frustración, que a su vez produce enfado. Así, el enfado puede ser un fulcro mediante el cual los oprimidos sean finalmente catapultados hacia la libertad. El enfado causado por las injusticias sociales, la victimización y la desigualdad ha generado grandes movimientos y enormes cambios en la estructura social. Nótese que fueron estos movimientos, y no la ira en sí, los que fueron constructivos y beneficiosos.

No obstante, la ira se expresa más frecuentemente como resentimiento, o como un estilo de vida ejemplificado por las personas irritables y explosivas que son muy sensibles a las ofensas y se convierten en "recolectoras de injusticias", además de ser peleonas, contenciosas o beligerantes.

La ira que surge del deseo frustrado se basa en el campo energético inferior (deseo). Y la frustración es producto de exagerar la importancia de los deseos. La persona enfadada, como el niño frustrado, puede tener un acceso de furia. La ira lleva fácilmente al odio, que erosiona todas las áreas de la vida personal.

La emoción de ira prevalece como reacción en todos los ámbitos de la sociedad, pero la ira como nivel de conciencia indica que uno está dominado por un campo energético omnipresente y negativo que refleja las percepciones distorsionadas del ego. Un aspecto importante de esta distorsión es una visión del mundo de orientación narcisista, con la consiguiente expectativa de que el mundo debe abastecernos y conformarse a nuestros deseos y percepciones. En la medida en que el mundo no se centra en, ni se preocupa por, el individuo específico, el resultado es la frustración y el resentimiento crónicos.

El ego narcisista es competitivo y tiende a sentirse ofendido e insultado ante la mínima provocación, puesto que el núcleo del ego se considera soberano y espera que se le considere prioritario; también espera el acuerdo y el cumplimiento de sus expectativas, y la satisfacción de sus deseos y tendencias. Esto produce un resentimiento crónico y un enfado hirviente que acechan por debajo de la superficie y se expresan como hosquedad, enfurruñamiento o en actitudes del tipo "las uvas están verdes", "tener una astilla clavada", o "reaccionar inmediatamente a la menor provocación". La ira también puede asumir posiciones más disfrazadas y sofisticadas que llevan a representar el papel de protestador crónico y crítico autoproclamado que ataca furiosamente a sus supuestos enemigos. Periódicamente esta ira reprimida surge en un comportamiento abiertamente agresivo e incluso como ataque físico, así como expresiones de abuso y sublevación pública. A medida que se acumulan los resentimientos, puede haber pataletas o ataques de furia, y habitualmente se expresan en las relaciones como abusos de la esposa o de los hijos. La furia crónica suele dar como resultado una personalidad agresiva que intenta coaccionar a otros mediante la intimidación y la dominancia. El estilo de vida que esto provoca suele ser descrito como "tormentoso".

Los mecanismos del ego en la ira

La estructura del ego es dualista y divide la unidad de la Realidad en polos en contraste y aparentes opuestos que son el producto y el contenido de la percepción, hecha de proyecciones. Este es un defecto básico de la mente, como indicó Descartes, que clarificó que esta confunde sus propios procesos mentales *(res interna, res cogitans)* con la realidad externa de la naturaleza tal como es *(res extensa/externa)* (este defecto básico ha quedado expuesto en la Sección I de *Truth versus Falsehood*). Por lo tanto, a nivel operativo, el yo personal es víctima de sus propias percepciones dualistas proyectadas. Por debajo del nivel de calibración 200, esta es una limitación prevaleciente que hace que la mente sea incapaz de diferenciar entre sus percepciones emocionalizadas (opiniones) y el mundo externo tal como realmente es. Este impedimento afecta al setenta y ocho por ciento de la población mundial, y al cuarenta y nueve por ciento de la población norteamericana.

Así, la persona enfadada ve lo que no sirve a su ego como si fuera un enemigo. Por lo tanto, siempre está a la defensiva y tiende a la excitación emocional propagada por la energización de los mecanismos animales primarios del cerebro izquierdo (véase el cuadro del funcionamiento del cerebro, Capítulo 9). A continuación, el ciclo de la percepción errónea, seguido por la ira y el resentimiento, alimenta el sistema nervioso simpático del cuerpo y activa las respuestas de lucha o huida (Cannon, 1929), lo que incrementa las secreciones de adrenalina y cortisona. De esta manera, el sistema nervioso de la persona enfadada está preparado para la clásica reacción de alarma y la respuestas de estrés (Selye, 1978) que incrementa el ritmo cardíaco, la retención de sodio y la tensión sanguínea. La recompensa que ofrecen las emociones negativas alimenta al ego, que se apega a la negatividad para sobrevivir. Mientras que el cerebro espiritualizado está sustentado por la energía espiritual, el cerebro izquierdo, animal y orientado hacia el ego, confía en las fuentes de energía animal a lo largo del periodo evolutivo.

El ego posicionalizado tiene miedo de admitir un error y evita la responsabilidad de impedir que la ira se vuelva hacia dentro. Una defensa importante del ego consiste en proyectar una conciencia punitiva (su "superego") sobre el mundo externo y después temer su venganza. Así, el ego enfadado teme la verdad, la honestidad y el equilibrio que reducirían su dominio y, por tanto, considera anatema el perdón o ver inocencia en los demás. El ego de la persona enfadada ve las relaciones como un campo de batalla en el que ejercer su dominio y control, y en el que desplegar sus actitudes y acciones primitivas. La resistencia a renunciar a las actitudes peyorativas tiene su origen en que, subjetivamente, el ego extrae placer de la negatividad, que se propaga y motiva a las personalidades que calibran por debajo de 200.

En cambio, a las personas que calibran por encima de 200 no les gusta la ira en sí mismas ni en otros, pues hace que se sientan incómodas. A nivel social, la ira va en detrimento de la familia, del puesto de trabajo y de otras relaciones, así como de la salud personal. La ira les parece fuerza a las personas que se sienten débiles y vulnerables internamente, mientras que las personas fuertes ven la ira como una debilidad vulgar y primitiva que les disgusta y consideran inmadura, "de clase baja" y una salida de tono vergonzosa e infantil en el entorno social.

En y por sí misma, la ira solo es una emoción subjetiva que no consigue nada en el mundo, como sí lo haría el uso de la razón y la contención. El ego usa la ira como un sustituto del coraje, que en realidad solo requiere resolución, determinación y compromiso.

Como un animal primitivo, el ego se hincha con la ira y busca inconscientemente parecer fuerte y formidable. Esta posición del ego se propaga por sí misma porque la recompensa que busca secretamente es la emoción misma. Este mecanismo autopropagante queda aún más fortalecido por el apego al pasado, que permite alimentar y justificar los agravios, y viciar la culpa que surgiría de un examen honesto de nuestra verdadera motivación. La falacia de ordeñar el pasado viene indicada por su bajo nivel de calibración, debido al hecho de que el pasado ya no existe. En realidad, uno solo puede conocer el presente, y, en el mejor de los casos, este solo es una percepción efímera, porque la verdad es una consecuencia no solo del contenido lineal, sino también del contexto.

Expresiones clínicas

La ira crónica a menudo produce consecuencias destructivas en el ámbito social, como la discordia marital o el divorcio. Los estallidos que ocurren en el puesto de trabajo dan como resultado un historial laboral manchado, y a menudo se aconseja acudir a terapia. Los tribunales de justicia suelen ordenar la terapia como requisito para recibir la libertad condicional cuando se ha infringido la ley, especialmente cuando la ira se ha expresado cometiendo delitos. Las investigaciones muestran que este patrón ya suele ser evidente en la primera infancia, y genera problemas con los hermanos y compañeros de clase. La beligerancia crónica lleva al rechazo social que incrementa los resentimientos crónicos y la ira, justificando lo que podría llegar a estallar en forma de homicidio.

Otras variedades de este estilo de vida pueden verse en las expresiones clínicas del "trastorno de personalidad explosiva", así como en el "trastorno límite de la personalidad", en los que aparentes trivialidades pueden desatar una gran furia. Otra expresión de la ira clínica puede verse en el "trastorno de la personalidad pasivo agresiva", en el que la pasividad es una forma disfrazada de agresión y resistencia, que periódicamente estalla en ira declarada. La resistencia agresiva se deriva de la etapa infantil de los dos años, cuando surge el típico "no" de los niños de esa edad. La agresión hostil declarada es característica de las personalidades psicopáticas, en las que la ausencia de conciencia permite expresar abiertamente la agresión primitiva, lo que da como resultado una baja capacidad de autocontrol e intolerancia a retrasar la gratificación. También está presente la imposibilidad de evaluar las consecuencias de las propias acciones o de responsabilizarse de ellas.

Los trastornos serios del carácter suelen empeorar cuando las expectativas o las exigencias no se cumplen con rapidez. Paradójicamente, el cumplimiento de las expectativas tiende a inflar el ego, de modo que la persona enfadada e impaciente y la personalidad psicopática no sufren de baja autoestima,

139

como se cree habitualmente, sino que, por el contrario, tienen egos inflados. El cumplimiento progresivo de esta grandiosidad interna tiene consecuencias dramáticas y desastrosas para la sociedad, de las que el tirano mesiánico narcisista es el ejemplo más destacado. La satisfacción de las expectativas egoístas y narcisistas no sofoca las exigencias, solo incrementa la agresión. Así, los gestos conciliatorios no detienen la agresión sino que la alimentan. La avaricia del ego es insaciable, y su frustración puede producir la muerte arbitraria e inmisericorde de millones de ciudadanos inocentes, así como de ejércitos enteros.

Por debajo del ego hostil, enfadado y furioso está la sed de sangre de los despiadados guerreros de la antigüedad, así como de los "militantes" salvajes de nuestra década. Las profundas raíces de esta sed de sangre motivada por la ira y el odio son atávicas (el "Id" de Freud y el instinto de *Tanatos)*. El ego inflado no verifica la realidad de las cosas ni trata de mejorar mediante la razón, la lógica o la racionalidad.

El líder mesiánico carismático es experto en alimentar la sed de sangre con propaganda. La explicación psicológica de este proceso es la aprobación de la autoridad o de la sociedad, en la que el clásico superego de Freud (la conciencia) queda ahogado por el acuerdo multitudinario. Esto se ha demostrado históricamente en la antigua Roma, en el uso que se hizo de la guillotina, durante la masacre de civiles en Manchuria, en las plazas de toros o en la malevolencia masiva demostrada por Pol Pot, el presidente Mao, Adolf Hitler y otros. La posición de dictador hace emerger del inconsciente la naciente megalomanía de los aspectos primitivos e inconscientes del ego. El núcleo del ego es la creencia engañosa de que es Dios (Nerón, César, el gran líder). La paradoja es que, mientras que la realidad de la Divinidad es infinitamente misericordiosa, su usurpación fraudulenta produce crueldad masiva, muerte y lo opuesto a la misericordia. La ira crónica requiere justificación. Así, la expresión común de la personalidad iracunda puede verse en el clásico coleccionista de injusticias que alimenta agravios y, por extensión paranoica, los recolecta para justificar su hostilidad.

Es notable que en los grupos de recuperación basados en la fe, como los programas de los Doce Pasos, uno de los principios básicos sea que no existe el "resentimiento justificado". Al ego también le gusta citar interpretaciones falsas y erróneas de la historia para justificar su extremismo.

Otro principio básico es que la percepción encuentra lo que busca (un ejemplo son los motores de búsqueda de Internet). Así, la promulgación y la propagación deliberada de justificaciones históricas continúan interesadamente a lo largo de los siglos a costa de las vidas y libertades de la población. Esto es característico de los odios religiosos, que se prolongan durante milenios. Como dijo Mahatma Gandhi, el ojo por ojo nos deja a todos ciegos. El poder político de los líderes extremistas se basa en la continuación y en la propagación del odio, de la ira, del resentimiento y de la recolección de injusticias. Para estos movimientos tan politizados, evidentemente la paz sería la mayor amenaza posible (obsérvese la carrera de Yasser Arafat, que empezó calibrando en 440 y acabó en 65). La propagación deliberada de la disensión y el odio supone una explotación y subversión de la libertad de expresión (para ello se puede jugar la carta de la raza, del sexo, de la clase social, de la edad, etc.)

Trascender la ira

La persona normal ve la ira como un detrimento. Se trata de una molestia transitoria que se considera perjudicial. Los antídotos evidentes son la compasión, la aceptación, el amor y la disposición a perdonar. La trascendencia requiere que estemos dispuestos a renunciar a nuestros principales posicionamientos:

1 Albergar resentimientos crónicos y recolectar "injusticias".
2 Expectativas poco realistas con respecto al mundo y las relaciones, incluyendo las relacionadas con la conveniencia, el acuerdo, la aprobación y la conformidad.

3 Renunciar a un estilo de vida centrado en uno mismo y enfocarse en cambiarse en lugar de cambiar el mundo.

4 Estar dispuesto a renunciar a las expectativas infantiles residuales (propias de la edad de dos años) con respecto a uno mismo, los demás, y el mundo que se percibe como imperfecto, tal como ha quedado ejemplificado en esta oración: "Dios, dame serenidad para aceptar las cosas que no puedo cambiar, coraje para cambiar las cosas que sí puedo y sabiduría para discernir entre ambas". Esta oración forma parte de los programas de los doce pasos.

5 Asumir la responsabilidad de sacar las actitudes internas infantiles a la superficie y subordinarlas a procesos maduros y esencialmente más gratificantes, caracterizados por la razón, el equilibrio y la preocupación por los demás.

6 Darse cuenta de que la ira y el resentimiento no guardan relación con lo que los otros "son", sino con lo que "no son". Por ejemplo: "no" generosos en lugar de tacaños; "no" desprendidos en vez de egoístas; "no" cuidadosos en vez de insensibles, etc.

7 Aceptar la falibilidad y las limitaciones humanas que, en cierta porción de la población, se deben a una incapacidad innata de ser honesta consigo misma.

Procesar la ira requiere honestidad interna y estar dispuesto a renunciar a lo que carece de integridad y es esencialmente intrabajable, y a reemplazarlo por la confianza en uno mismo. Otra posibilidad es emplear el proceso "¿Y entonces qué?", en el que uno entrega a Dios los escenarios aparentemente imposibles. Las actitudes compensatorias que son muchos más poderosas que la ira son la dedicación, la razón, la humildad, la gratitud, la perseverancia y la tolerancia. También es útil ver que el ego se ha hecho adicto al "subidón" artificial de la ira, con sus características de inflación animal. Asimismo, resulta educativo seleccionar un modelo de éxito y estructurarse a uno mismo de acuerdo con sus rasgos más destacados, como por ejemplo determinación, compromiso, habilidad e integridad. Uno no se convierte en un éxito envidiando y vilipendiando al modelo, sino imitándolo. Así, la persona iracunda tiene que volver atrás y compensar aquello que faltó en su educación y desarrollo.

Bloqueos

Tal como ocurre con los otros niveles, los posicionamientos dan como resultado dualidades en conflicto que requieren que renunciemos al placer transitorio de ceder a las atracciones y resistirse a las aversiones. La buena voluntad nos permite renunciar a la autocomplacencia a corto plazo en nombre del crecimiento espiritual a largo plazo.

Las dualidades de la ira

Atracción	Aversión
Expresar el sentimiento	Autocontrol
Intimidar	Perdonar
Aferrarse	Soltar
Castigar, vengarse	Salir impune
Autojustificación	Exoneración
Verter en los demás	Contenerse
Excitación, estar agitado	Mantenerse sereno
Emocionalizar	Pensar
Dramatizar	Ignorar
Expresar	Reprimir
Ponerse a prueba	Descartarse
Tener razón	Estar equivocado
Pedir ayuda	Guardárselo para uno mismo
Inflarse	Parecer débil
"Macho"	"Cobarde"
Gruñir, enseñar los dientes	Estar calmado
Excitación	Paz
Enzarzarse	Razonar
Amenazar	Transigir
Juzgar	Aceptar

Capítulo 8

ORGULLO
(NIVEL CALIBRADO 175)

Introducción

La gente se siente más positiva cuando alcanza este nivel, y este aumento de autoestima es un bálsamo para todo el dolor experimentado en los niveles inferiores de conciencia. El orgullo está suficientemente alejado de la vergüenza, la culpa o el miedo como para que salir de la desesperación suponga un salto enorme. En general, el orgullo tiene buena reputación y goza del favor social; sin embargo, como vemos en el mapa de la escala de la conciencia, es lo suficientemente negativo como para mantenerse por debajo del nivel crítico de 200. El orgullo solo produce buenas sensaciones en comparación con los niveles inferiores.

Como "el orgullo precede a la caída", es vulnerable y mantiene una actitud defensiva porque depende de las condiciones externas, sin las cuales puede caer repentinamente a un nivel inferior. El ego inflado es vulnerable al ataque. El orgullo sigue siendo débil porque puede ser arrojado de su pedestal para caer en la vergüenza, y esta es la amenaza que activa el temor a perderlo.

El orgullo conlleva división y la creación de facciones, cuyas consecuencias suelen ser costosas. Habitualmente el hombre ha muerto por orgullo, y esta sigue siendo la causa de que los ejér-

citos se masacren mutuamente. Las guerras religiosas, el terrorismo político y el fanatismo, y la horrible historia de la Edad Media
y de la Europa Central muestran el precio del orgullo y del odio,
por los que se ve obligada a pagar toda la sociedad.
Las desventajas del orgullo son la arrogancia y la negación.
Estas características bloquean el crecimiento. Para el orgulloso es imposible recuperarse de las adicciones porque niega los
problemas emocionales o los defectos del carácter. Todo problema de negación es un problema de orgullo; así, el orgullo es un
obstáculo considerable para la adquisición del auténtico poder,
cuya verdadera estatura y prestigio lo desplazan.

Comentario

A medida que el nivel de conciencia asciende, también se incrementa la felicidad experimentada. Aproximadamente el doce
por ciento de las personas situadas en el nivel de la ira se sienten
felices con su vida, pero en el nivel del orgullo este porcentaje
aumenta al veintidós por ciento. Sin embargo, el orgullo, como
la ira y el miedo, sigue siendo una postura defensiva por su
vulnerabilidad intrínseca, que requiere que sus posiciones se
guarden y se defiendan. El orgullo es gratificante, sin embargo
supone un obstáculo para acceder al terreno sólido del coraje,
que está más allá del miedo debido a su invulnerabilidad. La inflación del ego a la que da lugar el orgullo es el núcleo de su
vulnerabilidad, en el sentido de que el ego sobrevalora su importancia, y por tanto calcula erróneamente su valía a la hora de
funcionar, sobrevivir e interactuar con los demás. La autoestima
del orgullo descansa sobre una opinión exagerada e inflada, más
que sobre la realidad. Así, el ego busca confirmación, que descansa sobre las inseguras premisas de la opinión.
El orgullo resulta operativamente útil como recompensa
transitoria por los logros conseguidos, siendo una respuesta
normal aprendida en la infancia mediante la aprobación parental y los premios por portarse bien. Por tanto, como sistema de
recompensas, facilita la maduración y la adquisición de cultura.

El error se produce cuando el ego asume que es el "yo" el que está siendo recompensado, en lugar de una conducta específica. Esto conduce a buscar la recompensa de la admiración, por lo que las acciones quedan sometidas al objetivo de conseguir aprobación. Esta motivación persiste en diversos grados en la mayoría de los adultos, pero con la progresiva madurez el patrón se interioriza y el sujeto se auto recompensa mediante la autoridad de las figuras parentales internalizadas y otros criterios. Con más madurez, la importancia de las opiniones, o la aprobación, de los demás disminuye, quedando suplantada por la autoaprobación; entonces se vive la vida siguiendo criterios internos. A este nivel de mayor madurez, aunque la aprobación de otros es agradable, no determina nuestra conducta, como expresa el dicho: "Tengo que vivir conmigo mismo".

Orgullo socializado

El orgullo suele depender de la imagen social y de sus expresiones por medio de posesiones, publicidad, títulos, riqueza, etc. El estatus social y sus símbolos motivan las subculturas, que tienen sus propios indicadores del éxito. Estos pueden incluir todo tipo de cosas, desde la forma de hablar y de vestirse hasta "a quién conocemos", así como la dirección del domicilio, el tamaño de la casa y del automóvil, y otros signos de riqueza.

Aunque hipotéticamente las democracias occidentales son sociedades sin clases, en la práctica las clases sociales son una realidad patente. Aparte de la edad y el sexo, es una de las primeras cosas que las personas notan unas de otras. Cada subcultura tiene su propio sistema de clasificar quién está "dentro" y quién está "fuera", y de estratificar. Esto se refleja en los matices de los roles y privilegios, así como en las responsabilidades y expectativas, con sus consiguientes recompensas y obligaciones, que son consecuencia de complejos sistemas motivadores. El valor puede aumentar automáticamente en función de ciertas actividades y cualidades, como la educación, los rasgos personales y los estilos de conducta y discurso. Todos estos elementos quedan codificados dentro de las subculturas, cada una de las cuales tiene aceptado su código interno.

La presión social de las subculturas es muy fuerte y a menudo determina el contenido de las pautas de conducta interiorizadas que definen el éxito o el fracaso, y que afectan al orgullo, la autoestima, y el valor social percibido. El mismo estilo de comportamiento que conduce a la aprobación o al éxito en una subcultura puede suponer rechazo y fracaso en otra. Así, conviene observar la sabiduría del dicho: "Cuando estés en Roma, haz como los romanos". Paradójicamente, hay subculturas que ponen el acento en la conformidad con sus características inconformistas.

Cada subcultura tiene su propia filosofía no escrita e intrínseca, entrelazada con ciertas actitudes y sistemas de creencias, que expresan una orientación hacia sus presuntos valores, objetivos y rango de opciones. Estos se contextualizan y expresan como un nivel de conciencia evolutivo y calibrado cuyo campo general está dominado por un campo atractor de energía invisible pero intensa que arrastra y domina a la conciencia individual. La presencia del campo se intuye y reconoce por señales sutiles. Estas se expresan como actitudes conductuales, emocionales y psicológicas que acaban convirtiéndose en un léxico visible y articulado que a su vez genera presunciones y expectativas. Así, las actitudes son expresiones visibles y taquigráficas de niveles de conciencia específicos.

Mientras que, en ciertas subculturas, el orgullo, en contraste con la autoestima y la confianza, se considera un activo, en la sociedad en general tiene un efecto disuasorio. El orgullo expresado como arrogancia y superioridad personal tiende a ser un posicionamiento social antagónico porque se ve como vanidad e implica un aire de superioridad, (por ejemplo, "lo políticamente correcto" o "elitista").

El orgullo es admiración de uno mismo, lo que implica que los demás, por comparación, son inferiores o tienen menos rango, valor o valía. Las personas más maduras entienden rápidamente lo fino que es este barniz, y consideran el orgullo como algo vergonzante y un atributo perjudicial a nivel social. El orgullo egoísta conlleva "creerse especial" y provoca resentimiento en los demás y en la sociedad en general. En cambio, las personas verdaderamente exitosas son aceptadas porque el éxito maduro va acompañado por la humildad y la gratitud, más que por aires de superioridad.

El orgullo es cauto debido a su vulnerabilidad y a su alto nivel de visibilidad. Sus inconvenientes son la envidia, la competitividad y los celos, y sus consecuencias el odio, la malicia y la venganza. La fragilidad del orgullo surge de su núcleo narcisista, que ve la verdadera importancia como una amenaza porque implica una pérdida de rango. La vanidad genera sensibilidad a los menosprecios y las comparaciones, lo que conduce al miedo a ser atacado y a la paranoia social, con su naciente hostilidad que rápidamente puede hacerse patente. A nivel social, esta tendencia se expresa en el síndrome de "odio al líder", o en el odio al éxito, como en el síndrome de "odiar a Estados Unidos".

Este lado negativo del narcisismo se expresa en los niños que envidian y se muestran hostiles con los triunfadores de su clase, haciendo que los compañeros se burlen de los alumnos que más rinden. La hostilidad del narcisismo encuentra expresiones culturales provechosas cuando se la explota para obtener ganancias políticas o económicas y conseguir atención. La paradoja es que la hostilidad contra las celebridades surge de la propia motivación interna del crítico de buscar la celebridad.

Una consecuencia de la autoimportancia basada en el orgullo es su necesidad de ser alimentada y sustentada constantemente para compensar la duda interna y la deficiencia de plenitud y compleción que viene de no satisfacer los requisitos de la integridad. El orgullo es "sensible", competitivo, se siente amenazado y es inflamado por los celos hostiles que afectan al estatus social o a la atención de los demás. Por lo tanto, el orgullo es el motivo por el que el crítico autodesignado usa el sarcasmo, el ridículo y la supuesta sátira; es lo que mueve toda la industria dedicada a atacar a las figuras públicas y las reputaciones de los líderes reconocidos.

Internet se ha convertido de manera muy visible en el dominio de los pendencieros difamadores de la integridad, que representan la inflación del narcisismo expresada en forma de "opinión". Como el ego narcisista no está alineado con la verdad y la integridad, sus formas de expresión se vuelven estridentes y falaces y, por lo tanto, calibran extremadamente bajo.

El ego primitivo y orgulloso es avaro, y su talón de Aquiles acaba atrayendo las consecuencias de la soberbia, que es el tema de muchos grandes clásicos. Como la historia atestigua, "el orgullo precede a la caída" es la triste conclusión que la sociedad asigna a las causas altivas.

Debido a la presencia generalizada del orgullo como expresión del ego humano, a algunas de sus formas se les asigna aceptación social, e incluso aprobación; es decir, se aceptan con normalidad. La más destacada es el estatus de "libertad de expresión" que se le asigna a la opinión personal en sus múltiples variantes. Este manto de aprobación implícita lo excusa todo, desde el engaño más burdo hasta diversas formas de mendacidad. Cuando se examina la opinión como función del ego, se revela que no es más que una idea a la que se le ha añadido importancia porque es "mía". Una opinión es una idea que ha adquirido el glamur de la autoimportancia, y por lo tanto es más atractiva que la simple razón, la lógica o los hechos.

La retórica a menudo racionaliza la opinión a fin de justificar una posición como la representada por el escepticismo (que calibra en 160), que denuncia el dominio no lineal porque es incapaz de entenderlo. El narcisismo innato y orgulloso del ego excluye la capacidad de comprender lo abstracto, de modo que a este nivel el razonamiento queda limitado al reduccionismo lineal materialista que niega la realidad de los niveles de conciencia situados por encima de 500. Esto es consecuencia de una fisiología cerebral limitada (se puede ver el cuadro en la Sección 2).

El escepticismo fracasa en su intento de desacreditar sus objetivos porque, para conseguirlo, tendría que comprender el tema que está criticando. Así, la física newtoniana no puede desaprobar la mecánica cuántica o la Teoría de la Relatividad. El escepticismo y el cinismo carecen de la erudición que les daría validez argumental.

La humildad es el antídoto de la mayoría de los errores del autoengaño. El orgullo impide reconocer el enorme significado del contexto, y especialmente del paradigma. Por lo tanto, como se ha demostrado históricamente, todos los grandes avances del conocimiento humano han sido ridiculizados (por ejemplo, cuando los hermanos Wright volaron por primera vez en Kitty Hawk, cuando se atribuyó a los gérmenes la causa de las infecciones en lugar de a las miasmas, etc.).

Debido a su estructura innata, el ego es intrínsecamente incapaz de discernir entre la verdad y la falsedad, y confunde la percepción con la realidad. Por tanto, es víctima de sus propias limitaciones. Como todos sabemos, lo que "parecía una buena idea en el momento" a menudo es causa de lamentos posteriores. El valor de la calibración de la conciencia reside en que es posible derivar la verdad relativa de una declaración mediante un sistema que la evalúa de acuerdo con una escala de validez absoluta.

Una sociedad libre que da rienda suelta a toda la variedad de la expresión humana, desde la patentemente falaz hasta la de la sabiduría avanzada, en realidad tiene la esperanza de que, con el tiempo, prevalecerán la sabiduría y el sentido común sobre el exceso y la retórica. Sin embargo, una vez inflada, la falsedad se va elaborando, y sus consecuencias pueden requerir décadas, o incluso siglos, de sufrimiento antes de que se revele como tal.

La dinámica del ego

La fuente intrínseca del orgullo es la energía narcisista del ego, que se propaga mediante imágenes y símbolos a través de un tortuoso patrón que se refuerza a sí mismo. La Importancia es un valor emocional compuesto por una complejidad de componentes que otorgan una valía siempre relativa y, por lo tanto, sujeta a errores y contradicciones. El ego teme que la negación lo desinfle, por lo que busca constantemente el refuerzo mediante la aprobación, el acuerdo y el espaldarazo. Esto se expresa abiertamente en la interminable explotación de los medios de comunicación, mediante la cual la imagen eclipsa y reemplaza la realidad, creando un sustituto virtual, seductor, glamoroso y distorsionado. La persona sabia evita la exhibición ostentosa puesto que a menudo atrae más celos y envidia que admiración.

El orgullo es frágil y, por tanto, sus defensas a menudo son tan rígidas y extremas que llegan a la paranoia. Lo que está inflado puede desinflarse, y esto provoca vergüenza rápidamente. El ego malinterpreta la humildad como un equivalente de la humillación, cuando en realidad es la mayor salvaguarda contra la humillación o la vulnerabilidad. Este principio forma parte de la sabiduría táctica básica de las artes marciales, donde asumir un posicionamiento es un error que conduce a la derrota, porque una postura fija da al oponente una vía de ataque.

En la dinámica del ego, un conjunto de expectativas rígido da como resultado una autoestima frágil. La estructura del orgullo es lineal y, por lo tanto, vulnerable, mientras que el Ser es no lineal y no está sujeto al ataque lineal.

Si bien el ego está condicionado, el Ser no está sometido a condicionamientos porque encuentra su plenitud en sí mismo, carece de limitaciones, definición o cualidades, y está más allá de los adjetivos. La autoevaluación del ego se basa en pretensiones y opiniones, mientras que la verdadera autoestima surge de la integridad y la verdad. El Ser es completo por virtud de su compleción y de su identificación como "aseidad", que es incondicional.

Trascender el orgullo

El orgullo es una carga innecesaria y un apoyo frágil que, paradójicamente, además de ser vulnerable a la deflación, llega a provocar y atraer el ataque. Se basa en la falsa presuposición de que nuestra valía intrínseca es una variable definible. La aceptación de uno mismo es el resultado de renunciar a la duda. Todo lo que existe es intrínsecamente igual por virtud de su creación y de la fuente de dicha creación. El valor, o la valía, se basa en juicios de valor lineales, todos los cuales son arbitrarios. Todos los "añadidos" son suposiciones, como también lo son los símbolos sociales y los apoyos públicos, que resultan efímeros y transitorios. Intentar probar o reclamar la propia valía es perderla.

El patrón de vulnerabilidad surge en la niñez a partir de la impotencia de la infancia, donde la autoestima es consecuencia de la opinión de los demás y de la satisfacción de los deseos de otros. Así surge la ilusión de que el poder y la valía son provisionales. En el desarrollo normal, la dependencia de las fuerzas de gratificación externas concluye, y la autoestima queda interiorizada en forma de aprobación de uno mismo. Esto se consigue mediante una conciencia benigna y unas expectativas realistas de alcanzar objetivos realistas siguiendo criterios realistas.

La autoestima realista surge de satisfacer principios de integridad, de modo que la intención se convierte en un factor importante y menos vulnerable que los resultados idealizados. El niño afortunado recibe amor incondicional, aunque el orgullo que provoca la aprobación puede estar condicionado. Una aprobación insuficiente durante la infancia produce inseguridad en etapas posteriores.

Hace falta coraje para lanzar por la borda los apoyos del orgullo y aceptar con humildad nuestra propia realidad, que procede de una fuente invulnerable. Aceptar que el núcleo interno de nuestra existencia es autoexistente requiere soltar las definiciones del yo como un "quién" para vernos a nosotros mismos como un "qué".

El antídoto del orgullo es elegir la humildad y la integridad en lugar de un posicionamiento, como ser importante, "tener razón", tomarse la revancha, caer en la culpabilidad o buscar la admiración. Todo el mérito por los logros se lo atribuimos a Dios como Presencia interna de la Divinidad, en vez de al ego, y así los logros generan gratitud y alegría, en lugar de orgullo vulnerable. El error subyacente del orgullo espiritual es la presunción del ego y su reclamación de soberanía como autor y agente de los logros y resultados de la acción. Su petición de reconocimiento es análoga a que la bombilla se atribuya el mérito de la luz, cuando la fuente de su poder es la energía impersonal de la electricidad.

Procesar el orgullo

Todo existe como consecuencia del Orden Divino. Así, por virtud de la Fuente de nuestra Creación, todos somos hijos de Dios. El orgullo reemplaza la Realidad por la ilusión. La igualdad de Todo lo que Existe es consecuencia del propio don de la Existencia. Por lo tanto, lo único necesario es "ser" y esto ya está dado. La gratitud reemplaza fácilmente el orgullo, premiándose a sí misma y eclipsando todo juicio procedente tanto de dentro como de fuera.

La paz interna es consecuencia de la humildad y de la aceptación de nuestra propia herencia kármica, con sus dones intrínsecos y sus limitaciones. Resulta muy útil saber que hasta nuestra propia existencia humana es consecuencia del asentimiento de la voluntad. Buda enseñó: "Raro es nacer como ser humano; aún más raro es haber oído hablar de la Iluminación; y lo más raro de todo es buscar la Iluminación".

Como en el caso de cualquier posición limitante del ego, a lo que hay que renunciar no es a la posición misma, sino a la recompensa emocional y a la energía que aferrarse a esa posición ofrece al ego. Darse cuenta de que la arrogancia es una limitación ya es un gran paso.

Es notable que el orgullo sea intrínsecamente una declaración de carencia y, por lo tanto, que esté constantemente necesitado y tratando de ser alimentado y sustentado para compensar sus insuficiencias. También es notable que cuanto más se le alimenta, más voraz es su apetito, que acaba volviéndose insaciable. La frustración del orgullo conduce fácilmente a la furia; de ahí surge el sabio adagio que nos anima a ser cuidadosos con los orgullosos porque pueden mostrarse rencorosos y vengativos.

Los espiritualmente sabios rechazan la tentación de permitir que se infle su ego a base de adulación, títulos, éxito y poder mundanos, pompa, riqueza y otras tentaciones de la ilusión. Por último, el ego afronta la tentación paradójica y escondida de enorgullecerse de su propia humildad: a esto es a lo que se le llama ego espiritual, que puede dedicarse a exhibir su piedad o humildad.

La pobreza asumida también puede ser una forma de ostentación que uno lleva puesta como una insignia a causa del orgullo espiritual. El verdadero ascetismo es una cuestión de economía de esfuerzos o de valor proyectado. No se trata de las posesiones mismas, sino de la importancia que se les asigna. Así, uno puede ser rico pero no estar apegado a la riqueza, siendo esto una cuestión de indiferencia. Por ejemplo, se puede "vestir el mundo como una prenda floja", como sugería San Francisco de Asís. En cuanto se satisfacen las necesidades básicas, la capacidad de ser feliz no depende de las posesiones. Los niveles de felicidad guardan una correlación clara con los niveles calibrados de conciencia (como se indica en el cuadro). Cuanto menos "deseos" prevalecen, mayor es nuestro grado de libertad. A medida que nuestro nivel de conciencia aumenta, las posesiones pueden convertirse en un estorbo. Los ricos a menudo viven vidas muy simples en dos o tres habitaciones de sus inmensas mansiones, y no han visitado otras partes de ellas en muchos años.

Tal como ocurre en los demás niveles de conciencia, en el orgullo hay presuposiciones y posicionamientos que refuerzan su predominio como consecuencia de las polaridades dualistas de atracción y aversión. Cada uno conlleva sus recompensas esperadas y su temor a la pérdida.

Una postura general de humildad facilita todo el trabajo interno y espiritual. Generalmente esto se pasa por alto porque la

155

mente se enfoca en el contenido de los problemas apremiantes, en lugar de hacerlo en el contexto general dentro del cual se realiza el trabajo espiritual. La humildad no es solo una actitud, sino una realidad basada en hechos. El devoto tiene que darse cuenta, con humildad interna, de las limitaciones inherentes al hecho de ser humano. La "persona" no sabe realmente "quién" o "qué" es, de dónde viene ni cuál es su destino, y no es consciente de multitud de factores kármicos, tanto individuales como colectivos.

La mente no es consciente de múltiples aspectos de la psique y de la influencia de numerosas energías invisibles producidas por las interacciones entre los campos atractores de la conciencia. Sin ayuda, la mente es incapaz de saber con seguridad si lo que desea se convertirá en una bendición o en un obstáculo.

La declaración "Yo, por mí mismo, en realidad no sé nada" es literal porque, en el mejor de los casos, la mente tiene impresiones y suposiciones. La vida solo "tiene sentido" cuando se contempla en retrospectiva. Las prácticas espirituales acompañadas por la devoción proveen una fuerza adicional y reclutan apoyos invisibles. Por lo tanto, la fe y la confianza, además de la buena voluntad e intención, son guías seguras que han superado la prueba del tiempo. En el mundo de nuestros días contamos con la seguridad añadida que ofrece la validación de la verdad espiritual a través de la calibración de la conciencia. La verdad está reforzada por el testimonio de los que han hollado el sendero, y también puede ser validada experimentalmente y por la calibración de la conciencia.

La renuncia a las polaridades de esta lista produce una gran expansión de la libertad interna que permite soltar numerosos temores e inhibiciones. Paradójicamente, la "pérdida" imaginaria de las atracciones acaba generando grandes ganancias globales que no son vulnerables a la pérdida, y que existen independientemente del mundo o de los sucesos pasajeros. Generalmente se entiende que las ganancias son consecuencia (causa y efecto) del "hacer". Pero al renunciar a lo que se percibe como "ganancia" o "pérdida", las posibilidades kármicas se realizan mediante el asentimiento y como consecuencia de aquello en lo que la persona se ha convertido. A medida que evolucionamos, podemos considerar que lo que el mundo admira es un estorbo, y lo que el mundo considera una pérdida es libertad espiritual. La paz interna es el resultado de entregar tanto las atracciones como las aversiones.

Dualidades del orgullo

Atracción	Aversión
Orgulloso, vanidad	Humilde, humildad
Ser más	Ser menos
Importante	No ser nadie
Admirado	Menospreciado
Tener estatus	Ser común, ordinario
Ser notado	Ser ignorado
Especial	Ordinario
Mejor que	Igual
Superior	Inferior
Atrayente, de moda	Aburrido
Tener razón	Estar equivocado
Tener opinión	Mantenerse en silencio
Emocionante	Aburrido
"Estar dentro"	Ser excluido
Exclusivo	Común
Éxito	Fracaso

Segunda sección

NIVELES QUE CALIBRAN ENTRE 200 Y 500
LA MENTE LINEAL

Visión general, la fisiología de la verdad

Segunda sección - Visión general

LA FISIOLOGÍA DE LA VERDAD: LA TRANSICIÓN DE LA MENTE INFERIOR A LA MENTE SUPERIOR

Introducción

En los niveles de conciencia inferiores, el ego domina la vida basándose fundamentalmente en las técnicas y emociones de la supervivencia animal, que están alineadas con el placer, la depredación y la ganancia. A medida que la conciencia ha ido evolucionando con el tiempo, algunas especies animales y ciertas porciones de la humanidad se han elevado al nivel de conciencia 200, la principal demarcación que anuncia que se confía en el poder y no en la fuerza.

En la conciencia humana esta transición refleja la creciente influencia de la energía espiritual, que es transformadora. Dicha influencia viene acompañada por la progresiva conciencia y capacidad de responder a la energía del amor, con lo que los comportamientos, las emociones y los procesos mentales se vuelven cada vez más benignos. La energía del amor también está alineada con la progresiva conciencia de la verdad y de la Realidad subyacente, de la que la Existencia y la Creación emergen como evolución física y espiritual.

Mientas que la dimensión física y la fuerza representan la evolución en sus expresiones lineales, la energía espiritual, así como la energía básica de la vida misma es no lineal, y muestra el contraste entre forma y esencia. La capacidad de distinguir entre estas cualidades en contraste emerge como conciencia espiritual y aptitud para reconocer la verdad de la realidad espiritual.

La capacidad de sobrevivir vino facilitada por la inteligencia, la cualidad de la conciencia de vida que permite comprender, primero, el dominio lineal, y, a medida que se progresa, también los principios abstractos. En los homínidos, el emerger del prosencéfalo posibilitó el progreso evolutivo de esta capacidad, un rasgo dominante en la evolución de los bípedos. Esta inteligencia mental emergente caracterizada por la cognición fue utilizada por debajo del nivel 200 al servicio de los instintos animales de supervivencia, agresión y dominancia. Por lo tanto, estaba al servicio de la limitada linealidad de la forma (física). A medida que la conciencia evolucionó por encima del nivel 200, la energía de vida y la conciencia se alinearon progresivamente con las realidades no lineales del amor, la benevolencia y la búsqueda de la verdad espiritual. El valor intrínseco de los demás solo se convierte en una realidad a partir del nivel 200.

Fisiología cerebral y el funcionamiento de la verdad

La capacidad de reconocer y comprender la verdad concuerda con los niveles de conciencia tal como se reflejan en la evolución de la anatomía cerebral, y, lo que es más importante, en los cambios de la fisiología del cerebro humano y en las pautas prevalecientes en el procesamiento de la información. A su vez, estas pautas dependen de los campos de energía espiritual subyacentes e invisibles. En el nivel de conciencia 200, en los seres humanos se producen cambios profundos y esenciales tanto en la fisiología cerebral como en las pautas de procesamiento de la información. Estos cambios pueden resumirse como sigue:

Por debajo del nivel de conciencia 200:
El cerebro izquierdo (en las personas diestras) es el dominante en el procesamiento de la información (el cerebro derecho en las personas zurdas). Los datos sensoriales se dirigen a través de los centros transmisores (tálamo) directamente hacia los centros emocionales/instintivos (la amígdala) por una vía rápida, y más tarde llegan también desde el córtex prefrontal por otra vía más lenta. Por tanto, la respuesta emocional se produce antes de que la inteligencia y la cognición tengan la oportunidad de modificarla.

El recuerdo de un suceso está almacenado en la región cerebral del hipocampo en forma de un aprendizaje que puede ser recuperado. El funcionamiento de este proceso del cerebro izquierdo es similar al del cerebro animal en el sentido de que está dirigido hacia la supervivencia personal y, por tanto, en el ser humano está al servicio del ego. Desde esta orientación, los "demás", incluyendo la familia y la tribu, se consideran principalmente como objetos o medios para la supervivencia personal. También es de gran importancia tener en cuenta que la información proporcionada por la inteligencia procedente del córtex prefrontal llega más tarde al centro de respuesta, y cuando lo hace ya ha quedado subordinada a la respuesta emocional previa. Así, el intelecto se convierte principalmente en una herramienta de los impulsos animales y de objetivos interesados. Por lo tanto, las respuestas subsiguientes son primitivas, orientadas hacia la supervivencia, y se expresan a través del reflejo de lucha o huida, con sus consecuencia neurohormonales que son la liberación de cortisona o adrenalina que, a su vez tensa la fisiología de los sistemas de acupuntura e inmunitario.

Este sistema de respuestas autocentrado y del cerebro izquierdo va acompañado por el debilitamiento transitorio de la musculatura corporal, y por una respuesta muscular negativa o débil. No obstante, el sistema energético corporal se recupera rápidamente y restaura el equilibrio del sistema de acupuntura para que el sistema energético general vuelva a estar preparado para el siguiente ciclo de estímulo y respuesta. Los patrones de tensión-reacción fueron descritos por Hans Selye (1956, 1974) del siguiente modo:

1 Reacción de alarma.
2 Etapa de resistencia.
3 Etapa de agotamiento y discapacidad fisiológica (catabólica).

El dominio del cerebro izquierdo también está caracterizado por una conciencia espiritual limitada o incluso inexistente, puesto que está programado para la supervivencia animal. Los recuerdos de esta secuencia de eventos quedan almacenados en la región cerebral del hipocampo; así, un recuerdo posterior volverá a despertar la memoria de la secuencia tal como fue contextualizada por los objetivos y las técnicas del ego, que son primitivos y orientados a la supervivencia. Por lo tanto, los recuerdos se tiñen de emociones negativas y se almacenan junto con el miedo, la ansiedad, la ira, el resentimiento o el placer de la ganancia.

Por encima del nivel de conciencia 200:
En las personas diestras, el cerebro derecho (el cerebro izquierdo en las personas zurdas) se vuelve dominante a partir del nivel de conciencia 200. Los datos son enviados a través de un circuito rápido que pasa del centro de transmisión al córtex prefrontal, y de ahí al centro emocional (como veremos más adelante, este circuito es aún más rápido a través de la región prefrontal del cerebro etérico). Por lo tanto, la percepción

queda modificada por la inteligencia, y el sentido general de un suceso se contextualiza de acuerdo con el nivel de conciencia prevaleciente. En general, el recuerdo del suceso es más benigno que si hubiera quedado registrado por una respuesta limitada estrictamente al cerebro izquierdo. Con este procesamiento cerebral espiritualizado a través de la fisiología del cerebro derecho, la respuesta neurohormonal es anabólica, libera endorfinas y equilibra el sistema de acupuntura. También se produce una liberación de oxitocina y vasopresina hacia la amígdala (el centro emocional) que está relacionada con los instintos maternales, la conducta parental, la relación de pareja y la capacidad social de los mamíferos a través del "cerebro social" (Moran, 2004).

Al mismo tiempo, la respuesta muscular es fuerte y positiva. El entrenamiento en las etapas tempranas de la vida y la exposición a la música clásica, a los valores estéticos y a la afiliación religiosa —todos los cuales afectan a las conexiones y pautas neuronales— influyen en esta tendencia a procesar la información por rutas más saludables.

Las investigaciones del cerebro muestran que el arte, la naturaleza, la música, la espiritualidad y la estética estimulan el hemisferio cerebral no dominante, produciendo un aumento del altruismo, de la calma interna y niveles de conciencia más elevados (Matthews, 2001). Otras investigaciones realizadas sobre monjes budistas han demostrado la "neuroplasticidad" cerebral y ciertos cambios en la fisiología que son resultado de la meditación (Begley, 2004).

Estas importantes y significativas diferencias pueden resumirse en un cuadro (reproducido de *Truth versus Falsehood)* de la manera siguiente:

FUNCIÓN CEREBRAL Y FISIOLOGÍA

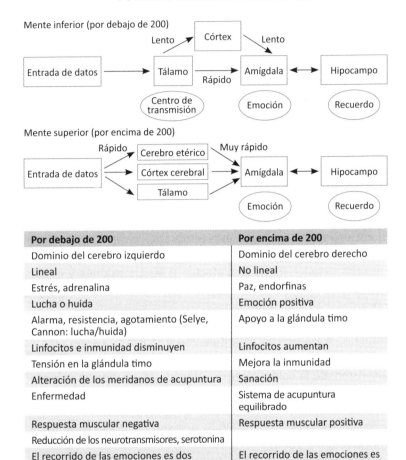

Por debajo de 200	Por encima de 200
Dominio del cerebro izquierdo	Dominio del cerebro derecho
Lineal	No lineal
Estrés, adrenalina	Paz, endorfinas
Lucha o huida	Emoción positiva
Alarma, resistencia, agotamiento (Selye, Cannon: lucha/huida)	Apoyo a la glándula timo
Linfocitos e inmunidad disminuyen	Linfocitos aumentan
Tensión en la glándula timo	Mejora la inmunidad
Alteración de los meridanos de acupuntura	Sanación
Enfermedad	Sistema de acupuntura equilibrado
Respuesta muscular negativa	Respuesta muscular positiva
Reducción de los neurotransmisores, serotonina	
El recorrido de las emociones es dos veces más rápido que el que va del córtex prefrontal a las emociones	El recorrido de las emociones es más lento que el que va desde los córtex prefrontal y etérico
La pupila se dilata	La pupila se contrae

Importancia:

El esfuerzo y la intención espiritual cambian el funcionamiento cerebral y la fisiología corporal, estableciendo un área específica para la información espiritual en el córtex prefrontal del cerebro derecho y en la sección correspondiente del cerebro etérico (energético).

Cambios mentales que se producen en el nivel de conciencia 200

Los niveles de conciencia están alineados con campos de energía calibrables que en las dinámicas no lineales reciben el nombre de "campos atractores". Estos campos atractores dominan un nivel particular del campo de energía correspondiente, asociado con un nivel de conciencia específico, e influyen en los grados de inteligencia. El campo atractor que está principalmente alineado con la supervivencia recibe el nombre de "mente inferior" y calibra en el nivel 155. Guarda relación con la supervivencia física, el placer emocional y la ganancia personal. Se le describe como esencialmente alineado con el interés propio.

A medida que la conciencia continúa evolucionando, va haciéndose cada vez más consciente de la importancia de los demás, y con una mayor capacidad de discernimiento acaba llegando al nivel 275, llamado "mente superior", que es capaz de lidiar con abstracciones no lineales y con la esencia. Por lo tanto, percibe mejor los principios y las cualidades sutiles de la esencia.

Actitudes

Las actitudes reflejan la medida en que los distintos niveles de conciencia influyen en la percepción, la emoción, los procesos mentales y la racionalidad. El mundo se ve y se experimenta de una manera muy distinta desde el nivel de conciencia de 275 de la mente superior o desde el nivel 155 de la mente inferior. Estos niveles influyen profundamente en todos los aspectos de la vida. El grado de esta diferencia casi equivale a describir dos civilizaciones distintas y en contraste, con niveles dispares de calidad en las relaciones interpersonales, de placer, de felicidad en la vida, de éxito en el mundo, con distintas filosofías y posturas políticas y, lo que es más importante, con distintos niveles de conciencia y alineamiento espiritual.

Como queda patente, la mente inferior se enfoca en los aspectos lineales y específicos de la situación, y los contempla en función de su propio interés. En cambio, la mente superior incluye el contexto general y, por lo tanto, es consciente del significado abstracto no lineal, incluyendo el significado espiritual. Por conveniencia reproducimos aquí algunos materiales extraídos de investigaciones publicadas y conferencias.

Cuadro 1: Funcionamiento de la mente, actitudes

Mente inferior (calibra en 155)	Mente superior (calibra en 275)
Acumulación	Crecimiento
Adquirir	Saborear
Recordar	Reflejar
Mantener	Evolucionar
Pensar	Procesar
Denotar	Inferir
Tiempo como restricción	Tiempo como oportunidad
Enfoque en el presente/pasado	Enfoque en el presente/futuro
Regido por emociones/deseos	Regido por la razón/inspiración
Culpa a otros	Asume responsabilidad
Descuidado	Disciplinado
Contenido (aspectos específicos)	Contenido y campo (condiciones)
Concreto, literal	Abstracto, imaginativo
Limitado, tiempo, espacio	Ilimitado
Personal	Impersonal
Forma	Significado
Enfoque en lo específico	Generalidades
Ejemplos exclusivos	Categorización en clases, incluyente
Reactivo	Desapegado
Pasivo/agresivo	Protector
Recuerda sucesos	Contextualiza significados
Planea	Crea
Definición	Esencia, significado
Particulariza	Generaliza
Persona de a pie	Trascendente
Motivación	Inspiración, intención
Moral	Ética
Ejemplos	Principios
Supervivencia física y emocional	Desarrollo intelectual
Placer y satisfacción	Realización del potencial

Entre los pares en contraste existen todas las graduaciones posibles, que reflejan distintos niveles de intensidad. Por ejemplo, hay diferencia entre querer, anhelar, desear, "tener que tener" o exigir y preferir, esperar (con esperanza), elegir, favorecer o aceptar. La disparidad en esta única cualidad puede marcar la diferencia entre el homicidio, la furia, la depresión y la desdicha, y el contentamiento, la relajación y la flexibilidad hacia las propias expectativas.

Actualmente, la psicología, la psiquiatría y las investigaciones de la química cerebral prestan mucha atención al estudio de las actitudes, lo que demuestra lo importantes que son para la felicidad, la satisfacción y el éxito humanos (Szegedy-Maszak, 2004; Arehart-Treichel, 2005; Moran, 2004; et al.). La "actitud" puede definirse como el marco mental habitual que relaciona el yo percibido con el mundo percibido y con los demás. En nuestra sociedad, las actitudes se estudian dentro del campo denominado "automejoramiento", en el que se organizan numerosos talleres y que ya cuenta con una literatura voluminosa. La experiencia colectiva común es que las expectativas con respecto a uno mismo y a los demás se modifican con el crecimiento y la progresiva madurez, junto con la evolución espiritual. Así, en nuestra cultura, el campo del crecimiento atrae a ese segmento progresista de la sociedad que ha sido etiquetado recientemente como los "creativos culturales" (Ray y Anderson, 2000). Como simple ejercicio, el mero examen de estas listas de atributos en contraste, entre las que se incluye la siguiente, tiene un efecto liberador, pues trae a la conciencia diversas opciones que se habían pasado por alto.

El Cuadro 2 revela otras opciones y posibilidades que favorecen la autoconciencia. A las actitudes limitantes se les ha llamado "defectos del carácter", y los grupos que fomentan el crecimiento espiritual se han dado cuenta de que estos defectos empiezan a disminuir en cuanto la persona que los tiene los reconoce y se apropia de ellos.

169

Cuadro 2: Funcionamiento de la mente, actitudes

Mente inferior (calibra en 155)	Mente superior (calibra en 275)
Impaciente	Tolerante
Exige	Prefiere
Desea	Valora
Molesta, tensa	Calmada, deliberada
Control	Dejar ir, rendirse
Uso utilitario	Ve el potencial
Literal	Intuitiva
Ego, orientada hacia el yo	Ego y también orientada hacia los demás
Supervivencia personal y familiar	Supervivencia de los demás
Constrictiva	Expansiva
Explota, agota	Preserva, potencia
Diseño	Arte
Competición	Cooperación
Guapa, atractiva	Cuida de la estética
Ingenua, impresionable	Sofisticada, informada
Culpa	Lamento
Crédula	Reflexiva
Pesimista	Optimista
Exceso	Equilibrio
Fuerza	Poder
Lista	Inteligente
Explota la vida	Sirve a la vida
Despiadada	Misericordiosa
Insensible	Sensible
Particulariza	Contextualiza
Declaración	Hipótesis
Cerrazón	Apertura
Terminal	Germinal
Simpatiza	Empatiza
Tasar	Evaluar
Querer	Elegir
Evitar	Afrontar y aceptar
Infantil	Madura
Ataca	Evita
Crítica	Aceptante
Condenatoria	Perdonadora
Escepticismo	Comprensión

El beneficio de reconocer los propios defectos en lugar de negarlos es que aumenta la sensación interna de honestidad, seguridad y autoestima, y a esto lo acompaña una actitud menos defensiva y una menor "sensibilidad" neurótica a los desaires. La persona honesta consigo misma no tiende a sentirse herida en sus sentimientos ni tiene motivos para discutir con los demás. La honestidad supone un beneficio inmediato, pues reduce los niveles reales y potenciales de dolor emocional. La vulnerabilidad de una persona al dolor emocional está en proporción directa con su grado de autoconciencia y autoaceptación. Cuando la persona acepta sus fallos, los demás no pueden atacarle por ahí. Así, en consecuencia, uno se siente más seguro y menos vulnerable.

La mayoría de las discusiones domésticas surgen de la negativa a reconocer o a responsabilizarse incluso de simples defectos de carácter, como olvidar un recado o alguna otra trivialidad. Extrañamente, estas trivialidades son la fuente de la mayoría de los conflictos interpersonales. La mayoría de las disputas se basan en interminables acusaciones mutuas por nimiedades que la madurez emocional y la honestidad habrían evitado originalmente. La violencia de género y los homicidios maritales empiezan por asuntos insignificantes que después aumentan cuando se activa el ego narcisista, para el que, asombrosamente, "tener razón" es más importante que la vida misma.

La clave para crecer sin dolor es una actitud humilde, que simplemente se reduce a abandonar el orgullo y la pretensión, y a aceptar la falibilidad como una característica humana y normal de uno mismo y de los demás. La mente inferior considera que las relaciones son competitivas; la mente superior las considera cooperativas. La mente inferior se involucra con los demás; la mente superior se alinea con los demás. Un simple "lo siento" apaga sin dolor la mayoría de los fuegos. Para ganar en la vida hay que renunciar a la obsesión de "¿quién tiene la culpa?". Ser grácil es mucho más poderoso que ser beligerante. Es mejor tener éxito que "ganar".

Cuadro 3. El funcionamiento de la mente, actitudes

Mente inferior (calibra en 155)	Mente superior (calibra en 275)
Protegida	Amistosa, caritativa
Cínica	Optimista, esperanzada
Suspicaz	Confiada
Egoísta	Considerada
Tacaña	Generosa
Calculadora	Planificadora
Tortuosa	Directa
Quijotesca	Estable
Exigente, caprichosa	Fácil de agradar
Escasa de dinero	Tiene lo adecuado para sus necesidades
Insiste	Solicita
Exceso	Equilibrio
Ruda	Educada, grácil
Extremada	Capaz de ceder
Apresurada	"Continúa moviéndose"
Avaricia	El dinero no lo es todo
Lujuria	Deseo
Desagradecida	Agradecida
Menosprecia	Elogia
Condena	Desaprueba
Sexista	Humanista
Anquilosada	Progresista
Enfocada en el yo	Preocupada por los demás y por el mundo
Oportunista	Encaja las cosas en su plan de vida
Complacencia	Mejora de uno mismo
Vulgar, burda	Cuidadosa, sutil
Aprovechada	Honesta, sincera
Envidia	Aprecio, respeto
Sombría, pesada	Sentido del humor, ligera

La fuerza para adoptar actitudes positivas en lugar de negativas ya está disponible en el ámbito de la voluntad. La súplica a la Divinidad pidiéndole ayuda produce un proceso transformador que se vuelve más poderoso con la práctica, porque ahora la personalidad se está alineando con un campo atractor fuerte y positivo, más que con el débil ego lineal. En la práctica, lo que al principio puede parecer falso o artificial se convierte en sorprendentemente fácil y natural por estar alineado con la realidad y apoyado por ella. El ego/yo lineal lucha por sobrevivir, pero el poder espiritual del Ser se apoya en el campo infinito por el que la vida evoluciona y sobrevive. El amor convoca apoyos; la ira los repele. Cuando se deshace de los pesados plomos de las resistencias, el corcho sale automáticamente a la superficie del mar debido a que flota en el agua.

Rasgos de personalidad: la formación del carácter

El aprendizaje y la adopción de actitudes más maduras y constructivas dan como resultado una personalidad más agradable que está alienada con una mayor satisfacción general con uno mismo y con los demás. En el nivel 155 la tasa de felicidad subjetiva está solo en el quince por ciento, pero cuando se llega al nivel de conciencia 275 (mente superior), esta tasa se cuadruplica al sesenta por ciento.

Se va descubriendo que el ego se compone de una serie de ladrillos apilados de tal forma que mover uno de ellos desestabilizaría toda la pila, que a continuación empezaría a caerse por la ley de la gravedad. Incluso un esfuerzo aparentemente pequeño puede tener efectos importantes, y uno descubre que una simple sonrisa puede cambiarle totalmente la vida. Los muchos miles de personas que siguen los senderos del automejoramiento y de la espiritualidad confirman la verdad de este descubrimiento.

A continuación, se ofrece una lista de actitudes "ganadoras", todas las cuales son muy fáciles de elegir y generan beneficios a muy largo plazo (adaptado de *Truth versus Falsehood).* La vida vivida en un campo de energía que calibra por encima del nivel 200 es muy diferente de la vida vivida por debajo de este nivel.

Rasgos de personalidad positivos – Primera parte

Disponible	265	Equitativo	365
Equilibrado	305	Ético	305
Benigno	225	Justo	305
Calmado	250	Fiel	365
Considerado	295	Firme	245
Contento	255	Flexible	245
Cordial	255	Amistoso	280
Decente	295	Genuino	255
Fiable	250	Alegre	335
Diligente	210	Feliz	395
Diplomático	240	Trabaja duro	200
De trato fácil	210	Saludable	360

El cuadro anterior revela cualidades que calibran por encima de 200 y han sido valoradas y apoyadas por todas las sociedades exitosas a lo largo del tiempo. El camino hacia la conciencia espiritual se apoya en el hecho de que las motivaciones superiores están reforzadas por energías que reflejan poder, mientras que las posiciones egoístas son débiles, limitantes y agotadoras. Tal como las cualidades negativas están entrelazadas entre sí, las positivas también lo están, de modo que los progresos conseguidos en un ámbito aportan mejoras sorprendentes en otras áreas que ni siquiera se abordaron conscientemente.

La investigación de la conciencia nos enseña que la adopción de una actitud positiva invita a que entre inmediatamente el campo atractor de todo un campo de conciencia que, a continuación, sin darnos cuenta, comienza a alterar la personalidad y a aportar beneficios a nuestra vida y a la de los demás.

La transición de la mente inferior a la mente superior produce una caída del desempleo desde casi el cincuenta por ciento a solo el ocho por ciento. Asimismo, la tasa de pobreza cae del 22 por ciento al 1,5 por ciento, y la tasa de criminalidad también desciende drásticamente del cincuenta a solo el nueve por ciento. Se reflejan beneficios similares en casi todas las demás áreas importantes de la vida, incluyendo el nivel educativo, los ingresos, el éxito marital, la reputación, la apariencia personal, la aprobación social, la impresión inicial, el tipo de lenguaje empleado, y el punto de vista social y político. Todo lo anterior refleja la asunción de responsabilidad personal, y da como resultado un cambio importante en la tasa de violaciones de las normas de tráfico, en la solvencia, en el porcentaje de viviendas en propiedad, en la salud física, en la longevidad y también en algo muy importante: la satisfacción personal.

Rasgos de personalidad positivos – Segunda parte

Servicial	220	Protector	265
Honesto	200	Racional	405
Honorable	255	Fiable	290
Humano	260	Respetable	250
Humildad	270	Respetuoso	305
Idealista	295	Responsable	290
Bondadoso	220	"Sal de la Tierra"	240
Amable	255	Cuerdo	300
Normal	300	Sentido del humor	345
Abierto	240	Sensato	240
Ordenado	300	Estable	255
Paciente	255	Solidario	245
Persistente	210	Reflexivo	225
Agradable	220	Tolerante	245
Grato	275	Cálido	205
Educado	245	Sabiduría	385
Positivo	225		

Si bien estas ventajas son muy obvias y evidentes a nivel personal, lo son todavía más cuando se expresan a nivel colectivo. La sociedad que calibra en el nivel 155 se distingue por el predominio de los típicos rasgos de los desfavorecidos, como escaso desarrollo económico, baja tasa de alfabetización, y altas tasas de natalidad, mortalidad infantil y desempleo. Otras característi cas de estas sociedades son la represión de los derechos civiles, la corrupción rampante y grandes extremos en la distribución de riqueza. Y también sufren pobreza generalizada, falta de libertades civiles y prevalencia de la violencia y la opresión. Colectivamente se las retrata como subdesarrolladas o incluso muy primitivas.

"Realidad" experiencial

El ego/mente presume y está convencido de que sus percepciones e interpretaciones de las experiencias de la vida son "reales" y, por lo tanto, "verdaderas". También cree, por proyección, que las demás personas ven, piensan y sienten del mismo modo, y si no lo hacen, se equivocan y, por lo tanto, están erradas. Así, la percepción refuerza su punto de vista mediante la cosificación* y las presuposiciones.

Como hemos descrito, cada nivel de conciencia refleja y está de acuerdo con un campo atractor dominante, mediante el cual se contextualizan el valor y el significado. Por lo tanto, cada persona vive en su propio mundo, reforzado por la búsqueda de acuerdos y por una variedad de racionalizaciones. Esta disparidad es compensada positivamente por la empatía, la compasión, la aceptación y la sabiduría de la madurez. En cambio, una actitud negativa considera las diferencias como fuentes de ira, resentimiento y otros sentimientos negativos.

Surge la pregunta de si las diferencias en la experiencia se limitan únicamente a la *res interna* (percepción), o bien se deben a diferencias externas en las propias experiencias. La observación clínica nos lleva a concluir que la gente no solo percibe grandes variaciones según su nivel de conciencia, sino que realmente experimenta sucesos muy distintos. Para la persona hostil, los demás suelen ser fríos y huraños; para la persona cálida y amorosa, el mismo entorno resulta cordial y acogedor. Así, por virtud de lo que *somos* influimos sutilmente en

---

* Tratar aspectos abstractos como si tuvieran existencia concreta.

los sucesos que nos rodean. A causa de su actitud benigna, las personas amorosas atraen sucesos positivos, y lo opuesto es igualmente verdad (con variantes influenciadas por el karma). Incluso los animales intuyen las intenciones, y los humanos estamos guiados por señales subliminales que reflejan nuestras intenciones, actitudes y niveles de conciencia. Dentro de ciertos límites, tendemos a experimentar el reflejo de aquello en lo que nos hemos convertido.

El escéptico duda de la validez de las realidades espirituales porque no ha tenido experiencias de lo milagroso y, por lo tanto, niega la realidad de las dimensiones superiores, dentro de las cuales dichas experiencias ocurren habitualmente. La mente literal y mecanicista considera que todos estos fenómenos (siddhis, etc.) son, en el mejor de los casos, infundados, e incluso engañosos, pues es incapaz de comprender la esencia. Por tanto, cada nivel de conciencia tiende a ratificarse a sí mismo, lo que explica por qué la evolución de la conciencia parece ser lenta.

Resumen

A partir de todo lo anterior, es evidente que trascender el nivel de conciencia 200 en todas las áreas de la vida resulta esencial y de la máxima importancia, tanto individual como colectivamente. Desde el punto de vista espiritual, esto es todavía más crítico, puesto que el nivel 200 indica la transición de estar dominado por la falsedad a alinearse con la verdad. Como se ha indicado anteriormente, es muy significativo que, de momento, el setenta y ocho por ciento de la población mundial calibre por debajo de 200 (el cuarenta y nueve por ciento en Estados Unidos). Debido al enorme incremento de poder que se produce en los niveles superiores a 200 (una progresión logarítmica), la parte de la población comprometida con la integridad contrarresta la negatividad de la mayoría de la población mundial. Así, la civilización sobrevive para seguir evolucionando.

Capítulo 9

CORAJE

(NIVEL CALIBRADO 200)

Introducción

En el nivel del coraje, la energía espiritual altera profundamente la experiencia del yo y de los otros; por lo tanto, este es el nivel en el que se empieza a adquirir poder. Esta es la zona de la exploración, el logro, la fortaleza y la determinación. En los niveles inferiores, el mundo se ve como un lugar sin esperanza, triste, atemorizante, tentador o frustrante, pero en el nivel del coraje se considera que la vida es excitante, desafiante y estimulante.

El coraje implica estar dispuesto a probar cosas nuevas y a afrontar las vicisitudes de la vida. En este nivel de poder, uno es capaz de lidiar con las oportunidades que se presentan y gestionarlas eficazmente. Por ejemplo, en el nivel 200 hay energía para aprender nuevas aptitudes laborales; ahora el crecimiento y la educación son objetivos alcanzables. Uno es capaz de afrontar los temores y los defectos del carácter, y de crecer a pesar de ellos, y la ansiedad no mutila los esfuerzos, como ocurre en las etapas inferiores de la evolución. Los mismos obstáculos que derrotan a las personas con un nivel de conciencia por debajo de 200 actúan como estimulantes para los que han evolucionado hasta este primer nivel de verdadero poder.

En este nivel la gente devuelve al mundo tanta energía como la que toma de él. En los niveles inferiores, las poblaciones y los individuos consumen la energía de otros individuos y de la sociedad sin devolverla. Como los logros ofrecen un *feedback* positivo, la autoestima y las recompensas recibidas se van reforzando progresivamente. Aquí comienza la productividad.

Superar el nivel 200 constituye el paso más crítico en la evolución de la conciencia humana, y en la correspondiente calidad tanto de la vida interna como de la vida externa. Desarrollar la capacidad de alinearse con una verdad reconocida, más que con la ganancia personal, separa claramente la verdad de la falsedad. La elección decisiva para dar este paso consiste en aceptar la responsabilidad por las propias decisiones y acciones. Esto también indica un cambio por el que uno deja de estar dominado por las emociones primitivas, que quedan atenuadas por la inteligencia y la validez verificable, en lugar de depender de la emocionalidad interesada, que produce razonamientos falaces y distorsionados. El nivel del coraje implica superar el miedo a perder las ganancias, que es reemplazado por las recompensas a largo plazo de la verdad.

En el nivel 200 se produce una aceptación intuitiva de la verdad de la responsabilidad como realidad espiritual y social. Con la responsabilidad emerge la conciencia de que uno es responsable del destino de su alma, y no solo del cuerpo y de las satisfacciones del ego. Ahora la verdad se ve como un aliado y no como un enemigo. El alineamiento con la verdad en lugar de con la ganancia aporta fuerza, respeto por uno mismo y verdadero poder, en lugar de la inflación del ego. Ahora, el dicho "¿De qué le sirve al hombre ganar todo el mundo si pierde su alma?" se convierte en un axioma que guía las decisiones y la elección de opciones.

El coraje aporta confianza interna y una mayor sensación de poder personal porque no depende de factores o resultados externos. Elegir la integridad y ser honesto con uno mismo es su propia recompensa y nos fortalece. Hay una sensación de mayor libertad interna debido al alivio de la culpa y el miedo que acompañan sutilmente a todas las violaciones de la verdad, porque, a nivel inconsciente, el espíritu sabe cuando el ego está mintiendo y violando premisas que operan fuera de la conciencia de vigilia. Esto emana de un arquetipo del inconsciente colectivo, como describió el psicoanalista suizo Carl Jung (calibra en 520). La acumulación de deudas espirituales inconscientes (karma) empuja progresivamente hacia abajo el nivel calibrado de conciencia de quienes violan la verdad. Seguidamente, ellos tienen que compensar con el orgullo defensivo, la ira, la culpa, la vergüenza y el temor al Juicio Final de la Divinidad.

La perseverancia y el funcionamiento íntegro producen gratificaciones que son producto del cumplimiento satisfactorio de los criterios internos. A este nivel son importantes el esfuerzo y la intención, y no solo el resultado. El principio "Sé fiel a ti mismo" va dominando progresivamente las elecciones y decisiones, con lo que emerge poco a poco el sentido del honor. A largo plazo, el objetivo de la vida se convierte en el desarrollo de los potenciales internos, como la fuerza, más que en la adquisición de cosas externas.

Aunque la sociedad reconoce y premia el coraje, ahora la aprobación social se convierte en algo secundario, porque la persona íntegra sabe que es posible engañar al mundo pero no a uno mismo. Debido a este mayor nivel de conciencia que se despierta en el nivel 200, se reconoce y se rechaza la tentación de violar nuestra integridad para conseguir una ganancia, mientras que por debajo del nivel 200 las tentaciones se racionalizan por la rápida compensación de la ganancia, sin prestar atención a las consecuencias.

La investigación de la calibración de la conciencia verifica que toda persona sabe inconscientemente cuándo le están mintiendo, y esto es algo que se revela rápidamente mediante el test muscular que discierne instantáneamente entre verdad y falsedad. El debilitamiento de la respuesta muscular corporal y la alteración del flujo energético a través del sistema de acupuntura indican que la conciencia de la diferencia entre verdad y false-dad es intrínseca a la energía de vida, y se refleja en la respuesta corporal, aunque la mente la niegue.

En el nivel 200, la energía de la conciencia está alineada con la integridad de la razón, y, por lo tanto, se rechazan los engaños distorsionados de la retórica por considerarse débiles y erró-neos. Con este paso adelante en la evolución se produce una importante disminución de la emocionalidad y de la fantasía. Por lo tanto, la vida es menos dramática, y las compensaciones transitorias de las posiciones negativas del ego pierden su atrac-tivo porque ahora ya no son una recompensa. En cambio hay una mayor ecuanimidad y una sensación general de seguridad que solo puede adquirirse adhiriéndose a la honestidad interna. Mediante el proceso de prueba y error se descubre que transigir tiene un coste, y que no nos compensa arriesgar la confianza a la que la integridad nos tiene acostumbrados.

Expresiones sociales

La preocupación por los demás y la capacidad de entender la responsabilidad social surgen por encima del nivel 200. El hecho de que el setenta y ocho por ciento de la población mundial esté por debajo del nivel de conciencia 200 explica por qué el mundo es como es, con sus interminables conflictos, guerras, pobreza, crímenes, etc. Las investigaciones indican que la fuente de estos problemas es endógena más que exógena.

La honestidad con uno mismo alivia de las emociones ne-gativas pertenecientes a los campos de energía inferiores. La ansiedad, el miedo, la inseguridad y la culpa disminuyen, como también lo hacen la frustración, el resentimiento y la ira. Ahora las emociones negativas no son bien recibidas, y resultan desa-gradables tanto en uno mismo como en los demás. La discusión, el conflicto y la discordia ya no resultan atractivos porque han perdido la inflación del ego. Las dificultades transitorias de las realidades sociales son aspectos aceptados de la vida humana, más que un insulto personal. Se evidencia un disgusto progresivo hacia la violencia y la teatralidad del extremismo político e ideológico, pues se prefiere la comodidad de la homeostasis serena a la excitación de la adrenalina.

Con la madurez se va desarrollando un sentido del humor que reemplaza a los ataques y estallidos hostiles. Ahora se prefieren la paz y la calma, que parecen aburridas a los niveles de conciencia inferiores, y también los periodos de tranquilidad en los que pensar y contemplar. La reflexión se vuelve más importante que la reactividad emocional. Los deseos son menos exigentes, y la paciencia reemplaza a la impulsividad y a la intolerancia ante el retraso de la gratificación. En el nivel 200 la vida es más deliberada y la impetuosidad disminuye. La felicidad personal se convierte en un objetivo alcanzable, y la gratitud reemplaza al resentimiento, la autoconmiseración y la tendencia a culpar a otros. La experiencia subjetiva del mundo cambia para mejor, y la gente parece más amistosa y hospitalaria. El atractivo de ser especial se disipa, y los excesos son sustituidos por el equilibrio. El coraje conduce a la exploración y al autodesarrollo, facilitando el crecimiento personal y la evolución de la conciencia.

La clave esencial para acceder a la fuerza del coraje es aceptar la responsabilidad personal y la rendición de cuentas. Este importante movimiento requiere que renunciemos a la falacia dualista agresor/víctima, que a nivel social mina la integridad de las relaciones mediante la culpa y las excusas basadas en los relativismos morales, y en teorías por las que una "causa" externa o condición social reemplaza a la autonomía personal, la integridad y la honestidad. Así, el coraje también requiere elevarse por encima de la identificación con las racionalizaciones que caracterizan los sistemas de creencias sociales que calibran por debajo de 200, y que están basados en presunciones de culpa y excusas. Aunque exista o haya existido una "causa" externa, le corresponde al individuo elevarse por encima de ella.

La sociedad está plagada de ejemplos bien publicitados de tales invocaciones al coraje, incluso frente a grandes calamidades (por ejemplo, Mccain, 2005). A nivel experimental, la emoción que supone un mayor desafío para el coraje es el miedo, además de la consiguiente duda con respecto a uno mismo y el temor al fracaso. Coraje no significa ausencia de miedo, sino estar dispuesto a superarlo, lo que, una vez conseguido, revela nuestra fuerza y fortaleza internas. El miedo al fracaso disminuye cuando nos damos cuenta de que somos responsables de la intención y el esfuerzo, pero no del resultado, que depende de muchas otras condiciones y factores externos.

Una fuerte intención, además de la dedicación ayudada por la inspiración, puede llevarnos al éxito de manera sorprendente a pesar de fracasos anteriores. Esto revela una capacidad interna para la fortaleza y la valentía que incrementa enormemente la autoestima y la confianza. Muchas de las penas de la vida solo pueden atravesarse "mediante el esfuerzo y la tensión sostenidos", que generan autoconfianza.

Las dinámicas del ego

El nivel 200 tiende a reforzarse debido al equilibrio interno, al alineamiento con la integridad y la verdad, y al funcionamiento exitoso. Su principio interno es "mantener el curso" y, como una nave, rectificarlo después de los efectos temporales de las olas de la vida. Las emociones inferiores aún surgen periódicamente y requieren corrección, pero ahora, en lugar de ser buscadas o valoradas, ya no son bien recibidas.

El nivel calibrado de conciencia es una consecuencia del alineamiento con los principios espirituales, dirige nuestro destino. Es como establecer la dirección en la brújula de una nave. Mediante el alineamiento con la integridad se produce la aceptación de los defectos del carácter, que en el proceso de crecimiento personal se consideran más como retos que como excusas para culpar, sentir lástima de uno mismo o albergar resentimientos. En el nivel 200, los objetivos están impulsados por valores, y los logros son realistas y factibles.

La función del ego psicológico, tal como la ve el psicoanálisis, es alinear la personalidad con la realidad social del mundo externo, y al mismo tiempo equilibrar el componente conciencia de la personalidad (el superego de Freud) con el "ideal del ego" (los valores internalizados) en contra de los impulsos animales instintivos y primitivos (el "Id"). La falta de éxito en el desempeño de esta función necesaria conduce a condiciones y rasgos patológicos, como la proyección de la desaprobación interna, del miedo, o de los instintos primitivos sobre otros en el mundo externo (por ejemplo, el culpar o la paranoia). La imposibilidad de controlar los instintos produce brotes de furia reprimida, así como miedo y depresión. Un superego sádico o excesivo también puede ser proyectado sobre los demás y producir rigidez de carácter, odio a uno mismo, y culpa tendente al autocastigo. Es importante conocer estos mecanismos, que han sido descritos óptimamente por Anna Freud en *El yo y los mecanismos de defensa* (1971).

La autoindagación exitosa requiere una evaluación realista de las limitaciones del desarrollo humano, así como tolerancia tanto hacia la ambigüedad como hacia el hecho de que lo normal es no ser perfecto. El incremento del poder espiritual nos lleva a rechazar las recompensas que ofrecen los posicionamientos inferiores del ego en favor del placer innato que produce sustituirlos por la honestidad y la integridad. Descubrimos que la ecuanimidad misma es gratificante y placentera, y además incrementa la confianza en uno mismo.

Desde el nivel 200 hacia arriba empiezan a ser posibles las relaciones sociales responsables. Mientras que los niveles emocionales inferiores llevan a involucrarse con los demás, en el nivel 200 la intención cambia a alinearnos con ellos y al gratificante principio de la reciprocidad, en lugar del egocentrismo.

Sin la interferencia de las distorsiones narcisistas, la capacidad de contrastar la realidad de las cosas reemplaza a las ilusiones perceptuales y las pretensiones. Como la discordia deja de interferir constantemente, la armonía emerge como principio operativo que permite llevarse bien con los demás y coordinar actividades. La consecuencia es un incremento de la aprobación y de la aceptación social. Cada una de ellas, a su vez, refuerza la integridad de las motivaciones y los objetivos. Las ansiedades e incertidumbres se aceptan como acompañantes normales del crecimiento (nuevo trabajo, nueva relación, etc.). Gracias al alineamiento con la verdad que se produce en el nivel 200, mejora la capacidad de discernir entre la verdad y la falsedad, y el intelecto avanza notablemente, desarrollando la capacidad de sustituir la retórica cargada de emoción por la validez confirmable. Por lo tanto, ahora se es capaz de detectar la pretensión y las ilusiones mediante las cuales la imaginación y la fantasía reemplazan la lógica y el equilibrio. Como por debajo del nivel 200 se vende la verdad para obtener ganancias, se es incapaz de distinguir entre lo verdadero y lo falso, y las falacias se aceptan sin criticarlas, como si fueran convincentes. Por debajo del nivel 200 generalmente se produce una pérdida significativa de la capacidad de comprobar la realidad de nuestros pensamientos y emociones, y también de la capacidad intelectual (las personas que calibran por debajo del nivel 200 son incapaces de usar la prueba muscular para comprobar la verdad y obtienen resultados falsos).

Si bien por debajo del nivel 200 está presente la capacidad de procesar "hechos" (lineal), aún no existe la capacidad de discernir la verdad, que es no lineal y depende de la aptitud para el pensamiento abstracto. La mente inferior usa los hechos para defender sus posiciones, mientras que la mente superior respeta el equilibrio, el significado y la concordancia de los niveles de abstracción. Así, progresivamente, el significado se alinea con los niveles de verdad como consecuencia de las reglas disciplinadas de la lógica y de la razón, en lugar de los pensamientos ilusorios.

Por debajo del nivel 200, los hechos se articulan sin respetar las categorías de igual valor, y las pruebas que van en sentido contrario a nuestra suposición se ignoran o racionalizan. Por tanto, la mente superior está sujeta a la disciplina, a las leyes de la dialéctica y a los requisitos de la integridad intelectual.

El discernimiento de la verdad depende del reconocimiento del contexto, que influye profundamente y categoriza el sentido y el significado. Si bien los hechos, cuando se ensamblan lógicamente, pueden ser citados como "prueba", la verdad tiene otro nivel de abstracción, y solo es posible sustanciarla por otros medios de confirmación. Incluso en su óptimo, la mente humana, en y por sí misma, es intrínsecamente incapaz de discernir el "hecho" de la verdad, y la verdad de la falsedad. Lo que ayuda a discernir la verdad es la humildad y un espíritu de indagación equilibrado e íntegro. Un ejemplo clásico es el de los hermanos Wright, que fueron ridiculizados por el "hecho" de que los aviones son más pesados que el aire y, por tanto, no podían volar. El argumento del escepticismo, atribuido a Descartes, es un buen ejemplo de que la selección arbitraria de hechos puede llevar a conclusiones muy erróneas.

Trascender el nivel 200

En el nivel 200 vemos a un Dios en el que se puede confiar, justo, equilibrado en su autoridad y que provee mecanismos para compensar nuestra falta de perfección a través de la salvación, permitiendo responsabilizarnos de nuestros defectos y esforzarnos por mantener un comportamiento moral. Esta visión más benigna de la Divinidad reemplaza a las imágenes antropológicas que se proyectan en los niveles inferiores de un Dios proclive a las debilidades humanas más extremas, como el orgullo, la dureza, el juicio, la venganza, la ira, la parcialidad, los celos y el favoritismo hacia ciertos grupos étnicos o geográficos.

En el nivel 200 se respeta la religión, que se considera más como una opción que como una amenaza. Sus principales principios son evitar el pecado, aceptar la responsabilidad espiritual y rechazar la tentación (como en el Padrenuestro). Se reza para adorar a Dios y confirmar su voluntad. Como consecuencia de la humildad y la aceptación de los defectos de nuestro carácter, ahora resulta natural pedir guía. La moralidad tiende a ser un foco de atención importante, y a menudo se refleja en actitudes socialmente responsables y en el respeto por los valores tradicionales. Aunque se sigue temiendo el Juicio Divino, esta situación mejora porque se tiene fe en la justicia y en la misericordia de Dios, en el perdón como respuesta al arrepentimiento y en la promesa de salvación.

La dedicación a la integridad y a la pureza nos hace tomar conciencia de los defectos de nuestro carácter, lo cual genera humildad espiritual y nos lleva a darnos cuenta de que, sin la ayuda de Dios, superar el ego y sus limitaciones resulta difícil, cuando no imposible. El miedo al pecado, aunque no es abrumador, sigue siendo una consideración seria. Esto conduce a la afiliación religiosa y a observancias que se consideran racionales y reconfortantes. El respeto por la autoridad da como resultado la aceptación y el cumplimiento de los preceptos religiosos/espirituales, junto con la comprensión de la necesidad de tener fe.

El coraje es el resultado del acto de la voluntad mediante el cual se toma la decisión de aceptar la honestidad y la integridad como principios axiomáticos de la vida, que se han de seguir a pesar de todas las resistencias, tentaciones y obstáculos. El deber hacia uno mismo y hacia los demás conduce al alineamiento con los principios espirituales, y genera coraje para superar esos obstáculos y resistencias. Gracias a la intención y la práctica exitosa, las vicisitudes de la vida, tanto internas como externas, se convierten en oportunidades de fortalecernos. Este es el fundamento, firmemente establecido sobre roca, de la confianza en uno mismo, en Dios, en la verdad espiritual y en la vida misma.

Capítulo 10

NEUTRALIDAD
(NIVEL CALIBRADO 250)

Introducción

En el nivel que llamamos neutral la energía se vuelve muy positiva porque nos liberamos de los posicionamientos de los niveles inferiores. En los niveles por debajo de 200, la conciencia tiende a ver dicotomías y a asumir posicionamientos rígidos, que son obstáculos en un mundo, complejo y multifactorial, no dibujado en blanco y negro.

Asumir posiciones dualistas genera polarización, lo que crea oposición y división. Como en las artes marciales, una posición rígida se convierte en un punto de vulnerabilidad: lo que no se dobla puede romperse. La condición neutral, elevándose por encima de las barreras y oposiciones que disipan nuestra energía, permite la flexibilidad y una evaluación de los problemas realista y libre de juicios. Ser neutral significa estar relativamente desapegado de los resultados. Cuando las cosas no salen como queremos, ya no nos sentimos derrotados, atemorizados ni frustrados.

En el nivel neutral, la persona puede decir: "Bueno, si no consigo este trabajo, ya conseguiré otro". Esto es el comienzo de la confianza interna. Cuando uno siente su propio poder, ya no resulta fácil intimidarle ni impulsarle a demostrar nada. La expectativa de que la vida, con todos sus altibajos, estará básicamente bien si uno puede parar sus golpes es una actitud del nivel 250.

La gente establecida en el nivel de la neutralidad tiene una sensación de bienestar; la marca de este nivel es que uno es capaz de vivir confiadamente en el mundo. Este es el nivel de la seguridad. Es fácil llevarse bien con las personas situadas en el nivel neutral, y es seguro asociarse con ellas dado que no les interesa el conflicto, la culpa ni la competición. Se sienten cómodos y básicamente no sufren alteraciones emocionales. Esta actitud está libre de juicios y no conlleva la necesidad de controlar el comportamiento de los demás. Por tanto, el nivel de la neutralidad otorga una mayor libertad a uno mismo y a los demás.

Comentario

El coraje posee la motivación, el poder y la fuerza para superar resistencias, afrontar retos y resolverlos con fuerza y determinación, lo que a su vez refuerza la capacidad de llevar a cabo las decisiones. Se requiere coraje porque, en este nivel, aún se ven problemas y dificultades que exigen esfuerzo y determinación para resolverlos. Así, los aparentes obstáculos en realidad pueden ser expectativas proyectadas. No obstante, no surgen de la realidad, sino de posicionamientos residuales. El coraje puede prever las dificultades que habrá que afrontar, como la incomodidad, la renuencia, la incertidumbre o la ansiedad.

En cambio, el nivel de la neutralidad no proyecta percepciones dualistas porque ha abandonado los posicionamientos, como la duda, la ansiedad anticipatoria o la falta de familiaridad que obstaculizan al coraje. La libertad es producto de no invertir emocionalmente en el resultado y de no insistir en los objetivos narcisistas, como el de "hacer las cosas a mi manera". A la neutralidad no le interesa la ganancia egoísta, controlar a los demás ni las adquisiciones. Se siente contenta con atraer más que con promover. La neutralidad es benigna y no tiende a hacer proselitismo ni valora el glamur de ser importante; tampoco se minimiza ni se menosprecia con una actitud de falsa humildad.

No le interesan la persuasión, la coerción, la intimidación ni las amenazas. En la neutralidad uno se siente libre de intentar "demostrar" nada con respecto a sí mismo. Además, no se siente atraído hacia causas que promover o defender; por lo tanto, la neutralidad es pacífica y valora la tranquilidad y la calma. También es un nivel en el que no hay exigencias, presiones ni necesidades narcisistas.

Una actitud general de este nivel es la de estar interesado pero no involucrado emocionalmente, lo que permite una actitud relajada y agradable, porque en realidad uno no se está "jugando nada". Sin la necesidad de "ganar" ni de "obtener", la neutralidad es relativamente autosuficiente y está contenta de ser lo que es. El "tómalo o déjalo" indica una actitud de confianza y valía intrínseca que no necesita nada de los demás.

El nivel de la neutralidad es cómodo y está relativamente libre de ansiedad porque la supervivencia no depende de resultados preconcebidos. Así, la fuente de la felicidad no se proyecta externamente en los demás ni en el mundo, lo que proporciona libertad y una seguridad interna relativamente libre de conflictos. La neutralidad también está razonablemente libre de la ansiedad social que lleva a sentirse amenazado, por lo que está libre de paranoia. La actitud *laissez faire* permite una cordialidad relajada porque no hay nada en juego que exija el acuerdo de otros. La libertad de la neutralidad es consecuencia de haber soltado los condicionamientos, los posicionamientos y las expectativas. Ya no predominan las exigencias narcisistas y las necesidades egocéntricas. Por lo tanto, el nivel de la neutralidad no sufre carencias ni está impulsado por el anhelo, el deseo generalizado ni la compulsión de "hacer" algo, y tampoco toma bandos en los asuntos sociales; así, está marcado por la flexibilidad.

En la neutralidad, se confía en que Dios es benigno y no nos juzga, por lo que confiamos en la sabiduría divina que deja espacio a las limitaciones humanas. Así, en realidad Dios es la fuente de libertad, porque la Divinidad ya no parece ser una amenaza que haya que temer u odiar y, por tanto, negar.

191

Las expresiones sociales de este nivel de conciencia se caracterizan por la coexistencia relajada. A la neutralidad no le interesan los conflictos ni la participación en protestas o movimientos revolucionarios. Esto podría percibirse erróneamente como pasividad, cuando, en realidad, es una estabilidad que ni favorece el cambio ni se resiste a él. La ecuanimidad de la neutralidad ofrece un contrapeso a los excesos del cambio social, y permite refugiarse de la emocionalidad en la reflexión y la evaluación calmada.

Las dinámicas del ego en la neutralidad

Los posicionamientos dan como resultado percepciones dualistas que son producto de las distorsiones del ego e inherentes a su limitada capacidad de pensar con precisión. Las percepciones proyectadas se confunden con la realidad y se les da importancia porque suponen ganancias o pérdidas imaginarias. Por otra parte, la neutralidad es consecuencia del no apego, y está relativamente libre de las distorsiones de los valores y opiniones proyectados.

Es importante diferenciar entre el no apego y el desapego. El desapego indica retirada y negación, que llevan a la indiferencia, que en sí misma es una defensa contra el miedo al apego. El desapego progresivo lleva al tedio, al aplanamiento, y a una reducción de la vitalidad y de la alegría de existir. Si se sigue de manera consistente, el desapego como camino de negación acaba llevando al Vacío, que a menudo se confunde con la Iluminación o el estado de *anatta* descrito por Buda. Si bien el Vacío es un estado muy impresionante, el estado último es la Totalidad. El Vacío es no lineal y resulta asombroso, pero está vacío del Amor Divino, que también es no lineal. Los verdaderos estados de Totalidad son muy, muy distintos de los estados de la nada (esto se comenta en el Capítulo 18).

El camino de la Iluminación pasa por el no apego, más que por la negación. Para entenderlo es importante darse cuenta de que la energía no lineal de la conciencia misma es intrínseca dentro de lo lineal, y que el no apego implica no depender de la forma. El no apego significa ni atracción ni aversión. En cambio, el desapego a menudo conduce a la aversión y a la evitación, así como a la devaluación. El no apego permite liberarse de la atracción de los valores proyectados y de las expectativas, como la de conseguir ganancias. Sin miedo a la atracción ni a la aversión, la neutralidad nos permite participar en la vida y disfrutar de ella porque, a nivel de la experiencia, la vida se vuelve más como un juego que como una empresa en la que las apuestas son muy altas. Esto se asemeja a las enseñanzas de Tao, en las que el flujo de la vida no se busca ni se resiste. La vida se despliega sin esfuerzo y la propia existencia se vuelve placentera, libre de condicionamientos y relajada, como un corcho flotando en el mar. Es el "llevar puesto el mundo como una prenda floja" que recomendó San Francisco de Asís.

En el nivel de la experiencia, la vida cotidiana es una diversión cuyos resultados no tienen mucha importancia ni significado. Como uno no se juega nada, no tiene miedo a perder ni sufre la inflación del ego cuando parece ganar.

Donde el coraje ve desafíos, la neutralidad ve principios y directrices más que reglas rígidas o exigencias. En la neutralidad está bien aceptar o declinar una opción porque no hay nada que demostrar, nada que ganar ni nada que perder. Por lo tanto, la neutralidad permite ser flexible y estar libre de los juicios o de las consecuencias previstas.

Desde un punto de vista psicoanalítico, en el nivel de la neutralidad los aspectos positivos del ego sano y normal consiguen equilibrar las funciones internas con las externas. Se reconocen y se rechazan los impulsos primitivos por considerarse opciones desfavorables. El intelecto está libre de emociones distorsionadas y permite que se hagan pruebas de realidad saludables y que uno se acomode en la sociedad. La conciencia (el superego) ha quedado atenuada, de modo que no es necesario proyectar las actitudes internas en los demás. La naturaleza humana se acepta como normal, incluyendo sus impulsos animales, que ya no tienen que ser rechazados, reprimidos, negados o proyectados en los demás. Así, la neutralidad no emite juicios sobre las desventajas de la vida física, emocional y social.

El nivel de la neutralidad está asociado con sentimientos de seguridad que son consecuencia de no posicionarse ni estar a la defensiva, con la consiguiente liberación del miedo, la culpa o el juicio. También se alivian las incesantes exigencias de las necesidades y los imperativos narcisistas. La neutralidad no es cínica ni pesimista, y, por otra parte, tampoco hace proselitismo de los objetivos optimistas. Acepta el progreso, el cambio y la evolución de la conciencia sin resistencias ni expectativas, y se deja flotar en el río de la vida mediante la decisión y la aceptación, lo que podría percibirse erróneamente como pasividad o indiferencia.

Trascender la neutralidad

La paz y la calma de la neutralidad son un alivio bien recibido para quienes han trascendido los niveles inferiores y sobrevivido a su angustia interna. Se puede considerar que este es un nivel de recuperación para el espíritu/alma que ha luchado por salir de los pantanos de la desesperación, la depresión, la angustia, la culpa, el miedo y la búsqueda frenética de ganancias, aprobación y riquezas terrenales para que después se convirtieran en cenizas. En lugar de lamentarse, la neutralidad considera que el pasado le resulta informativo y a veces dolorosamente educativo. Muchas personas eligen pasar su vida actual en este nivel de recuperación y curación interna.

Aunque subjetivamente la neutralidad es un estado muy favorable en comparación con los estados inferiores, aún no es la expresión de la alegría y la irradiación de la Divinidad, ni del amor y la compasión que elevan nuestras vidas. El estado neutral no destruye ni se resiste a la vida, pero tampoco contribuye activamente a ella. Sirve a la vida mediante la participación sin resistencia y negándose a frenarla. Este nivel es esencialmente silencioso, y no añade ni sustrae nada del panorama de la vida.

En la neutralidad, uno se siente agradecido por haber escapado del laberinto de espejos interno mediante el proceso de dejar ir y entregarse. Uno se siente libre de las "obligaciones" y de los "debería". Ya no hace falta ser un ganador, tener éxito ni conseguir aprobación o aceptación. Ya no hace falta "tener razón" y uno tampoco se siente obligado a hacer algo con respecto a los problemas del mundo. No obstante, debido al alineamiento con los principios espirituales, la conciencia continúa evolucionando como consecuencia de la inspiración, que busca el acuerdo con la voluntad. A continuación, el equilibrio interno se traslada de la neutralidad al lado positivo de la escala como consecuencia de la intención sustentada por la fe y la elevación del propósito positivo.

Debido a la falta de resistencia, la energía espiritual del amor vuelve a agitar el alma, que ahora busca niveles cada vez más altos de conciencia y expresión. El potencial de desarrollo del amor incondicional y la compasión atrae un creciente aprecio de la belleza y el progreso espiritual como consecuencia de la oración y la adoración. La ausencia de resistencia abre la puerta a la energía de la Gracia Divina, que impulsa la evolución de la conciencia, y por medio de ella la voluntad personal se afirma a sí misma y es llevada hacia la Divinidad mediante la atracción y la progresiva calidez interna de la irradiación del Amor Divino. La activación del potencial espiritual es consecuencia de la no resistencia, que es como una flor que se abre y responde a la calidez del sol en virtud de sus cualidades intrínsecas, imbuidas por la Creación misma.

Capítulo 11

BUENA DISPOSICIÓN O BUENA VOLUNTAD
(NIVEL CALIBRADO 310)

Introducción

Este nivel de energía es muy positivo y se le puede considerar la puerta a los niveles superiores de conciencia. Por ejemplo, mientras que en el nivel neutral el trabajo se ejecuta adecuadamente, en el nivel de la buena disposición el trabajo se hace bien, y es habitual conseguir el éxito en todos los proyectos que se emprenden. Aquí el crecimiento es rápido; estas son las personas elegidas para la promoción. La buena disposición significa que uno ha superado las resistencias internas a la vida y está comprometido a participar. Por debajo del nivel 200 la persona tiende a tener la mente cerrada, pero al llegar al nivel 310 se produce una gran apertura. En este nivel la gente se vuelve auténticamente amistosa, y la consecuencia inmediata suele ser el éxito social y económico. A las personas bien dispuestas no les preocupa el desempleo; tomarán cualquier trabajo cuando tengan que hacerlo, y desarrollarán una carrera profesional, o se harán autónomos. No se sienten degradados por los trabajos humildes ni por tener que "empezar desde abajo". Ayudan a los demás y tienden a ofrecerse voluntarios, contribuyendo al bien de la sociedad. También están dispuestos a afrontar sus problemas internos y no les resulta difícil aprender.

En este nivel se tiene mucha autoestima, reforzada por el *feedback* positivo de la sociedad en forma de reconocimiento, aprecio y recompensas. La buena disposición es simpática y responde a las necesidades de los demás. Las personas bien dispuestas construyen y contribuyen a la sociedad. Gracias a su capacidad de recuperarse de la adversidad y de aprender de la experiencia, tienden a autocorregirse. Como han dejado atrás el orgullo, están dispuestas a examinar sus defectos y a aprender de los demás. En el nivel de la buena disposición, las personas son excelentes estudiantes y representan una considerable fuente de poder para la sociedad.

Comentario

La dedicación y el esfuerzo espiritual aportan recompensas inesperadas que confirman la validez del compromiso. Al final, los aparentes sacrificios han merecido la pena. La gratificación espiritual es una inesperada fuente de placer que aporta una mayor sensación de bienestar, consecuencia de un incremento en el flujo de energía espiritual. Hay una mayor sensación de vivacidad y aprecio de la vida a medida que su calidad mejora progresivamente. La experiencia es subjetiva, no lineal y sutil, pero omnipresente. La confianza y el optimismo reemplazan la duda, la desconfianza, la resistencia y el cinismo. La facilidad reemplaza al esfuerzo, la propia vida se vuelve intrínsecamente atractiva y agradable.

Al abandonar las resistencias se requiere menos esfuerzo para funcionar en el mundo. Las recompensas que conlleva el crecimiento espiritual se convierten en una motivación activadora que evoluciona hacia el entusiasmo como consecuencia de que ahora hay una visión más positiva de uno mismo y de la vida. Uno se siente atraído a participar positivamente en actividades constructivas. Nos dedicamos a disfrutar de la vida en lugar de resistirnos a ella, y esto va acompañado de expectativas positivas. Aquí la motivación es la consecuencia de la inspiración, y no del deseo de obtener ganancias. Se descubre que renunciar a las compensaciones negativas de los posicionamientos y objetivos egocéntricos genera recompensas internas mucho mayores.

La buena disposición es alegre, servicial y actúa de manera voluntaria. Se posee una energía extra que en otros niveles se perdería en resistencias, retrasos y quejas. La buena voluntad activa el deseo de satisfacer las necesidades de los demás, por lo que su expresión social es benevolente y humanitaria. Es la actitud del "buen samaritano", así como de la confianza social, cuya expresión varía de una década a otra.

La energía de la buena voluntad también expresa la regla de oro: "Trata a los demás como te gustaría que ellos te trataran a ti". En las relaciones satisfactorias esto lleva a la reciprocidad entre los componentes de la pareja, que ahora también son compañeros y se ayudan mutuamente. Esta reciprocidad es el resultado de alinearse con el bienestar del otro, en lugar de involucrarse a un nivel más emocional y dejarse guiar por los impulsos animales, lo que suele tener un lado negativo y díscolo. Gracias a la reciprocidad y la correspondencia, los miembros de la pareja caminan uno al lado del otro, mientras que en la relación más emocional se "enredan", tirando cada uno en una dirección distinta para tratar de controlar.

La buena disposición ofrece apoyo en lugar de competir por el dominio o por obtener ganancias. Aquí las relaciones están al servicio del crecimiento y de los objetivos de ambos, en vez de atender solo a los objetivos propios. Por lo tanto, la buena disposición es armoniosa y se expresa en la actitud de intentar que todos salgan ganando, mientras que los niveles inferiores contemplan la vida humana como una dicotomía entre ganar y perder.

Contribuir al bienestar y a la felicidad de los demás es gratificante y lleva a descubrir que la generosidad es su propia recompensa. Algunas personas son tan limitadas que solo experimentan este principio con sus animales domésticos favoritos, pero eso al menos es un comienzo. La verdadera generosidad no espera recompensas porque no pide nada a cambio. La capacidad de estar en buena disposición está latente en la población en general y esto se nota cuando sale a la superficie en respuesta a grandes catástrofes. La verdadera benevolencia no busca reconocimiento ni está motivada por la inflación del ego. Muchas personas verdaderamente caritativas consideran un honor que se les permita servir a otros, y no se dan cuenta de que al mismo tiempo están acumulando méritos kármicos.

La buena disposición atrae abundancia y retroalimentación positiva, pero no porque las busque, sino en respuesta a lo que ella es, porque lo "parecido atrae a lo parecido". El agradecimiento es consecuencia de la actitud tendente a dar, lo que lo hace todavía más atractivo.

La historia de la vida de una conocida, llamada Greta, es un buen ejemplo de todo lo anterior. Emigró a Estados Unidos desde Irlanda con la educación básica y sin más formación, por lo que buscó trabajo de doncella. Y lo encontró en la mansión de una familia muy rica y de gran posición social. Su buena disposición y su dedicación al bienestar de la familia hicieron que poco después la promocionaran al puesto de ama de llaves. Ella atendía todas las necesidades familiares, viajando con ellos por el mundo a todo lujo. El padre de la familia tenía muchas inversiones y ocasionalmente daba a Greta una "pista", durante la cena, sobre el mercado de valores. Curiosamente, las acciones de Greta siempre subían como la espuma. A medida que pasaba el tiempo, estas recomendaciones ocasionales hicieron que los activos de Greta aumentaran.

Finalmente, intercambió un paquete de acciones por una propiedad inmobiliaria en Manhattan, Nueva York, convirtiéndose en millonaria por derecho propio. A pesar de que ahora era considerablemente rica, Greta continuó dedicándose a la familia conforme los hijos se hacían mayores, tenían sus fiestas de presentación, se casaban, etc.

Un día recibió una llamada de un tío lejano que había venido de visita desde Irlanda. Había convocado a una serie de parientes a reunirse con él en Nueva York, lo cual implicaba un viaje bastante largo, y Greta fue la única que se presentó. Se encontró con él para comer y poco después él regresó a Irlanda. Pasados algunos años, el tío murió y le dejó una gran propiedad, valorada en millones de euros, en agradecimiento a su amabilidad. Greta continuó siendo el ama de llaves de la familia y cuando murió era multimillonaria. A su funeral asistieron cientos de personas que se habían hecho amigas suyas a lo largo de los años. En su testamento dejó una gran cantidad a obras de caridad y también lo suficiente para que sus hijos y parientes fueran inmensamente ricos. A propósito de la historia de Greta, otra conocida comentó recientemente: "¿Sabes?, con un millón de dólares ya no se llega muy lejos".

La buena disposición (calibra en 310) contrasta con el "buenismo" (que calibra en 190), que busca el control y trata de imponer los valores propios a los demás.

Las dinámicas del ego en la buena disposición

Mediante el alineamiento espiritual y la dedicación, el nivel de la energía espiritual aumenta y activa fuertemente la química y la fisiología del hemisferio derecho del cerebro. Esto altera la percepción y hace que se segreguen endorfinas y neurotransmisores anabólicos en el cerebro. Por lo tanto, el mundo se considera más benigno, amistoso y acogedor. La internalización de los objetivos facilita más su consecución que su proyección en las condiciones externas. Así, las ganancias se interiorizan y se valora el crecimiento interno y la gratificación de alcanzar objetivos evolutivos.

La intención benigna motiva acciones y decisiones que conducen a elegir opciones positivas. La integridad de la intención conlleva una conciencia benigna y da como resultado la autoaprobación y una sana autoestima que es independiente de las opiniones de otros o de las ganancias externas. Esto genera autonomía y la gratificación que se produce mediante la satisfacción de los potenciales internos. El impulso interno de crecer y buscar la perfección es un concomitante del alineamiento espiritual, que se convierte en una forma de vida. La perfección espiritual se convierte en un "ideal del ego" que influye más por atracción que por promoción.

Al renunciar al ego narcisista se reducen las distorsiones de la percepción, que son el resultado de posicionamientos interesados. Ahora es fácil aceptar las imperfecciones de nuestra humanidad, que en el nivel del orgullo habrían sido tratadas con ira, negación, culpa, o habrían sido proyectadas externamente. La conciencia benigna nos permite reconocer nuestros errores y fallos, y corregirlos sin ponernos a la defensiva ni perder autoestima. En consecuencia, se produce un incremento del buen humor y la capacidad de reírse de uno mismo y de las debilidades humanas ("Errar es humano, perdonar es divino").

El nivel de la buena disposición demuestra ser eficaz en el mundo porque no está lastrado por resistencias, y cuando se empareja con la dedicación, es capaz de atravesar las barreras internas del "no puedo" y pasar al "sí puedo". Otro de los lemas de este nivel es: "Baja la cabeza, sigue andando y ve a por ello", o "Cuando las cosas se ponen duras, los fuertes se ponen en marcha", "Sigue adelante pase lo que pase", o "Crea tus propias oportunidades". Un aspecto central de estos lemas y de muchas filosofías es aceptar la responsabilidad personal, y negarse a poner afuera la culpa o la responsabilidad.

Trascender el nivel de la buena disposición

El éxito conseguido en el nivel 310 genera la convicción interna de que uno es capaz y fiable, lo que afirma la valía personal. El optimismo resultante nos anima a seguir creciendo y demuestra el valor práctico y subjetivo de alinearse con la búsqueda de la verdad espiritual y sus principios. El incremento de la fuerza interna confirma la realidad operativa de los principios espirituales, porque a través de sus frutos se van revelando sus verdades. Las actitudes y las acciones eficaces son su propia recompensa. La trascendencia de las antiguas limitaciones nos anima a continuar con la exploración espiritual y refuerza sus principios básicos.

La limitación de este nivel viene de enfocarse en la personalidad y de identificarla con el yo, cuando, en realidad, el crecimiento se debe a la irradiación del Ser. Por la progresiva iluminación del Ser aumenta nuestra disposición a renunciar a las limitaciones. La ilusión consiste en creer que hay que atribuir los méritos de nuestro progreso al "yo" personal. Por lo tanto, esta creencia de que nuestra realidad básica es el yo personal aún tiene que ser trascendida. En cualquier caso, el impulso positivo de este nivel lleva a trascenderla con bastante facilidad. La buena disposición considera que sus principios y convicciones son la fuerza propulsora procedente de la fuente interna. Por lo tanto, aquí se cree que el yo personal es la causa del éxito.

La principal limitación es la identificación de la fuente de vida con una personalidad separada que identificamos con la volición. Aún tiene que llegar la comprensión de que todo es consecuencia de que la potencialidad se manifiesta como realidad cuando se dan las condiciones apropiadas, y que la voluntad y la intención son el detonante, pero no la causa principal de esta etapa evolutiva.

En los clásicos, a la práctica espiritual del servicio desinteresado se le ha llamado "karma yoga", y cuando se combina con la oración y la devoción resulta transformador. Fue el camino de Mahatma Gandhi.

La buena disposición sustenta la intención y facilita el proceso de purificación que requiere la evolución espiritual, que a menudo exige afrontar la incomodidad interna para conseguir un objetivo superior. La buena disposición reúne la energía extra que se necesita para realizar el esfuerzo de superar los obstáculos y las resistencias. También se compromete a persistir en el empeño durante ciertos periodos para alcanzar el objetivo superior. Incluye una actitud positiva hacia el propio proceso de aprendizaje, así como el compromiso y la adquisición de la información espiritual necesaria. La buena disposición es una actitud positiva, en contraste con la testarudez, que es una forma de resistencia. La renuncia a los posicionamientos es consecuencia de la buena disposición y, por lo tanto, es una cualidad importante del trabajo espiritual serio.

Capítulo 12

ACEPTACIÓN
(NIVEL CALIBRADO 350)

Introducción

En este nivel de conciencia se produce una importante transformación al comprender que uno mismo es la fuente y el creador de su propia experiencia de vida. Asumir esta responsabilidad es la característica distintiva de este grado de evolución, caracterizado por la capacidad de convivir armoniosamente con las fuerzas de la existencia.

Por debajo del nivel de conciencia 200 existe la tendencia a verse a uno mismo como una víctima a merced de las circunstancias. Esto surge de la creencia de que la fuente de nuestra felicidad y la causa de nuestros problemas están "ahí fuera". En este nivel, el enorme salto que supone apropiarse del propio poder se completa con la comprensión de que la fuente de la felicidad está dentro de uno mismo. En este estado de mayor evolución, nada "ahí fuera" tiene la capacidad de hacernos felices, y el amor no es algo que se da o que alguien toma, sino algo que se genera desde dentro.

La aceptación no debe confundirse con la pasividad, que es un síntoma de apatía. Este tipo de aceptación nos permite vincularnos con la vida en sus propios términos, sin intentar hacer que se adapte a nuestros planes. La aceptación viene acompañada por la calma emocional y, cuando se trasciende la negación, la percepción se amplía. Ahora uno ve las cosas con menos distorsiones y errores perceptuales, y el contexto de la experiencia se expande, por lo que somos capaces de "ver la totalidad del cuadro". En esencia, la aceptación tiene que ver con el equilibrio, la proporción y con lo que es apropiado.

En el nivel de la aceptación, al individuo le interesa menos juzgar, por lo que se dedica a resolver cuestiones y a descubrir qué puede hacer con respecto a los problemas. El trabajo duro no causa incomodidad ni consternación. Los objetivos a largo plazo se hacen prioritarios con respecto a los de a corto plazo; la disciplina personal y la maestría se hacen patentes.

El nivel de la aceptación no está polarizado por el conflicto ni por la oposición; ve que las demás personas tienen los mismos derechos y, por lo tanto, honra la igualdad. Si los niveles inferiores están caracterizados por la rigidez, en este nivel empieza a emerger la pluralidad social como forma de resolver los problemas, por lo que está libre de los extremos de la discriminación y la intolerancia. Se es consciente de que la igualdad no imposibilita la diversidad. La aceptación incluye, en lugar de rechazar.

Comentario

En los niveles situados por debajo de 350 la percepción está dominada por posicionamientos emocionalizados y valores que se dan por supuestos. En los niveles por debajo de 200 las emociones son duras y destructivas, tendentes a la confrontación, a la lucha y al conflicto. En el nivel 200 las emociones se alejan de la negatividad hacia una visión más positiva del yo y del mundo, y empiezan a apoyar la vida. Cuando se llega al nivel 310, la emocionalidad y la volición son predominantemente positivas, pero aún representan impulsos emocionales. En el nivel 350, a través de la aceptación, la tranquilidad reemplaza a las emociones inquietantes, de modo que las interferencias de la emocionalidad, en lugar de determinar los sentimientos, se disipan en el trasfondo.

En el nivel 350, la exigencia narcisista del ego de controlar a los demás queda silenciada por la cesación de los juicios basados en valores y del deseo innato de divulgar sus puntos de vista. Los procesos mentales dualistas disminuyen, como también lo hacen los juicios surgidos de percepciones basadas en la dicotomía entre el bien y el mal. La elección se presenta como libertad de opción, en lugar de como categorías moralistas en oposición.

En el nivel de conciencia del mundo, elegir vainilla significa ver el chocolate como un rival, un enemigo o una cualidad odiosa. En el nivel 350 tenemos la libertad de ver que solo son opciones alternativas y podemos elegir un sabor sin demonizar el otro. Así, uno se libera de la coerción que surge cuando a las opciones se las etiqueta con grados severos de deseabilidad o aversión.

En este nivel es esencial utilizar la capacidad de tener buena disposición, adquirida previamente (se adquirió en el nivel 310). El éxito del nivel 350 se basa en aplicar el principio del perdón a fin de equilibrar la moralidad y la tendencia a juzgar. Así, la misericordia reemplaza a las ganas de venganza, lo que permite una mayor armonía y bienestar interno, interpersonal y social. Se entiende entonces que el error necesita corrección, perdón y compasión, en lugar de ser una justificación para acciones o actitudes punitivas.

La autoimportancia inflada del ego, que ha adquirido viéndose a sí mismo como alguien recto y un árbitro soberano del valor moral, se resiste a soltar los juicios. La aceptación no exige la negación, sino que la reemplaza por una percepción realista y por el reconocimiento de sus limitaciones innatas. No se siente obligada a "tomar posición" con respecto a lo que percibe, ni a emprender acciones porque se siente obligada a "arreglarlo". Por lo tanto, la aceptación puede ver y aceptar las limitaciones de la vida humana y el mundo de las distorsiones sin perder su equilibrio y ecuanimidad.

La aceptación es el resultado de la sabiduría y de la renuncia a los posicionamientos, pues acepta que las variadas expresiones de la vida están de acuerdo con la voluntad Divina y, por lo tanto, la Creación es multitudinaria en su expresión como evolución. La aceptación no se queda en las dualidades de "blanco o negro", "una cosa o la otra", y es capaz de pasar por encima de la tentación de juzgar. La aceptación ve que las cualidades percibidas son intrínsecas a la condición humana y reflejan el karma individual, el grupal y el que es innato a la especie *homo sapiens*. La sociedad incluye una mezcla de distintos niveles de desarrollo evolutivo, incluyendo un panorama de opciones y formas alternativas de moverse por el "laberinto de espejos" existencial.

En el nivel 350, la aceptación es inocua porque no trata de juzgar, de controlar, de cambiar ni de dominar a los demás. No trata ni de "salvar el mundo" ni de condenarlo en sus múltiples expresiones. Cuando se renuncia al deseo de cambiar o de controlar a los demás, la libertad es recíproca, y uno no puede ser controlado por las opiniones o los valores de otros, y tampoco tiene deseo o necesidad de aprobación. Cuando uno es libre de la aprobación de los demás, se libera de la compulsión de buscar y anhelar el acuerdo social. No obstante, esto es diferente de, y contrasta con, la pasividad o la indiferencia, que devalúan automáticamente a los demás como maniobra protectora.

Las dinámicas del ego en la aceptación

La aceptación es aplicable tanto al mundo interno como al externo. Gracias a la educación espiritual, queda claro que el ego, debido a su estructura innata, tiende al error perceptual, y que, mediante la disposición a renunciar a los posicionamientos, es posible trascender estas distorsiones perceptuales. La madurez de la aceptación incluye la capacidad de asumir tranquilamente las limitaciones personales y humanas sin perder autoestima, porque los juicios de valor pierden su validez y ahora se ven fundamentalmente como elecciones personales y arbitrarias. Por lo tanto, se destrona a las opiniones personales, que pierden su tendencia a dominar por la mera presión emocional.

Aquí la conciencia (superego) se vuelve benigna, pues se le han quitado "los colmillos" y, por lo tanto, ya no es necesario negarla, temerla o proyectarla en el mundo. En lugar de la negación moral y la represión, gracias a la aceptación los impulsos animales se asumen como parte de la naturaleza, y han de compensarse mediante características humanas positivas. Como se trasciende la tendencia a juzgar, los impulsos instintivos más primitivos no tienen que fragmentarse, distorsionarse ni atribuirse a otros. Estos impulsos primitivos siguen existiendo y se reconocen, pero no se actúa sobre ellos. La aceptación imposibilita la pretensión y permite una objetividad realista.

En este nivel, el discernimiento libre de emoción reemplaza al juicio, que suele estar muy mezclado con emociones de ira, indignación, denuncia y ataque vituperantes. Si bien es evidente que hay muchos elementos y fuerzas en el mundo que son nocivos para la vida y la felicidad humanas, no es necesario odiarlos ni demonizarlos, sino simplemente hacer las concesiones adecuadas y evitarlos. Así, lo que antes era demonizado ahora se parece más al mal tiempo, a un tsunami o a una fuerza de la naturaleza que hay que tener en cuenta sin odiarla. La vida no sobrevive odiando los rayos, sino evitando los lugares donde es probable que caigan.

La renuncia a juzgar nos libera de las emociones peyorativas y odiosas que hacen surgir la culpa consciente o inconsciente, o los miedos inconscientes a la venganza y la paranoia. La humildad evita la inflación mediante la que el núcleo narcisista del ego considera que "los demás están equivocados" y "yo tengo razón" y, por lo tanto, "soy superior".

La humildad lleva a renunciar a la autoimportancia y a la ganancia narcisista del ego surgida del juicio. Rechazar el papel de árbitro moral permite ofrecer esta función a Dios ("'El juicio es mío', dijo el Señor"), lo que hace que nos desapeguemos de los interminables debates del mundo en torno a los posicionamientos morales, éticos, legales, políticos, religiosos, étnicos, judiciales y sociales. Aunque al ego le gusta creer que expresar su opinión no solicitada es una gloriosa celebración del derecho a la libre expresión, la humildad reconoce que la humanidad ha logrado sobrevivir hasta ahora sin nuestra opinión y consejo. La honestidad con uno mismo requiere examinar los motivos ulteriores del ego, que guardan relación con una imagen engreída que se expresa en retóricas y argumentos. La humildad observa que el mundo es como es, a pesar de los millones de autodesignados expertos con los que cuenta. Suele haber resistencia a esta humilde comprensión porque al ego le encanta subir a la tarima. ¿Significa esto que nuestra vida personal es de poco valor o significado? Al contrario, gracias a la humildad pierde su falso valor y acepta su verdadero poder y función, lo que incrementa el poder y la energía espiritual, influyendo así en el mundo a través de la conciencia colectiva de la humanidad. El poder y la integridad de cada individuo ayudan a "elevar el nivel del mar" y todas las naves que flotan en él. Las exhortaciones moralistas producen la reacción opuesta, mientras que la integridad de la humildad irradia un poder sin opuesto.

Al renunciar al egoísmo del ego también es necesario darse cuenta de que no condenar no equivale a condonar, y que condenar no es una obligación moral. Todo el mundo sabe que cometer crímenes es "malo", pero esto no ha producido su cesación.

Trascender el nivel 350

Al renunciar al juicio emocionalizado se despeja el camino para entrar en la armonía y en la paz gracias a la reducción de la presión emocional. El perdón y la misericordia permiten la contemplación reflexiva, con lo que emerge el equilibrio entre discernimiento y entendimiento. La resistencia a la claridad sin emoción es consecuencia de la renuencia del ego a renunciar a su importante papel narcisista como juez y árbitro de la valía y la moralidad. El ego pretende ser piadoso y alimenta secretamente su actitud "soy más santo que tú", que es la energía que absorbe y estima. Teme que su valor e importancia disminuyan si renuncia a su posicionamiento y se convierte únicamente en un sirviente de Dios, en lugar de ser él mismo Dios en su estimación secreta. Así, el núcleo de la resistencia es la ilusión y la pretensión del ego, cuidadosamente escondidas, de ser omnipotente y divino.

El ego teme perder su soberanía ilusoria, que en realidad solo es grandiosidad. De más importancia que la pomposidad son la sabiduría sagaz, la observación y el análisis astutos, las facultades del intelecto y la inteligencia no obstaculizadas por el sesgo y la emocionalidad. Las emociones oscurecen la comprensión, el sentido y el significado, que solo pueden evolucionar y desarrollarse plenamente en un nivel de conciencia más elevado y libre de emocionalidad y posicionamientos. Así, el nivel de la aceptación despeja el camino para el siguiente paso evolutivo, que es la razón y la lógica.

El ego narcisista no tiene humor y su verdadera naturaleza se revela en su "sensibilidad" y en otros rasgos neuróticos. Carece de la capacidad de reírse de sí mismo y de las debilidades y paradojas de la vida humana. Así, desarrollar el sentido del humor ayuda a la evolución de la conciencia, desinflando la imagen inflada del ego mediante la cual inculca sus opiniones emocionalizadas y su vanidad. La humildad impide hacer el ridículo para atraer la atención, o controlar a los demás mediante gritos y gestos grandilocuentes. La aceptación renuncia al drama y permite una pluralidad calmada sin dejarse marginalizar por las personalidades infladas, que por su propia inflación atraen la discusión y el ataque. La aceptación aporta paz mediante la inclusión más que el rechazo o la denuncia, ofreciendo así la seguridad necesaria para el desarrollo de la racionalidad y el intelecto.

Capítulo 13

RAZÓN

(NIVEL CALIBRADO 400)

Introducción

La inteligencia y la racionalidad se posicionan en primer plano cuando se trasciende el emocionalismo de los niveles inferiores. La razón es capaz de gestionar grandes cantidades de datos complejos y de tomar decisiones rápidas y acertadas, así como de entender lo intrincado de las relaciones, de las graduaciones, y de las distinciones refinadas. La manipulación experta de símbolos y conceptos abstractos se vuelve cada vez más importante. Este es el nivel de la ciencia, de la medicina, y de una mayor capacidad general para la racionalidad, la conceptualización y la comprensión. Así, el conocimiento y la educación están muy valorados. La lógica y la comprensión de la información son las principales herramientas características del nivel 400. Este es el nivel de los ganadores de los premios Nobel, de los grandes estadistas, de los jueces del Tribunal Supremo, Einstein, Freud, y muchas otras figuras importantes de la historia del pensamiento representadas en *Los grandes libros del mundo occidental* (reimpreso de *Truth versus Falsehood*).

El fallo de este nivel es la incapacidad de distinguir con claridad cuál es la diferencia entre los símbolos *(res cogitans)* y lo que representan *(res externa)*, y la confusión entre los mundos objetivo y subjetivo, lo que limita el entendimiento de la causalidad. A este nivel resulta fácil que los árboles impidan ver el bosque y quedarse prendado de conceptos y teorías para acabar perdiendo el punto esencial.

Calibraciones de los grandes libros del mundo occidental

Esquilo 425	Faraday 415	Lucrecio 420
Apolonio 420	Fielding 440	Maquiavelo 440
Tomás de Aquino 460	Fourier 405	Marx 130
Arquímedes 455	Freud 499	Melville 460
Aristófanes 445	Galeno 450	Mill, J.S. 465
Aristóteles 498	Galileo 485	Milton 470
Agustín 503	Gibbon 445	Montaigne 440
Marco Aurelio 445	Gilbert 450	Montesquieu 435
Francis Bacon 485	Goethe 465	Newton 499
Berkeley 470	Harvey 470	Nicómaco 435
Boswell 460	Hegel 470	Pascal 465
Cervantes 430	Herodoto 440	Platón 485
Chaucer 480	Hipócrates 485	Plotino 503
Copérnico 455	Hobbes 435	Plutarco 460
Dante 505	Homero 455	Ptolomeo 435
Darwin 450	Hume 445	Rabelais 435
Descartes 490	Huygens 465	Rousseau 465
Dostoievsky 465	William James 490	Shakespeare 465
Engels 200	Kant 460	Smith, Adam 455
Epícteto 430	Kepler 470	Sófocles 465
Euclides 440	Lavoisier 425	Spinoza 480
Eurípides 470	Locke 470	Sterne 430
Swift 445	Tácito 420	Tucídides 420
Tolstoy 420	Virgilio 445	

Intelectualizar puede convertirse en un fin en sí mismo (por ejemplo, el relativismo, y su impacto negativo entre los académicos). La razón es limitada, en el sentido de que no ofrece la capacidad de discernir la esencia o el "punto crítico" de un asunto complejo.

La razón está disciplinada por la dialéctica de la lógica y su necesidad de discernir la verdad lineal de los hechos confirmables.

Produce grandes cantidades de información y documentación, pero carece de la capacidad de resolver discrepancias en los datos y conclusiones. Todos los argumentos filosóficos suenan convincentes en sí mismos. Aunque la razón resulta muy eficaz en el mundo técnico, donde dominan las metodologías de la lógica, la razón misma, paradójicamente, es el mayor obstáculo para alcanzar niveles superiores de conciencia porque atrae a la identificación del yo con la mente. Trascender este nivel es relativamente poco común en nuestra sociedad (solo lo hace un cuatro por ciento de la población), pues requiere un cambio de paradigma de lo descriptivo a lo subjetivo y experimental. Que es necesario un cambio de paradigma para comprender los niveles superiores de conciencia y la realidad espiritual es algo que aún no ha sido reconocido ni siquiera por campos de estudio tales como "ciencia y conciencia" o "ciencia y teología", que buscan la confirmación de las realidades espirituales (no lineales, que calibran de 500 hacia arriba) en el limitado dominio lineal de los 400.

Comentario

El nivel de conciencia de los 400 representa el emerger de la capacidad de sintetizar y utilizar abstracciones lineales y símbolos de gran complejidad, así como de inferir sentido y significado, y predicciones verificables. La inteligencia comprende cómo están organizados los campos jerárquicos y discierne valores como la fiabilidad, la valía intrínseca o el significado. Estratifica las prioridades a través de secuencias, generando sistemas de clasificación como: paradigma, dominio, categoría, clase, especie, subespecie, género y después, finalmente, el ejemplo específico. Esta compleja función de la inteligencia es análoga a un sistema de clasificación rápido y capaz de seleccionar e integrar al mismo tiempo. Aunque su contenido es lineal, su funcionamiento y su dirección no lo son, y su dominio general está de acuerdo con el poder del nivel de conciencia del campo mismo.

Además de la colosal capacidad anterior, las funciones del procesamiento complejo dan simultánea y automáticamente un peso variable a cada dato, asignándole diversos grados de credibilidad, importancia, plausibilidad, valor y validez. Así, estas funciones extraen sus datos de un banco enorme, tanto individual como colectivo, creado por la humanidad a lo largo de los siglos. La capacidad de pensar y razonar ha engendrado los campos académicos de la ciencia, la psicología, la filosofía, la metafísica y el psicoanálisis, así como la psicología espiritual y esotérica. Se ha añadido la palabra "dinámica" a aspectos de todos estos campos para hacer más énfasis en la importancia de la función. Y sobre ellos se han superpuesto la teoría del aprendizaje, el conductismo, el condicionamiento operante, los sistemas de feedback y de recompensa, la facilitación y la inhibición. A través de la investigación, la ciencia ha seguido elaborando a fin de describir y correlacionar las pautas de funcionamiento con la neuroanatomía, la neuroquímica, la sintonización del sistema nervioso autónomo (simpático y parasimpático), las hormonas cerebrales, los neurotransmisores y sus modificaciones a través de la experiencia con la genética.

Si bien todo lo anterior representa una masa de información impresionante, la pregunta básica sigue siendo la misma que a lo largo de toda la historia: ¿Qué significa todo ello (hermenéutica)? Ponderar las sutilezas de significado implicadas ha ocupado a las grandes mentes de la historia, produciendo la gran riqueza de la filosofía y sus aspectos centrales, como la epistemología, la teología y la metafísica, que abordan el problema directamente, como también lo hace la ontología (la ciencia de "ser").

Con la evolución de la conciencia se activan la razón, la lógica y el intelecto mediante el alineamiento y el compromiso con la verdad, que en realidad es un aspecto de la Divinidad, y la fuente invisible del poder del propio campo mental. El alineamiento con la verdad produce la comprensión y la acumulación de sabiduría y sagacidad en el ejercicio y aplicación de la función racional. Así, aún depende de la voluntad individual elegir en qué medida prioriza la razón con relación a la emocionalidad. El individuo es libre de ignorar la razón o de seguir sus dictados e interpretaciones de la realidad con relación a la imaginación, los ideales, las fantasías o las opciones emocionales en sus diversos grados de expresión.

Así, el pensamiento y el razonamiento ocurren dentro del campo general de un tono emocional evaluativo que puede ser facilitador o limitante. El tono emocional general también refleja la aportación social colectiva, y varía de una cultura a otra. Dentro de cada cultura, está distribuido en varios subgrupos que resaltan o reducen el valor de la razón y el intelecto.

En general, la educación superior ha supuesto un valor añadido de estatus social sobre su valor innato e intrínseco. Alcanzó su máxima estima en la Era Dorada de la antigua Grecia, entre 500 y 300 a.c., y después recibió valiosas aportaciones a lo largo de los siglos en Europa. Ha ido en declive en el último siglo en los círculos académicos, tanto de Europa como de América, debido a que se ha politizado y también a sus incursiones en el relativismo filosófico y moral (como se describe en *Truth versus Falsehood)*.

Una cultura madura respalda la educación y el aprendizaje como pautas positivas que sustentan la vida, lo que ha quedado evidenciado en la gran popularidad del movimiento por el crecimiento personal. Un buen ejemplo de ello es el movimiento de los "creativos culturales" (Anderson y Ray, 2000) que ha tenido un impacto positivo en la sociedad en general. Actualmente, el nivel de conciencia calibrado de Estados Unidos es de 421, lo que evidencia la gran influencia e importancia del intelecto. Es muy significativo que, en este nivel de la razón, el porcentaje calibrado de "felicidad" es de aproximadamente el ochenta por ciento, en marcado contraste con los bajos porcentajes que se dan por debajo del nivel 200 (entre el uno y el veinte por ciento).

Los esfuerzos humanitarios por ayudar a los desfavorecidos ponen el acento en la educación como la manera más eficaz de salir de la pobreza. Cuanto más alto es el nivel de educación, más descienden la tasa de natalidad, la mortalidad infantil, la enfermedad y otros concomitantes de la privación. Esto ha quedado dramáticamente demostrado en el florecimiento económico del "Tigre Celta". Después de siglos de penuria, la economía irlandesa ha resurgido hasta puestos de liderazgo en Europa como consecuencia del establecimiento de la educación superior gratuita, y de las progresivas reformas económicas, políticas y legales asociadas.

Las dinámicas del ego en el nivel de la razón

La combinación de razón, lógica y educación es un poderoso contrapeso para contrarrestar las presiones del núcleo narcisista del ego, que se siente amenazado por los valores superiores de la integridad personal y social. Uno de los enemigos de la racionalidad es el egoísmo narcisista, que deforma y distorsiona la razón para facilitar sus propios fines. En los niveles inferiores de conciencia, la mente solo se usa como un arma más para reforzar los posicionamientos, controlar a los demás, y permitir la expresión de instintos animales racionalizados. Es posible distorsionar la razón y convertirla en una retórica que esté al servicio de los objetivos emocionales y egoístas, en lugar de la integridad (las filosofías del relativismo [que calibran en 180], o el marxismo [que calibra en 130]). La distorsión de la verdad para que esté al servicio de los posicionamientos es característica de la mente inferior (ego), más que de la mente superior (véase visión general, Sección II).

La mente inferior sustituye, con la intelectualización narcisista, la dialéctica disciplinada de la verdad lógica. El mejor ejemplo es el declinar del nivel académico como consecuencias de las corrosivas incursiones en el "relativismo moral", que se describe sucintamente en la siguiente cita tomada del *Philadelphia Trumpet* (junio de 2005):

Relativismo moral

El relativismo moral es la creencia de que definir lo que está bien y lo que está mal es una elección individual y personal.

Negando la presencia de una ley absoluta, esta ideología enseña que cada decisión es una cuestión de sentimiento personal. El relativismo moral significa que el adulterio, por ejemplo, no es objetivamente malo. Aunque yo pueda creer que el adulterio es malo y destruye los matrimonios, tú tienes derecho a creer que es bueno y que fortalece los matrimonios. El mismo razonamiento se aplica al asesinato, al robo, a la pedofilia y a cada faceta de la vida humana. Para esta ideología no hay una definición absoluta de bien y mal, solo lo que tú percibes que está bien o mal.

Este principio distorsionado ha realizado grandes incursiones en nuestras universidades. Creado por los secularistas, el relativismo moral es un derivado de la teoría de la evolución, que impregna la cultura universitaria, especialmente las ciencias. Al negar la existencia de Dios, la teoría de la evolución sembró las semillas del relativismo moral. Si Dios no existe, razonan los secularistas, no hay una ley absoluta.

Usando como arma el relativismo moral, los secularistas liberales pueden destruir cualquier ley absoluta que deseen. Incluso pueden destruir las leyes que gobiernan la sociedad. La mayoría de las personas reconocen que las leyes, la ideología y la moral occidentales están gobernadas esencialmente por la creencia judeocristiana en los Diez Mandamientos. Pero, como según los secularistas Dios no existe, lo único que tenemos es diez sugerencias; la ley no existe. Como no hay leyes absolutas, la definición de lo que está bien y lo que está mal es un asunto estrictamente personal.

Esta es la razón por la que Ward Churchill, Harris Mirkin y otros docentes secularistas pueden abrazar ideologías como el anti-americanismo o la pedofilia. Si una persona no cree en la ley absoluta, entonces no tiene que creer que la pedofilia es mala. El relativismo moral destruye la ley que define lo que está bien y lo que está mal, lo moral y lo inmoral.

Estos son unos pocos ejemplos de la inmoralidad y del relativismo moral que impregnan nuestras universidades. La idea de que es responsabilidad del individuo decidir qué está bien y qué está mal está firmemente atrincherada en las mentes de los estudiantes universitarios de nuestros días.

También es notable que el Papa, al asumir el cargo, haya declarado que el mayor problema que amenaza al mundo es el relativismo moral, que reemplaza a la Divinidad y declara la soberanía del ego narcisista. El impacto sobre la sociedad ha sido señalado por muchos de los actuales comentaristas sociales (por ejemplo, Bruce, 2003).

Los niveles de conciencia de 400 denotan que aunque las emociones siguen estando presentes y se tienen en cuenta, ya no dominan ni reemplazan la lógica y la razón. "Pensar" es meramente un proceso mental aleatorio, mientras que la razón está constreñida por la dialéctica, la disciplina y las limitaciones de las reglas de la lógica, que están bien representadas en las matemáticas.

La mente inferior está menos evolucionada y es característica de los niños, de la inmadurez y de no haber recibido una educación. En su estado más primitivo, los procesos mentales están al servicio de la emocionalidad, y de las necesidades y deseos personales. La mente inferior está al servicio de la comunicación de estados subjetivos u opiniones, que no están en la misma categoría que los constructos mentales de la mente superior, cuya intención es representar declaraciones más objetivas y verificables, que por lo tanto requieren criterios más exigentes de validación o prueba. Así, la mente inferior está regida por los "deseos" y la mente superior está disciplinada por la exigencia de adherirse a criterios de verdad, con los requisitos concomitantes de ética y responsabilidad. Presentar una falsedad como supuesta verdad es excusable en los niños, pero puede tener consecuencias importantes en la vida adulta. Las filosofías "postmodernas" (Marcuse, Chomsky, y otros, que vienen listados en *Truth versus Falsehood,* página 209), calibran entre 135 y 185 porque son intentos de distorsionar la razón, intentando justificar y legitimar una falsedad como verdad, y pretendiendo que tengan la misma validez. Así, el lado negativo del intelecto es que está sometido a las distorsiones de la ingenuidad y las fantasías, que socavan el significado poniéndolo al servicio del narcisismo (por ejemplo, "una palabra significa lo que yo elijo que signifique", dice Humpty Dumpty en *Alicia en el país de las maravillas*, de Lewis Carroll).

Falsificar la razón indica falta de integridad y es una característica fundamental de los rasgos de la personalidad psicopática. Las mentiras de las figuras públicas son uno de los grandes focos de atención de los medios de comunicación, que prosperan con el escándalo. El superego, o conciencia, también restringe el intelecto y, por lo tanto, la integridad de la razón y la lógica son consecuencia de la moralidad y la ética que reflejan el contexto, y no solo el contenido. En el caso típico, la mente inferior ignora el contenido porque impondría restricciones a las distorsiones emocionalizadas de la verdad (una artimaña frecuentemente empleada en la retórica política).

Como es evidente, la violación de la verdad también puede ser consecuencia de la distorsión intencional del significado de las palabras a causa de la politización y de las teorías sociales que calibran por debajo de 200 (por ejemplo, el "nuevo pensamiento", la policía del lenguaje, el elitismo político, etc.). La razón disciplinada y la lógica se adhieren a las definiciones de las palabras que ofrece el diccionario.

La adhesión a la razón y a la verdad lógica como estándares sociales está en declive en el discurso judicial y público, como consecuencia de la explotación del concepto de "discurso libre", que significa que cualquiera puede decir lo que quiera sin que ello tenga consecuencias, y que las acciones y las conductas son "discurso simbólico". Al legitimar todas las conductas como un "derecho", se permite y fomenta el camino a la anarquía y la alteración social tendente a la degeneración. Históricamente los grandes imperios se han desmoronado a causa de la decadencia moral interna. En realidad, la Primera Enmienda de la constitución norteamericana solo prohíbe al gobierno censurar el discurso. En el marco social, adherirse a la verdad ya no es un requisito, y por ello se da voz a la expresión de premisas ilógicas que los medios de comunicación valoran porque pueden explotarlas, en lugar de porque tienen valía intrínseca.

A medida que la ficción reemplaza a la verdad, los niveles calibrados de conciencia que reflejan los medios de comunicación han ido cayendo, aunque algunos se han resistido a esta tendencia por lo que, paradójicamente, ahora son criticados más que respetados (véase *Truth versus Falsehood*, Capítulo 9).

La mente es el procesamiento aleatorio de símbolos. El pensamiento lineal tiende al error al lidiar con el contenido. Dicho contenido es conocido en virtud de la calidad de la conciencia *(awareness)*, que es el campo atractor de conciencia *(consciousness)* mediante el cual se produce la contextualización. El contenido *piensa*; el campo *sabe*. En cambio, el Ser *es*.

La distorsión de la integridad de la razón al servicio de los objetivos egoístas es la primera fuente de conflicto social, de discordia moral y de sufrimiento humano. La negación de la razón, con sus fuerzas intrínsecas, permite que se liberen tendencias atávicas de los instintos animales vinculados a los aspectos más primitivos del ego, que considera que la lógica, las pruebas y la racionalidad frustran sus intenciones. Las consecuencias masivas de distorsionar la lógica y la razón son evidentes a lo largo de la historia y también en el mundo de nuestros días. Mientras que la verdad se alinea con la supervivencia, la falsedad es responsable de la muerte de decenas de millones de personas tan solo en el último siglo.

Con la madurez, el intelecto se integra con las emociones positivas que añaden valor y motivación, como el placer de lograr el objetivo. El alineamiento espiritual hace que se prioricen los principios espirituales mediante los cuales se resuelve el conflicto. Esto lleva a la razón a su desarrollo más elevado. Comprometerse con la tarea de servir al bien más alto significa subordinarlo a la voluntad de Dios.

Como indicó Sócrates, las percepciones de "bien" y "mal" suelen ser principalmente el resultado del deseo o de la ilusión, más que de la realidad objetiva. Si se la desea, una opción o circunstancia parece ser "buena"; si no se la desea, se la rechaza como "mala". Así, la razón equilibra la distorsión emocional, pues su intención es discernir la verdad más que racionalizar la falacia. Los principios espirituales suelen preferirse a las intelectualizaciones, que son más limitadas, de tal modo que la fe en la razón queda suplantada por la fe en Dios.

La razón y la lógica (y, por tanto, la ciencia) son de gran valor dentro del paradigma apropiado. Al alcanzar el nivel 500 mediante el alineamiento espiritual, la subjetividad se va convirtiendo progresivamente en el principal punto de enfoque de la experiencia, que resalta el valor del perdón, de la misericordia, del amor y de la devoción. La subjetividad implica una comprensión distinta del valor y el significado, e influye en el proceso de seleccionar y elegir tal como lo percibe el intelecto.

Trascender las limitaciones del intelecto

El intelecto acumula, clasifica, procesa y asimila la información religiosa y espiritual. Parece paradójico que al mismo tiempo pueda convertirse en una limitación para la evolución hacia la conciencia superior, que requiere trascender la mente. Las limitaciones de la mente quedan evidenciadas por su estructura, en el sentido de que el ego funcional es lineal, dualista y está dominado por el paradigma newtoniano de causalidad, que refuerza la ilusión de que existe un "yo" personal y separado como agente causal autorrealizado.

La transición del nivel de conciencia 400 al 500 supone un salto de paradigma desde el reino mental de los símbolos lineales hacia la subjetividad no lineal. La mente se siente satisfecha con la adquisición de conocimientos, pero después descubre que esto es insuficiente para producir la transformación, que requiere un paso más para convertir los datos en realidad interna experiencial.

El intelecto acostumbra a sentirse satisfecho con oír hablar "sobre" un tema, y puede concluir ingenuamente que con la información es suficiente. Aunque unas veces esto es parcialmente verdad, en otras ocasiones el tránsito desde la adquisición de información a la experiencia subjetiva se produce mediante la práctica espiritual, la meditación, la contemplación y la devoción, ayudadas por la oración.

Por medio del rechazo del egocentrismo y por la práctica y el compromiso con la espiritualidad, la energía espiritual fluye hacia el sistema energético como amorosidad, más que como un amor personal limitado a las relaciones personales. Los campos de energía transformadores que están situados por encima de 500 son calibrables, no lineales, radiantes, brillan por sí mismos y están más allá de una definición científica verificable.

Los obstáculos son producto de aferrarse a las limitaciones por la ganancia personal que implican, como el orgullo que se siente al adquirir información intelectual. Aunque el cambio de lo mental a lo verdaderamente espiritual es voluntario y se produce con consentimiento, no es controlable como lo fue la adquisición de información y material mental. Esta transición se describe óptimamente como pasar del "tener" al "hacer" y después al "ser", y se facilita cuando se renuncia al intento de controlar el proceso. Lo más importante es poner la fe y la confianza en la intención espiritual y rendirse a la Divinidad. Mediante dicha rendición, el potencial se actualiza cuando las condiciones lo permiten.

Así, se hace necesaria una actitud de entrega y rendición casi constantes que queda favorecida por una profunda humildad. Una resistencia que suele pasar desapercibida es el apego a lo familiar, que se puede denominar "fidelidad al paradigma". Como ejemplo, esta limitación queda demostrada, como se ha indicado anteriormente, en las conferencias y publicaciones dedicadas a los campos de la "ciencia y la religión", o "la ciencia y la conciencia", que son académicos y, por tanto, calibran en un nivel en torno a los 450. Su característica es que imposibilitan el reconocimiento de la gran importancia de la subjetividad, el reino del Ser, que es el único que permite reconocer y entender las realidades espirituales que calibran por encima de 500.

Las limitaciones de la ciencia académica son marcadamente evidentes en su ambivalencia y desconfianza hacia los testimonios y la información experienciales en primera persona (Ginsburg, 2005). La intelectualización científica sobre la "realidad" de la experiencia personal refleja una vacilación con respecto a la respetabilidad académica y la credibilidad (desde el paradigma newtoniano) de la experiencia humana. Así, la verdadera realidad espiritual queda excluida del estudio, a pesar del supuesto objetivo de tales proyectos. Esto es como buscar por la noche debajo de la farola las llaves perdidas "porque allí hay más luz", o buscar fantasmas con un contador Geiger.

Evidentemente, es de gran importancia que, debido a la ceguera paradigmática, la principal fuente de información espiritual del mundo —los registros históricos de los grandes místicos y de los grandes maestros iluminados (incluyendo los grandes avatares)— queda excluida. La ciencia es lineal, pero la realidad espiritual es no lineal, y uno cree que esto debería ser evidente.

La intención espiritual puede hacer que el intelecto se santifique de tal modo que se convierta en un trampolín y un camino hacia la realidad espiritual, en lugar de ser un callejón sin salida o un obstáculo en el sendero. El estudio espiritual utiliza el intelecto para revelar que el intelecto mismo tiene que ser trascendido, pasando de "saber acerca de" a "convertirse en", lo que se consigue mediante la práctica espiritual, la disciplina y la devoción.

Procesos mentales: pensar

Un importante freno a la evolución espiritual y a trascender la identificación del yo con la mente es el procesamiento de datos, símbolos y palabras a través de procesos mentales aleatorios, a los que se considera "pensar". Durante la meditación, este parloteo mental resulta frustrante y se convierte en una fuente de ansiedad. Intentar silenciar la mente mediante el poder de la voluntad es ineficaz, y los resultados son limitados y breves. Es posible trascender el flujo de pensamientos entendiendo su fuente y revelando el silencio del que surgen.

Estos procesos mentales tienen su origen en el ego, y su principal función es comentar. A menos que sea solicitado, el pensamiento es vanidad: una procesión interminable de opiniones, racionalizaciones, re-procesamientos, evaluaciones y juicios sutiles mediante los cuales se da valor o importancia a los pensamientos y a su supuesto significado porque son "míos". El ego está enamorado de su historia de vida y de su personaje central.

Para la vanidad intrínseca del ego supone una confrontación aceptar que, a menos que se le pida que resuelva problemas, sus procesos de pensamiento son superfluos y no tienen valor intrínseco. Esta "importancia" autoasignada es vanidad, y el ego, en su inflación, supone que tiene derecho a inmiscuirse en la paz y el silencio con su parloteo infantil e interminable. La mente cuenta con un público imaginario y lleva adelante un monólogo de autoadulación e importancia. La mente indisciplinada tiene una observación, comentario u opinión sobre todo tipo de cosas. ¿A quién le importa? ¿Quién los ha pedido? Sus pensamientos suelen ser repetitivos, vulgares, monótonos e intrascendentes.

Es un alivio dejar que la mente se quede en silencio y simplemente "esté" con su entorno. Esto produce una paz en la que prevalecen el aprecio y la calma. Para poder darse cuenta de que no es necesario —y ni siquiera está autorizado— el comentario continuo, la voluntad da permiso a la mente para quedarse en silencio. Cuando se devalúa la vanidad, que es la base del proceso de pensamiento, este colapsa, y uno descubre en su lugar la alegría del silencio interno, que constituye el noventa y nueve por ciento de la mente. En realidad, el parloteo solo es el uno por ciento.

La mente disciplinada solo debería hablar cuando se le pide que realice una tarea. Cuando no está entrenada, se convierte en un actor rebelde que ocupa el escenario y en un fastidio. El yo tiene que aprender a sentir respeto por el Ser y por el Silencio de la Presencia. Al observar la mente, queda claro que representa al niño rebelde y molesto que busca constante atención.

Generalmente suele ser inútil intentar bloquear el pensamiento u obligar a la mente a aquietarse sin erradicar su motivación y recompensas. Ahora bien, es posible identificar las raíces de su motivación y entregarlas. Y a continuación, sorprendentemente, es posible tomar una decisión: *simplemente no pienses en nada.* Esto puede conseguirse alineándose con el Silencio Infinito del que surge el pensamiento, que está situado no entre los pensamientos, sino inmediatamente antes del emerger de los mismos.

Una técnica útil para eludir estos procesos de pensamiento es la visualización creativa, en la que se visualiza el objetivo deseado y se mantiene periódicamente en mente. El potencial tiende a manifestarse cuando las condiciones son favorables, y la intención (además de las propensiones kármicas) es una influencia contextual. En los procesos mentales comunes, la lógica y la secuencia se consideran causales, y también se considera que requieren esfuerzo. La visualización influye en el resultado por mecanismos totalmente distintos (y más fáciles).

Sección tercera

NIVELES QUE CALIBRAN ENTRE 500 Y 599

REALIDAD ESPIRITUAL

Tercera sección - Visión general

TRASCENDER LA DUALIDAD LINEAL

Introducción

Mientras que alcanzar y superar el nivel de conciencia 200 es el principal obstáculo para la mayoría de la humanidad (aproximadamente el setenta y ocho por ciento en todo el mundo y el cuarenta y nueve por ciento en Estados Unidos), trascender el dominio de la mente lineal en el nivel de conciencia 500 es algo relativamente infrecuente (solo lo logra el cuatro por ciento de la población mundial), y la evolución de la conciencia hasta el amor incondicional, en el nivel 540, es un fenómeno aún más raro (0,4 por ciento).

Por debajo del nivel 200 la conciencia está dominada por las emociones negativas, pero entre 200 y 400 las emociones se van volviendo progresivamente positivas. En los 400, la razón y la lógica prevalecen sobre la emoción. En el nivel de conciencia 500 se produce otro gran salto de paradigma, pasando del contenido emocionalizado, conceptual y lineal, al predominio del contexto no lineal. Los campos de conciencia más poderosos de los niveles situados por encima de 500 priorizan el significado, el sentido y los valores. Se produce el movimiento desde lo que el mundo considera "objetivo" a la subjetividad experiencial como cualidad dominante de la experiencia consciente.

Este tránsito supone un cambio de enfoque por el que se pasa de dar importancia a las cualidades descriptivas de lo observado a dársela a las cualidades sutiles del observador. Esta subjetividad recontextualiza lo observado en términos de placer, satisfacción, significado y valor priorizado. Este cambio influye profundamente en nuestras decisiones y elecciones, así como en los objetivos a largo plazo que influyen en las relaciones, las elecciones profesionales e innumerables decisiones en la vida.

Cambio de paradigma

Es importante tener en cuenta que, en el nivel 500, la condición subjetiva llamada amor no solo se ha vuelto significativa, sino dominante, y no únicamente como sentimiento y emoción, sino como principio que guía. Aunque es posible enfocar la energía del amor como consecuencia de cierto interés o motivación, siempre representa un distanciamiento de las restricciones y limitaciones del interés propio. El amor sirve, mientras que el ego trata de ser servido en su búsqueda de ganancias. Para el amor, la satisfacción a largo plazo y el placer de dar reemplazan la satisfacción egoísta de la ganancia evanescente a corto plazo.

La energía del amor tiene una cualidad única e intemporal que gratifica potenciales sutiles y difíciles de describir lógicamente. A medida que el amor se espiritualiza progresivamente, emerge como alineamiento con la Divinidad, que es la fuente última y la sede del amor. Por lo tanto, ahora se le considera algo santo, sagrado, la sustancia de la devoción, de la fe religiosa y de la conciencia mística.

A partir del nivel de conciencia 500, la atracción de la belleza, de la paz y de la quietud interna se vuelve cada vez más importante. Los principios espirituales de los grandes maestros se incorporan a nuestro estilo de vida y acaban prevaleciendo. Los conflictos que surgen no guardan relación con si uno se ha de mostrar amoroso, compasivo y magnánimo, sino sobre cuál es la mejor manera de practicar estos principios. Así, la especificidad lineal y el contenido de las acciones quedan ahora dominados por el poder del contexto general. Finalmente se revela la Divinidad de la vida misma, con lo que se valora la totalidad de la vida.

El avance de este paradigma está caracterizado por el cambio en el que se pasa de confiar en la percepción y en los procesos mentales al discernimiento de la esencia. Esta transición es consecuencia de, y está en concordancia con, lo que clásicamente se ha denominado la "apertura del tercer ojo del cuerpo búdico", que representa el emerger de la visión espiritual.

Mientras que la percepción se enfoca en la linealidad, la visión espiritual representa la capacidad de discernir la realidad interna que refleja el campo general. Su pariente experiencial más cercano en la vida cotidiana es lo que solemos denominar intuición, que no es consecuencia del procesamiento lineal y lógico.

Los cuerpos etéricos, energéticos y espirituales emergen progresivamente coincidiendo con el avance de los niveles de conciencia desde el mental inferior al superior, y después al "causal", y progresivamente a los cuerpos búdico, crístico y átmico. Dentro de cada cuerpo, la concentración de energía sigue el sistema de chakras. En los niveles más elevados se correlacionan con la conciencia crística, y, finalmente, en el chakra coronario del cuerpo átmico, con el dominio sin restricciones de la conciencia Divina de la Iluminación a través de la identificación con la Divinidad innata como el Ser. En este nivel de conciencia se reconoce a Dios Trascendente y a Dios Inmanente como la Unidad general de la que surge Toda Existencia/Conciencia/Creación, y la conciencia *(awareness)* a partir de la cual ocurren la subjetividad y la conciencia *(consciousness)*.

Niveles calibrados de conciencia

La energía de cada nivel de conciencia predominante queda establecida por la voluntad espiritual mediante la cual surge el alineamiento. Como se ha mencionado anteriormente, esto es comparable a orientar la brújula en una nave; por este acto, el destino ("el futuro") se vuelve el factor dominante e influye en las decisiones presentes por medio de la intención subyacente.

Las fluctuaciones periódicas de las emociones, como las olas del mar, solo piden corrección, y no significan que el destino se haya visto afectado ni que haya cambiado, pues esto es prerrogativa de la voluntad. Cabe esperar periodos de dificultades inesperadas que pueden parecer "contrariedades", pero solo significan que alguna tendencia (a menudo fundamentalmente inconsciente) ha salido a la superficie para ser reconocida y procesada. Periodos similares pueden darse como consecuencia de la investigación del yo en cualquier proceso de descubrimiento interno, como el psicoanálisis, el análisis profundo, o el cuarto paso del Programa de los Doce Pasos ("realiza un inventario moral interno"). La honestidad que surge del autoexamen necesario para "conocerse a uno mismo" no solo requiere coraje, sino también renunciar a juzgarse y entregarse a Dios.

En general, la experiencia humana a lo largo del tiempo ha confirmado que solo es posible alcanzar una verdadera y profunda honestidad interna con la ayuda de Dios, porque, comprensiblemente, es muy poco probable que el ego colabore por propia iniciativa en su extinción como fuerza dominante que mueve nuestra vida.

Inicialmente, el trabajo espiritual guarda relación con la trascendencia de las emociones y los posicionamientos perceptuales, que se consideran principalmente personales, pero, en los niveles superiores, las limitaciones vienen del contexto y los paradigmas. Cuando se describen, estas limitaciones pueden sonar abstractas, pero a nivel operativo dificultan la consecución de niveles de conciencia cada vez más altos. Por lo tanto, pertenecen al campo general de los obstáculos que generalmente quedan fuera de la conciencia y que podrían sonar académicos y pertenecientes a los campos de la teología, la metafísica, la epistemología o la ontología y al discernimiento de la naturaleza de la existencia/aseidad misma.

Los paradigmas de la conciencia subjetiva a menudo están enmarcados por suposiciones inconscientes, que habitualmente están más allá de la conceptualización, e incluso de los intentos de descripción. Estas suposiciones inconscientes se vuelven aún más problemáticas en el nivel de lo efímero e inefable, pues son fundamentales para las cualidades experienciales básicas de la existencia como reflejo de la conciencia.

Surgen preguntas relativas incluso a cuál es la fuente de la capacidad de darse cuenta de la existencia o aseidad, y sobre si dichas cualidades son innatas o han sido superpuestas por suposiciones paradigmáticas silenciosas. Uno se pregunta: ¿Mediante qué cualidad se hace discernible lo abstracto? ¿No es ese conocimiento en sí mismo meramente un nivel superior de abstracción? Una vez más, aunque estas preguntas pueden parecerle muy académicas al intelecto, son prioritarias a nivel de la experiencia y resultan profundamente transformadoras para arrojar luz sobre los niveles de conciencia. En los niveles más altos representan las últimas nubes que ocultan la irradiación solar de la Divinidad.

Si bien el nivel de conciencia 600 denota formalmente el inicio de los estados denominados de Iluminación según los clásicos, la realización del Ser es característica del nivel de conciencia de los 700. A mediados de los 800 se presenta como obstáculo a superar la ilusión del vacío, y después, con el fin de las limitaciones del contexto estalla el esplendor de la plena Iluminación. Esto es *Gloria in Excelsis Deo,* y cumple la promesa de los grandes avatares del mundo.

Capítulo 14

AMOR
(NIVEL CALIBRADO 500)

Introducción

El nivel 500 está caracterizado por el desarrollo de un campo de energía que va siendo progresivamente más incondicional, inmutable y permanente. No fluctúa, porque su fuente dentro de la persona que ama no depende de factores externos. El amor es una forma de ser y de relacionarse con el mundo: perdona, nutre y apoya. El amor no es intelectual y no procede de la mente, sino que emana del corazón. Tiene la capacidad de elevar a los demás y, por la pureza de sus motivos, consigue grandes logros.

En este nivel de desarrollo, la capacidad de discernir la esencia se vuelve predominante; el núcleo del problema se convierte en el centro de atención. A medida que se supera el nivel de la razón, surge la capacidad de reconocer instantáneamente la totalidad del problema y se produce una importante expansión del contexto. La razón lidia con particularidades, mientras que el amor lo hace con totalidades. Esta habilidad, a menudo descrita como intuición, es la capacidad de entender inmediatamente, sin recurrir al procesamiento secuencial de símbolos. Este fenómeno aparentemente abstracto, es, de hecho, muy concreto y va acompañado por una liberación mensurable de endorfinas en el cerebro.

El amor no toma posiciones y, por lo tanto, es global, elevándose por encima de la separación de los posicionamientos. Entonces es posible estar "uno con otro", puesto que ya no hay barreras. Así, el amor es incluyente y expande progresivamente el sentido del yo. Se enfoca en la bondad de la vida en todas sus expresiones, y aumenta lo positivo. El amor disuelve la negatividad recontextualizándola en lugar de atacarla. Es benigno y sustenta y nutre la vida; consecuentemente, es el nivel de la verdadera felicidad.

Comentario

En términos de la evolución de la conciencia, este nivel refleja la trascendencia de la identificación con el dominio lineal limitante y sus posicionamientos, y el paso a tomar conciencia de la subjetividad como estado principal que subyace a toda experiencia. Así, el sentido de la realidad se traslada de lo percibido a la condición o facultad mediante la cual es experimentado.

Mientras que el ego se enfoca en el contenido, el espíritu valora el contexto. Asimismo, el ego valora la cantidad y, en cambio, el espíritu valora la calidad. En el nivel de conciencia 500, aproximadamente el noventa por ciento de la gente experimenta la felicidad como una cualidad básica de la vida. Las barreras al amor surgidas de los instintos animales ya no presionan para dominar, y tampoco predomina el núcleo narcisista del ego como consecuencia de la humildad y de la renuncia al egocentrismo. Así, ya no domina el interés personal en forma de egoísmo o sensación de necesidad. El yo se considera benignamente adecuado, y el alineamiento con el amor es su objetivo principal y su estilo de vida.

El campo de energía del amor es intrínsecamente gratificante. Se descubre que el amor está disponible por doquier y que el hecho de darlo hace que lo recibamos. Aunque el amor puede empezar siendo condicionado, mediante la intención espiritual se convierte en una forma de vida y de relacionarse con la vida en todas sus expresiones. A medida que el amor progresa, no busca réditos ni ganancias porque es su propia recompensa, puesto que está completo y no tiene necesidades. La capacidad de amar crece tanto que, cuanto más ama uno, más puede amar, y en esto no hay punto final ni limitación. Además, también se descubre que ser amoroso también es ser digno de amor.

En los niveles inferiores de conciencia, lo que se percibe como amor está condicionado y puede identificarse con la posesión, la pasión, el romance o el deseo, que se proyectan sobre la persona para darle una cualidad especial y excitante, un glamur que tiende a disiparse una vez conseguido. Cuando se disipa la excitación de la adquisición, también lo hace el atractivo de la deseabilidad exagerada. Los enamoramientos suelen ser frenéticos, y el miedo a la pérdida puede conducir a la desesperación. La necesidad de poseer a alguien puede producir reacciones emocionales severas, como la furia, los celos o incluso el asesinato o el suicidio. Puede haber un impulso, una posesividad o unos celos desequilibrados y excesivos que conduzcan a la obsesión, debido a que se ha proyectado una imagen emocional inflada y exagerada. La sociedad suele considerar estos excesos como una locura temporal ("locamente enamorados"). Estos impulsos van acompañados por una pérdida transitoria pero intensa del sentido de la realidad, haciendo imposible la precaución o la intervención de la razón.

La emocionalidad del enamoramiento libera adrenalina y hormonas sexuales, y, asombrosamente, este fenómeno tan celebrado solo calibra en 145, lo que revela que su origen es principalmente el instinto de apareamiento de la naturaleza animal. En cambio, el nivel de conciencia del amor va acompañado de una liberación de endorfinas. La naturaleza frenética del instinto de apareamiento refleja la forma de preservar la especie que tiene la naturaleza, y muy a menudo, después de un apareamiento temporal, la pareja se separa, aunque algunas especies, como los cisnes, se aparean de por vida. El amor está presente en el reino animal, viéndose en el movimiento de la cola del perro o en el ronroneo del gato, y también se expresa como amor maternal, con su tendencia a sacrificarse.

Como a veces se confunde el estado de amor con el deseo apasionado, el cuadro siguiente puede ayudar a establecer el diagnóstico diferencial, lo que a menudo resulta confuso para los participantes y observadores. Es evidente que el contraste reside entre la participación del ego (el yo) y el alineamiento consensuado con el Ser, que indica la intención superior y recíproca de servir a la relación en lugar de a los deseos y anhelos del ego personal.

Dinámicas del ego en el amor

La capacidad de amar aumenta a medida que se renuncia a las limitaciones de los posicionamientos perceptuales del ego narcisista. Esto va acompañado y está sustentado por un incremento de la energía espiritual que emana del Ser, en contraste con el deseo, que emana del yo personal. El amor emerge como consecuencia del alineamiento espiritual y del acuerdo con los principios y prácticas espirituales, y va acompañado por un incremento de la energía espiritual. La percepción queda reemplazada por la visión, que permite tomar conciencia del valor intrínseco de todo lo que existe.

El amor es una cualidad de la Divinidad y, como tal, ilumina la esencia, por lo tanto, señala que todos los demás también son dignos de amor. Entre los niveles calibrados de 500 y 539, el amor aún está sujeto a condiciones y parcialidades basadas en consideraciones y valores cualitativos, así como en la influencia de los sistemas de creencias.

Las limitaciones pueden resultar frustrantes para los aspirantes espirituales que tratan de "ver más allá de las conductas y amar a la persona", lo cual resulta más fácil de decir que de hacer. Las limitaciones pueden ser consecuencia de anteriores experiencias desagradables o de influencias kármicas, y también pueden afectarles la programación social y los sistemas de creencias, algunos de los cuales pueden estar fuera de la conciencia y operar inconscientemente.

Diagnóstico diferencial: el enamoramiento (encaprichamiento) frente al amor

Cualidad	Pasión/Atracción (Nivel 145)	Amor (Nivel 500+)
Lugar	Yo/ego	Ser/espíritu
Origen	Instinto animal	Estado espiritual
Función mental	Dificultad para distinguir la realidad	Elevada
Intención	Apareamiento, conseguir	Vinculación, disfrute
Duración	Transitoria	Permanente
Hormonas/ sistema endocrino	Adrenalina/hormonas sexuales	Endorfinas
Emociones	Exceso/desequilibrio	Calma/equilibrio
Fisiología cerebral	Cerebro izquierdo-físico	Cerebro derecho-etérico
Estabilidad	Reducida/desesperación	Potenciada
Emocional	Frenética, temerosa, atormentada	Satisfecha consigo misma
Funciones corporales	Alteradas: pérdida de apetito y sueño	Mejoradas
Descripción	Adicción, anhelos	Satisfacción, contentamiento
Patología	Suicidio, acecho, desesperación, depresión	Bienestar
Juicio	Dificultado	Mejorado
Percepción	Exageración, glamurización	Iluminada
Intención	Poseer, capturar, controlar, adueñarse	Estar con
Emoción	Frustración, ansiedad	Gratitud, satisfacción
Productividad	Alterada	Potenciada
Autoimagen	Inflada	Positiva
Pérdida	Depresión, furia, odio, culpa	Pena, lamento, añoranza
Equilibrio	Errático, sobreestimulado	Estable
Imagen social	Inflada	Potenciada
Función intelectual	Romanticismo, mente inferior	Realista, mente superior
Nivel de conciencia	Disminuye	Aumenta
Estilo	Implicación	Alineamiento
Pauta	Individualismo	Concordancia
Relación	Exigente, limitante	Armoniosa, expansiva
Bien obtenido	Satisfacer, poseer	Llenar, completar

241

La renuncia a juzgar incrementa enormemente la capacidad de amar, y lo mismo ocurre con la renuncia a desear algo de los demás. Así, no percibimos a las personas en función de lo que tienen o de lo que hacen, sino que apreciamos lo que son y han llegado a ser.

El amor es satisfactorio en sí mismo y, por tanto, no busca ganancias ni compensar carencias. Como no necesita "conseguir", es libre de "estar con" y de apreciar pacíficamente. Para el amor, el mundo es más benigno y sus habitantes son más amistosos y accesibles. Hay una mayor sensación de seguridad e identificación con la humanidad en general, así como preocupación por el bienestar y la felicidad de los demás. Este campo energético viene acompañado por un aura radiante que afecta intrínsecamente a los demás, que tienden a mostrarse más benignos, y lo mismo les ocurre a sus percepciones. El campo de energía del amor influye en la totalidad de la vida, que al ver sus efectos intuye la seguridad que proporciona. Las características de este nivel son la inconfundible "dulzura" de la personalidad, del discurso y de las actitudes, así como un estilo de vida que nutre internamente.

Trascender el nivel de conciencia 500

Al llegar al nivel de conciencia 500 el amor domina como emoción positiva persistente y como influencia social, contribuyendo a la elevación del nivel colectivo de conciencia de la humanidad. Para continuar avanzando, tenemos que entregar las limitaciones del amor condicionado a la incondicionalidad. Esto requiere que renunciemos al amor como apego positivo, de modo que pueda convertirse en una contextulización y en una potencialidad general; es decir, de modo que se convierta en una manera de estar en el mundo, en lugar de ser una emoción exclusiva entre seres separados. Así, en lugar de ser una emoción cuantitativa, el amor se convierte en una expresión de la esencia, en amorosidad, y, por identificación, acaba convirtiéndose en lo que uno "es". Como modo de existencia, el amor no requiere de "otros" que sean sus objetos de satisfacción o de expresión. Es una cualidad independiente sin sujeto, objeto, verbo o adjetivo, y por tanto es no lineal e ilimitada.

Las limitaciones del amor guardan relación con cualidades percibidas y diferencias. Dichas limitaciones se revelan mediante la honestidad con uno mismo y el examen interno, y generalmente están causadas por juicios residuales o por el impacto de experiencias anteriores. Una clave para hacer que el amor sea incondicional es estar dispuesto a perdonar para deshacer las antiguas reservas y experiencias, que nos llevaban a considerar a algunas personas como indignas de amor. Al estar dispuestos a perdonar y a renunciar a nuestra percepción, podemos recontextualizar estas experiencias y considerarlas limitadas, influenciadas por la programación o espiritualmente desfavorecidas, y que, por tanto, reflejan la ceguera del ego a la falsedad. Mediante la intención podemos cambiar la conciencia dual de que algo es bueno o malo, pasando a testificar que es "deseable" o "menos deseable", o incluso preferible o menos preferible.

El perdón es consecuencia de que la humildad está dispuesta a dejar el mundo y sus sucesos en manos de Dios. El conocido texto *Un curso de milagros* se enfoca en el cambio de percepción que es consecuencia de la rendición profunda. El milagro es consecuencia de la recontextualización de nuestras limitaciones que revela la inocencia interna y la santidad innata de los demás y de la vida. Esta es una transformación subjetiva que no está bajo el control de la volición. Uno de los mecanismos transformadores es renunciar a la fe en las propias ideas y pensamientos, y ver que solo son imágenes del pasado sin realidad ni validez en el presente.

A través de la rendición, pedir un milagro al Espíritu Santo es estar dispuesto a renunciar a nuestro posicionamiento perceptual y a la ganancia egoísta a fin de que se revele la Verdad. Este fenómeno suele ir acompañado de una recontextualización del tiempo, el lugar y la intención, siendo un fenómeno literal y experiencial que resulta transformador en sí mismo.

Las dificultades de este mundo parecen ser consecuencia de los distintos niveles evolutivos que coinciden en el tiempo, produciendo turbulencia social. Sin embargo, y simultáneamente, disponer de un espectro tan amplio permite las mayores oportunidades de crecer y deshacer el "mal karma", eligiendo acumular méritos y "buen karma". Así, este dominio ofrece las máximas oportunidades espirituales, pues dispone de una multitud de opciones y elecciones que proporcionan un potencial óptimo para la evolución de la conciencia, por lo que podemos sentirnos agradecidos en lugar de resentidos. Como enseñó Buda: "Es raro nacer como ser humano, aún es más raro oír hablar de la Iluminación, y todavía más raro es buscarla".

Capítulo 15

AMOR INCONDICIONAL, ALEGRÍA Y ÉXTASIS
(NIVEL DE CALIBRACIÓN 540-599)

Introducción

A medida que el amor se vuelve más incondicional empezamos a experimentarlo como alegría interna. Esta no es la alegría que sentimos cuando sucede algo agradable, sino una constante que acompaña a todas nuestras actividades. La alegría surge de dentro a cada momento de la existencia, en lugar de proceder de una fuente externa. El 540 también es el nivel de la sanación y de los grupos de autoayuda basados en la espiritualidad.

Los niveles desde el 540 hacia arriba son el dominio de los santos, de los sanadores espirituales y de los estudiantes espirituales avanzados. Una característica de este campo de energía es la capacidad de tener una enorme paciencia y la persistencia de una actitud positiva ante la adversidad prolongada. La marca de este estado es la compasión. Las personas que han alcanzado este nivel tienen un notable efecto sobre los demás. Son capaces de mantener una mirada abierta que induce un estado de amor y paz.

En la parte alta del nivel 500 el mundo que vemos está iluminado por una exquisita belleza y por la perfección de la creación. Todo ocurre por sincronicidad y sin esfuerzo, y uno ve que el mundo y todo lo que contiene es una expresión del amor y de la Divinidad. Uno siente el poder de la Presencia facilitando fenómenos que quedan fuera de las expectativas convencionales sobre la realidad, y que el observador común describe como "milagrosos". Estos fenómenos representan el poder del campo de energía, no del individuo.

En este nivel, nuestro sentido de responsabilidad hacia los demás tiene una cualidad diferente del mostrado en los niveles inferiores. Se siente el deseo de usar nuestro estado de conciencia en beneficio de la vida misma, más que en beneficio de individuos particulares. Esta capacidad de amar a muchas personas a la vez viene acompañada por el descubrimiento de que, cuanto más amamos, más podemos amar. Las experiencias cercanas a la muerte, que suelen tener un efecto transformador, a menudo han permitido a la gente experimentar los niveles situados entre 540 y 600.

Comentario

El amor incondicional es el objetivo de la mayoría de las personas comprometidas espiritualmente, y especialmente de los devotos y aspirantes serios. También es el ideal del cristianismo y de otras religiones. En el mundo, solo el 0,4 por ciento de la población alcanza el nivel 540. Sin embargo, el amor incondicional es un objetivo práctico y alcanzable, y no solo un estado idealizado y deseado para aquellos que lo eligen como objetivo inspirador y devocional.

El nivel de conciencia calibrado indica un estado dentro de la escala de la evolución de la conciencia que refleja no solo el progreso realizado en esta vida, sino también las consecuencias del karma anterior. Desde un punto de vista espiritual podemos considerar la vida terrenal como un escenario transitorio que ofrece las máximas ventajas kármicas, algo que ya indicó Buda.

En los grupos disciplinados espiritualmente y altamente motivados, aproximadamente entre el cincuenta y el cincuenta y cinco por ciento de sus componentes alcanzan el objetivo del amor incondicional (los grupos de los Doce Pasos, los devotos de los *ashrams* espirituales/religiosos, los renunciantes monásticos, los miembros de comunidades espirituales, como los monasterios zen, etc.). Seguir de cerca las enseñanzas de un maestro o alinearse con un gran avatar facilita la ocurrencia de estos estados avanzados. Estar en presencia de un maestro así conlleva el beneficio de recibir la transmisión silenciosa de las energías de alta frecuencia de su aura (las "Enseñanzas Silenciosas", la "Transmisión de la No-Mente", "la Gracia del Maestro" o la bendición).

El estudiante espiritual serio también resulta beneficiado cuando busca literatura y enseñanzas de alta calibración verificable, evitando los desvíos del sendero que no son sino distracciones de origen astral. También está bien evitar pretensiones espirituales fantásticas, que en realidad son ficticias y, a pesar de su popularidad, calibran por debajo de 200.

El objetivo del amor incondicional puede conseguirse por medios muy simples, pero, para que produzca resultados, tiene que vivirse cada día de manera continua. El amor incondicional es un estado y una manera de estar en el mundo que surge del compromiso serio con el principio espiritual de renunciar a todos los obstáculos, limitaciones y posicionamientos, y a sus recompensas (que a menudo son inconscientes). Llegados a este nivel, los posicionamientos evidentes ya han sido reconocidos (tener "razón", conseguir cosas, ganar, ser admirado, etc.). En lugar de estas limitaciones evidentes, ahora aparecen otras más sutiles, como la presuposición de que "yo sé", o "yo ya sé todo eso". Saber sobre algo no es lo mismo que "ser ello".

La gran ventaja de tener experiencias con compañeros maduros o grupos espirituales auténticos es el valor del ejemplo, las comprensiones y la información que se comparte, y la inspiración que se produce por fertilización cruzada. Hay organizaciones que, sin contar con un compromiso espiritual formal, exhiben altos niveles de conciencia y actúan desde la misericordia incondicional, como Médicos sin fronteras (calibra en 500), que ofrece sus servicios sin tener en cuenta en qué bando pueda haber estado un soldado.

247

La dinámica del ego en el amor incondicional

Mediante la dedicación espiritual y el alineamiento con el amor como objetivo primordial, el flujo de la poderosa energía espiritual emanada del Ser apoya y facilita la evolución de la conciencia. La influencia de esta energía única comienza en el nivel de calibración 200 y va incrementándose progresivamente. Su efecto observable es un cambio en la fisiología cerebral (como indica el cuadro del funcionamiento cerebral) por el que se pasa del dominio del cerebro izquierdo animal al dominio del cerebro derecho, benigno y espiritualmente orientado.

La renuncia a los intereses egoístas y narcisistas, como la obtención de ganancias personales, produce la aceleración de esta energía espiritual. La intención humilde, el alineamiento con la misericordia y la compasión, y la dedicación, benevolente y bondadosa, al alivio del sufrimiento ajeno facilitan este flujo energético.

La energía espiritual cataliza la transformación de la percepción lineal posicional hacia un contexto más amplio de inclusividad no lineal que trasciende las limitaciones de tiempo, espacio y secuencia, así como las limitaciones de la percepción y de la creencia en el principio operativo de causa y efecto. Por tanto, las revelaciones posteriores pueden ser descritas acertadamente como "milagrosas" y transformadoras.

La alegría tiene su origen en la experiencia subjetiva de la fuente interna de nuestra propia existencia en sí misma, libre de las limitaciones de suponer que el yo personal es su causa o agente principal. Mediante la humildad y la entrega se renuncia al control imaginario, cediéndoselo a Dios y a la Voluntad Divina. Con frecuencia, esto da como resultado lo que el mundo denomina la persona santa (que calibra en 555), así como actitudes y conductas desinteresadas.

A medida que la conciencia continúa avanzando, la perfección innata y la asombrosa belleza de todo cuanto existe brillan con una luminosidad radiante. La totalidad de la vida se vuelve más hermosa a medida que la iluminación innata revela la Divinidad del Creador. La experiencia subjetiva del flujo de energía espiritual se siente ascendiendo por la espalda con una dulzura exquisita hacia el cerebro, y saliendo desde la región del corazón, pudiendo extenderse espontáneamente a cierta distancia para influir en algún suceso externo. Esta energía también influye en el estado subjetivo de los que se ven envueltos por el campo, y tiene un efecto edificante (la tradicional Gracia del Maestro).

La energía espiritual *(kundalini)* potencia la transformación desde la percepción hacia la visión, y desde la existencia lineal y limitada hacia la no lineal e ilimitada. Esto expresa la realidad básica de que todo viene a la existencia por virtud del potencial que se actualiza cuando las condiciones (incluyendo el karma) son favorables. La intención y el alineamiento espiritual también facilitan esta confirmación. Así, "nadie" hace milagros. Los milagros son una consecuencia impersonal del campo de energía espiritual que actúa como catalizador, tal como la energía que irradia del aura del maestro avanzado cataliza la intención espiritual del estudiante espiritual.

Aunque aún es posible funcionar eficientemente en el mundo, el nivel de los 500 puede requerir que abandonemos el ámbito habitual de los trabajos y el comercio, y también nuestro mundo social y nuestra ocupación anterior. Mediante el alineamiento y la práctica espiritual persistente, la energía espiritual puede continuar fluyendo e incrementándose hasta el nivel del éxtasis (calibra en 575), que incapacita para el funcionamiento normal en el mundo, y por tanto requiere que uno se retire de las labores habituales. Es mejor estar preparado para comprender que el mundo muestra muy poca o ninguna comprensión hacia tal estado, o hacia la necesidad de hacer esta transición, que para algunos puede incluso resultar molesta o inquietante.

A diferencia de la calma y tranquilidad que retornan de nuevo en el nivel 600, en lo subjetivo el nivel del éxtasis es de gran energía y capacidad inagotable. La belleza de la Creación es radiantemente exquisita, y la Divinidad innata y la perfección de la Creación brillan con abrumadora intensidad. Su poder se experimenta subjetivamente, y por tanto la energía y la fuerza de nuestra actividad se vuelven inagotables. Uno no se cansa ni se detiene a comer, y ni siquiera a realizar las funciones fisiológicas básicas. En cambio, por ejemplo, uno puede bailar durante incontables horas sin alimentarse, descansar ni tomarse un respiro. Sin la calibración de la conciencia, el mundo no sabría si se trata de un estado patológico o de una "intoxicación divina".

Estado auténticamente espiritual	Estado patológico
Samadhi	Catatónico
Éxtasis religioso	Manía (hiperreligiosidad bipolar)
Iluminación	Grandiosidad
Piedad	Escrupulosidad
Inspiración	Imaginación
Visiones	Alucinaciones
Auténtico maestro espiritual	Falso gurú, impostor, falso artista espiritual
Devoción	Hiperreligiosidad, fanatismo
Comprometido	Obsesionado, tiene el cerebro lavado por la secta, victimizado
Noche oscura del alma	Depresión patológica
Desapego	Retirada, indiferencia
No apego, aceptación	Pasividad
Estado trascendente	Mutismo
Confiado	Ingenuo
Estado avanzado	Psicosis, egomanía
Beatitud	Euforia
Humildad	Baja autoestima
Compartir espiritual	Proselitismo
Compromiso	Religiosidad
Inspirado	Mesiánico
Choque Divino	Desorganización esquizofrénica
Éxtasis espiritual	Estado maníaco, subidón de las drogas
Líder espiritual auténtico	Político espiritual, líder de secta
Libre	Psicopático
Enseñar	Controlar

Aunque en las comunidades espirituales avanzadas se reconoce el estado de éxtasis, y la experiencia subjetiva ha sido descrita por místicos bien conocidos como Ramakrishna, es desconocido para el mundo en general, puesto que le resulta realmente incomprensible.

Fenómenos espirituales: los sidhhis

Desde el nivel de conciencia 540 hacia arriba y en la parte superior de los 500 ocurren espontáneamente fenómenos que resultan inexplicables para la razón y para la conceptualización lógica habitual, o relación causa-efecto. Acompañan al dominio de la energía espiritual *(kundalini)* y ocurren como consecuencia del campo y del contexto, más que de la volición. Se contempla y se atestigua que estos fenómenos ocurren de manera autónoma. En el lenguaje clásico se les ha denominado *siddhis* (en sánscrito), poderes "sobrenaturales" o "milagrosos/místicos", que la lógica no puede explicar.

En las primeras etapas de su aparición pueden parecer esporádicos, pero, a medida que la conciencia avanza, se hacen frecuentes y a veces continuos. No son intencionales y surgen por su propia cuenta. Incluyen facultades como la visión a distancia, la precognición, la clarividencia, la clariaudiencia, la percepción extrasensorial, la psicometría, la bilocación y las ocurrencias milagrosas, incluyendo curaciones y transformaciones espontáneas. También se producen facilitaciones únicas que están más allá de nuestras expectativas y de cualquier explicación posible.

Estas capacidades o fenómenos están fuera del control personal; no son producto de la relación "causa/efecto". Por lo tanto, a los estudiantes se les advierte que no han de reivindicarlas como personales, pues ocurren independientemente del "yo" de la persona. Como hemos dicho anteriormente, nadie realiza milagros, sino que son únicamente una consecuencia del Espíritu. La humildad y la honestidad impiden la inflación del ego espiritual, que siente la tentación de explotar los *siddhis* para conseguir ganancias.

251

Estos fenómenos tienden a emerger y a tomar fuerza durante una serie de años. Algunos parecen desaparecer y hacerse menos predominantes, mientras que otros se vuelven permanentes. El flujo de la energía *kundalini* es extraordinario en sí mismo en el sentido de que, subjetivamente, la sensación solo puede describirse como exquisita en su fluir por la espalda hacia el cerebro, y al emerger a través del chakra corazón y salir al mundo, donde su presencia facilita el despliegue de verdaderas maravillas. Uno es testigo de que estas ocurrencias se producen sin intención. Es como si las cualidades divinas fueran traídas a la manifestación a través de los reinos superiores que trascienden el mundo físico.

Finalmente, lo aparentemente "extraordinario" se convierte en una nueva realidad, como si ahora uno viviera en otra dimensión en la que lo que parecía imposible se manifiesta sin esfuerzo, como si estuviera siendo orquestado. En un despliegue armonioso, el poder del campo facilita autónomamente el emerger del potencial kármico para producir una realidad manifestada. Estas dinámicas son no lineales y, por tanto, incomprensibles para el intelecto, que asume las limitaciones del modelo newtoniano de causalidad lineal y es incapaz de conceptualizar el proceso de emerger, el Orden Divino o la Armonía.

Trascender la alegría y el éxtasis

La entrega de todas las creencias limitantes, los posicionamientos, las dudas y los apegos permite el fluir de la energía espiritual, que va acompañada de la devoción (calibra en 555). La devoción persistente al amor y a la verdad espiritual hace que se disuelvan las resistencias. La trascendencia requiere que renunciemos a todos nuestros apegos, incluso a aquellos que el propio yo y la sociedad consideran "nuestras responsabilidades". Así, en el compromiso con la realización del Ser o con alcanzar el estado de Iluminación finalmente se abandonan las relaciones, las posiciones, los títulos y los roles sociales. El devoto renuente se aferra a la duda y pregunta ingenuamente, "Pero, ¿qué hay de...?". La solución consiste en entregar a Dios y a la Divina Providencia todos los "Pero, ¿qué hay de...?". Una transición importante también exige que seamos responsables con los demás, que hagamos los ajustes necesarios y realistas, y que les ayudemos a aceptar los cambios necesarios. Por lo tanto, esta transición puede requerir un coraje y una paciencia considerables, además de convicción, puesto que hace surgir las dudas, los apegos y la culpa residuales.

La mayoría de los aspirantes raras veces consideran una posibilidad real, y mucho menos algo probable, que se produzca un gran salto de conciencia y, a menos que se les advierta, es muy posible que no lo tengan previsto. Por lo tanto, los estudiantes serios deben estar informados y contar con aliados espirituales y relaciones que sean capaces de reconocer los estados de conciencia avanzados.

El estado interno se vuelve progresivamente dominante a medida que el yo disminuye, eclipsado por el Ser. Los cambios consiguientes, tanto internos como externos, acaban siendo más importantes de lo que se había anticipado.

El emerger de niveles de conciencia cada vez más elevados exige periodos de reajuste, como el que requiere un nuevo par de gafas, y así, estos cambios de orientación pueden disminuir periódicamente nuestro funcionamiento en el mundo. Durante estas reorientaciones descubrimos que los fenómenos ocurren espontáneamente, más que mediante la percepción habitual de causa y efecto. El placer ya no es algo que uno adquiere, sino una consecuencia innata del poder del campo, más que de alguna instancia o de la decisión personal. Asimismo, se va descubriendo progresivamente que no hay un "hacedor" de la acción, y uno es testigo del despliegue autónomo del potencial kármico desde un nuevo paradigma de la realidad que está más allá del presunto principio dualista de causación. Así, la vida se convierte es una serie interminable de revelaciones que tienen un encanto y un deleite intrínsecos, y que inicialmente parecen asombrosas. Después viene la comprensión de que lo que parece milagroso es meramente el despliegue continuo del potencial evolutivo de la Creación, mediante el cual se disuelve la experiencia subjetiva del tiempo, que es reemplazada por el conocimiento de todo Lo Que Es. Asimismo, la percepción de "cambio" es reemplazada por el emerger progresivo de la continuidad de la Creación, el devenir de la plenitud del potencial que se plasma en la manifestación.

Sin pasado ni futuro no hay "ahora", y se comprende que el pasado, el presente y el futuro son contextualizaciones ilusorias, consecuencia de las limitaciones de un paradigma. Con la renuncia a todos los sistemas de creencias y posicionamientos, el despliegue de la Creación se revela por sí mismo. El proceso de despliegue puede generar situaciones, incertidumbres o dudas transitorias que tienen que ser entregadas mediante la fe y la devoción, pues uno raras veces cuenta con un maestro espiritual verdaderamente avanzado a quien poder consultar. Llegados a este punto, se despliega el conocimiento inherente a la frecuencia vibratoria del propio campo de conciencia, que revela la realidad del paradigma emergente. Como consecuencia de la irradiación del Ser, estos resplandores reveladores son silenciosos. Entonces el mundo se convierte en una revelación de la Esencia más que de la apariencia.

El conocimiento reconoce e identifica progresivamente esta auto-revelación como la Divinidad. El gran cambio de paradigma no puede ser anticipado, y en realidad ni siquiera imaginado, y su arranque a veces se describe crípticamente como "el shock de Dios". Su consecuencia es un profundo asombro reverente que hace que la mente se quede en silencio y desaparezca en presencia de la Divinidad en el nivel 600. A partir de ahí, todo simplemente es como es, un despliegue continuo que se revela a sí mismo, sin comienzos, finales ni divisiones como "entonces", "ahora" o en el "futuro". La realización ya no es consecuencia de los procesos mentales, del pensamiento, ni de los agentes del yo personal, que ha dejado de existir.

La gran transformación requiere adherirse a los principios espirituales básicos, cuyos principales representantes son la fe, la devoción y la rendición o entrega. Lo único que se requiere es que entreguemos todos y cada uno de los sistemas de creencias y que comprendamos que todo miedo es ilusorio y se debe únicamente a que nos aferramos a un posicionamiento y a sus percepciones; esto incluye nuestra fe y adherencia al paradigma de la "realidad" al que estamos acostumbrados y que nos es familiar. Lo cierto es que nada es tal como el ego lo ha percibido, porque la dimensión lineal es únicamente hipotética, y el Absoluto no lineal conlleva un paradigma muy diferente, que opera con otros principios totalmente distintos y auto revelados, más que mediante comprensiones secuenciales.

En la Realidad, la "existencia" *es* su propio significado, que es idéntico a ella. No hay sujeto, predicado ni verbo, y la comprensión está más allá del lenguaje. Para expresarlo de manera óptima diremos que el "significado" de una cosa *es* lo que ella "es". Su identidad *es* su significado. Queda claro que todo delineamiento y definición son abstracciones dualistas y procesos mentales que cosifican enrevesadamente la definición original. La Verdad es auto-evidente de manera autónoma por virtud de su existencia como Totalidad. Sin el mecanismo de la separación dualista entre los supuestos sujetos y objetos, la Unicidad omniabarcante de la Existencia es su propia definición y significado. Así, un gato "sabe" que es un gato en virtud de que *está siendo* un gato, y por lo tanto no está separado dualísticamente de su propia realidad. El conocedor y lo conocido son una misma identidad.

La trascendencia del éxtasis espiritual y de la alegría depende de que estemos dispuestos a entregarlo todo a Dios, pase lo que pase, incluyendo también el exquisito estado de éxtasis, que es una dimensión indescriptible. Ahora, este mismo estado se convierte en una tentación que puede retrasar la evolución hacia la Iluminación. Al principio se siente renuencia y desazón al tener que entregar a Dios un estado tan glorioso; sin embargo, surge el conocimiento de que hay que entregar incluso esta maravilla. La angustia y la vacilación que se viven al tener que dar el paso revelan que se ha producido inadvertidamente un apego a este estado y a sus maravillas. Entonces, gracias al compromiso y la intención, surge la convicción de que sí, esto también tiene que ser entregado "a Ti, oh, Señor", y al entregarlo prevalece una Paz Infinita que está más allá de todo entendimiento o descripción, en el nivel 600. Esta condición se revela como la verdadera Paz de Dios.

Cuarta sección

NIVELES QUE CALIBRAN ENTRE 600 Y 1.000

LOS ESTADOS DE ESCLARECIMIENTO E ILUMINACIÓN

Visión general, trascendencia
Capítulo 16: Paz, dicha e Iluminación
(Nivel calibrado 600-699)
Capítulo 17: Autorrealización
(Nivel calibrado 700-849)
Capítulo 18: Plena Iluminación
(Nivel calibrado 850-1.000)

Cuarta sección - Visión general

TRASCENDENCIA

La Iluminación y la Autorrealización denotan los estados Divinos que históricamente han demostrado los niveles de conciencia más elevados. Estos estados representan la trascendencia de las limitaciones y de los constreñimientos del ego lineal y el emerger de la Irradiación de la Realidad Infinita y la fuente de la Existencia.

Técnicamente, los estados iluminados emergen en el nivel de conciencia 600, que es el nivel de la Paz Infinita y la dicha iluminada por la luz del Ser radiante. El emerger de Dios Inmanente como Ser a menudo impide la continuación de las actividades habituales de la persona, y tiene como consecuencia la retirada del mundo, e incluso puede suponer la partida física de él, una opción que siguen el cincuenta por ciento de los que lo alcanzan. El estado de dicha es total y está caracterizado por la desaparición de todos los deseos, necesidades y aversiones, incluyendo el deseo de permanecer en la dimensión física.

Los niveles desde el 700 hasta el 850 son extremadamente raros y han sido descritos como los estados de Autorrealización que caracterizan a los maestros muy avanzados, que a menudo tienden a quedarse en uno de estos niveles durante toda su vida. La singularidad de estos niveles atrae seguidores y devotos, que posteriormente transcriben las enseñanzas de manera abreviada para que puedan ser seguidas por las generaciones siguientes.

Los estados de conciencia espiritual muy avanzada han ocurrido de manera intermitente a lo largo de la historia en diferentes culturas religiosas y civilizaciones. Aunque dichos estados pueden darse temporalmente en los devotos avanzados, es raro que se conviertan en permanentes, y que por tanto den lugar a un maestro plenamente maduro. Cuando esto ocurre, las enseñanzas son muy valiosas durante siglos y se traducen a muchos idiomas, lo que indica el reconocimiento de su relevancia para la humanidad.

Habitualmente, las enseñanzas precisas calibran en el mismo nivel de conciencia que el maestro; por lo tanto, las interpretaciones y traducciones erróneas vienen indicadas por el desvío existente entre el nivel de uno y el de las otras. Esto es importante, puesto que los malentendidos son muy comunes, y los desvíos y errores llegan a predominar en algunas religiones, que consecuentemente calibran por debajo de la enseñanza original.

A lo largo de la historia, lo más raro de todo ha sido la ocurrencia de niveles de conciencia situados más allá de 850, que representan la plena realización de la Divinidad, cualquiera que sea el nombre que se le dé. Aquí, una vez más, son frecuentes las interpretaciones erróneas, junto con la falta de comprensión de la Verdad, que no se entiende debido a las limitaciones del ego/mente para captar la enseñanza. Por lo tanto, la validación de las enseñanzas más elevadas de los grandes sabios, cuyo estado de conciencia era también muy elevado, ha sido de gran valor.

A pesar de su rareza, los maestros espirituales iluminados han tenido un importante impacto en la civilización a lo largo de la historia, y sus enseñanzas han ejercido una fuerte influencia en todos los niveles de la sociedad, tanto si se las ha reconocido abiertamente como si no. Por ejemplo, en el mundo actual ha surgido la costumbre de institucionalizar y absorber los beneficios de la verdad espiritual en las estructuras básicas de la sociedad, aunque posteriormente el proceso de secularización impide ofrecer reconocimiento a las verdaderas fuentes de inspiración.

Cada persona tiene que decidir por sí misma cuál cree que es la verdad última que ha de observar en su vivir. Esto es algo que también demuestra el ateo ardiente. Ahora es posible diferenciar rápidamente entre el bien ilusorio y el bien real gracias al emerger de la ciencia de la conciencia, que distingue entre las ilusiones del ego y las percepciones confirmables de la esencia de la verdad, tal como el emerger de la metalurgia permitió distinguir entre el "oro de los tontos" y el metal genuino, y las pruebas de ADN han permitido la confirmación de la identidad. Aunque la mente humana es tendente al error, valora y persigue lo que percibe verdadero y los medios para descubrirlo. Este mismo camino queda demostrado por la sinceridad del científico estrictamente materialista, que se dedica al intelecto como si fuera el único ámbito de la verdad.

Además de enseñar la Verdad, los Maestros Iluminados irradian su poderoso campo de inspiración, devoción y compasión, omniincluyente y edificante, hacia el campo energético de la humanidad. Sin el emerger de esta poderosa energía espiritual, la evolución de la conciencia humana se habría detenido en el nivel 200, impidiendo la continuación de la evolución, de la que el estado de Iluminación representa la posibilidad y el potencial último que es posible alcanzar. Así, Jesucristo afirmó que él era al mismo tiempo el "Hijo del hombre" y el "Hijo de Dios" por virtud de la encarnación de la Divinidad. Krishna representó la verdad del Maestro Supremo, y Buda enseñó que el Estado Último está más allá de toda descripción.

Estas verdades pueden confirmarse en el mundo de nuestros días mediante la utilización de la calibración de los niveles de conciencia, que afirma que los avatares (nivel 1.000) representan el grado más elevado que ha sido posible hasta ahora en el dominio humano. Así, la veneración de los grandes maestros de la historia se basa en hechos confirmables y no solo en mitos. El propio método de la calibración de la conciencia también surgió como consecuencia de la dedicación de la humanidad a la búsqueda de la verdad, y proporcionó un modo de discernir que supera la capacidad de los intelectos más refinados (por ejemplo Newton, Freud y Einstein, que calibran en 499).

Capítulo 16

PAZ, DICHA E ILUMINACIÓN

(NIVEL CALIBRADO 600)

Introducción

Los estados de Iluminación emergen en el nivel conciencia 600 como consecuencia de reemplazar lo lineal por lo no lineal. Este campo de energía está asociado con la experiencia designada por términos tales como trascendencia, iluminación, dicha y conciencia de Dios. Cuando se alcanza este estado, la distinción entre sujeto y objeto desaparece, y la percepción no tiene un punto focal específico. Con frecuencia, los individuos que alcanzan este estado abandonan el mundo, porque el estado de dicha impide la actividad ordinaria. Sin embargo, algunos persisten y se convierten en maestros espirituales, y otros trabajan anónimamente por el mejoramiento de la humanidad. Unos pocos vuelven al mundo y se convierten en genios destacados en sus respectivos campos, realizando grandes contribuciones a la sociedad. Es posible que a los que permanecen dentro de una religión se les nombre santos, aunque habitualmente en este nivel se trasciende la religión, que es reemplazada por la espiritualidad en la que toda religión tiene su origen. Actualmente hay seis personas en el planeta que calibran en 600 o más (anónimas); tres están entre 600 y 700, otra está en 700-800, otra en 800-900 y otra más en 900-1.000.

263

En el nivel 600 y superiores, las acciones parecen ocurrir a cámara lenta, suspendidas en el tiempo y en el espacio. Todo está vivo, radiante y fluye continuamente, desplegándose en una danza evolutiva exquisitamente coordinada, cuyo significado y cuya Fuente son abrumadores. Esta revelación asombrosa tiene lugar sin pensamiento ni concepto, de modo que en la mente hay un silencio infinito, pues ha dejado de conceptualizar. Lo que testifica y lo que es testificado tienen la misma identidad. El observador se disuelve y se convierte en la observación. Todo está conectado con todo lo demás, unificado por la Presencia, cuyo poder es infinito y, sin embargo, exquisitamente delicado.

Las grandes obras de arte, música y arquitectura, que calibran entre 600 y 700, pueden transportarnos temporalmente a los niveles superiores de conciencia, y su capacidad de inspirarnos recibe un reconocimiento universal.

Comentario

La trascendencia de los "dominios" de conciencia lineales a los no lineales conlleva un gran cambio de paradigma. En este nivel no existe "esto" (el objeto) ni la "persona" separada que sea testigo de la transición, que es Autocontenida, de modo que el "conocedor" y lo "conocido" son lo mismo. Hay un estado de paz infinita que se equipara inequívocamente con la Presencia de Dios y cuya dimensión es muy diferente de la paz y la tranquilidad emocionales o psicológicas.

En esta quietud todo ocurre por su cuenta, autónoma y espontáneamente. El sonido no tiene efecto sobre el silencio, que persiste incluso dentro del sonido mismo. Tradicional e históricamente, a este estado se le ha llamado *sat-chit-ananda* (dicha silenciosa). Las funciones fisiológicas pueden llegar a detenerse. No hay deseo de moverse ni de hablar, y el Silencio interno es mudo, como si estuviera suspendido en la intemporalidad.

Que el cuerpo continúe y sobreviva carece de interés, y en realidad tampoco es significativo. Es un asunto sin interés del que se encarga el Universo. Si las propensiones kármicas están alineadas con la continuidad física, el cuerpo sobrevive. Si no, el cuerpo simplemente es abandonado, porque vino de la tierra y retornará a ella cuando haya servido al propósito del espíritu. Cuando se llega a este nivel, aproximadamente en el cincuenta por ciento de los casos se renuncia al cuerpo. Si no se renuncia a él, la continuidad física depende de la respuesta del mundo, que puede apremiarnos a satisfacer las necesidades fisiológicas de comer o beber. Desde dentro no surge ninguna inclinación en un sentido u otro, ni tampoco hay necesidad de hablar ni comunicar.

La Presencia es completa y autorrealizada en sí misma, única y exquisitamente suave, y al mismo tiempo poderosa. Su esencia impregna toda manifestación, pues es la Fuente de la Existencia. Se ve que todo surge desde lo inmanifestado y deviene lo manifestado, la Creación de una fuente innata, omnipresente y más allá de la volición.

En Unidad y Unicidad, todo es simultáneamente intrínseco a todo lo demás, pero no como consecuencia de ser lo "mismo" ni de ser "otra cosa". Dentro del contexto infinito de la Totalidad, la potencialidad es activada por la Divina Ordenanza, lo que comúnmente se conoce como la Voluntad de Dios. Sin embargo, en parte el término "Voluntad" resulta confuso en el sentido de que implica volición. Se observa el despliegue y la revelación del emerger del potencial infinito que toma la forma de Creación. Así, no existe una dualidad entre "este" (Creador) creando "eso" (la Creación), porque Creador y Creación son uno y lo mismo, y la Creación resplandece por sí misma.

Todo lo que existe es completo y perfecto. La Creación no pasa de la imperfección a la perfección, tal como observa el ego, sino que se mueve de perfección en perfección. La ilusión de moverse de la imperfección a la perfección es un proceso mental. Por ejemplo, un capullo de rosa no es una rosa imperfecta, sino un capullo perfecto. Cuando está a medio abrir, es una perfecta flor abriéndose, y cuando está completamente abierta, es una flor abierta perfecta. Al marchitarse, es una flor marchita perfecta y después se convierte en una planta agostada perfecta, que seguidamente pasa a ser perfectamente durmiente. Cada una de ellas es, por tanto, perfecta en cada expansión de su expresión, siendo el emerger y el despliegue de la evolución de la Creación. Así, la ilusión de "cambio" queda reemplazada por la observación del proceso de manifestación de la realidad desde la potencialidad (transición, emerger, despliegue, metamorfosis).

Cuando la interpretación mental no interfiere, la perfección intrínseca de Todo lo que Existe queda evidenciada por su belleza intrínseca, que es su perfección transformada en apariencia física. Sin la corrección y la clasificación que emanan únicamente de la mente lineal, todo se ve como igualmente exquisito. Lo que el mundo ignora y considera una mala hierba es de igual belleza que la flor. El diseño de la totalidad de la naturaleza como escultura viva es igual, sin clasificación, y tomamos conciencia de que todo tiene el mismo mérito o valor. Todo es una expresión de la Divinidad como Creación, todo es igualmente santo y sagrado.

El cuerpo, al igual a todo lo demás, también es autónomo y se mueve por ahí por su cuenta. En el nivel de los 600 no existe un centro causal volicional, como un yo personal, un yo a quien imaginamos como agente causal o "decisor" de la acción.

Las dinámicas de la Paz y la Iluminación

En la vida ordinaria, el ego reclama ser el autor de la acción. Esta pretensión egoísta, que se experimenta como una realidad interna, es un engaño basado en la función no reconocida del ego, la de corregir instantáneamente. Este fenómeno sucede un 1/10.000 de segundo después de que el fenómeno haya ocurrido realmente. Como se ha mencionado anteriormente, la mejor analogía de esta función del ego es la función que monitoriza la cinta en una grabadora. A medida que el sonido se graba en la cinta, la función del monitor de la cinta nos permite oír lo que acaba de ser grabado hace apenas un segundo. Por lo tanto, no estamos escuchando y experimentando la fuente, sino una grabación con un segundo de retraso. Este retraso es intrínseco a toda experiencia del ego en la vida cotidiana, y por eso la mente no experimenta la realidad, sino su reproducción con un instante de retraso a través de la pantalla de la percepción. En el nivel 600, este retraso desaparece y con él la ilusión de un "esto" (yo) o un "eso" (objeto), porque, sin el retraso del procesamiento, el "esto" y el "eso" se juntan en una unidad que no se separa artificialmente. Cuando se pierde la posición interna de este mecanismo filtrador del ego, los fenómenos se experimentan directamente, y no a través de la ilusión de un espectador.

Estar unificado con los fenómenos en lugar de separado de ellos nos lleva a experimentar la vivacidad y la Totalidad de la Presencia, expresada como Todo lo que Existe. Todo lo que tiene existencia no se limita a estar pasivamente "allí", sino que parece presentarse ante la conciencia como una cualidad de su existencia, más que como una intención volitiva. Así, el universo aparece como un regalo de exquisita belleza y perfección que brilla con el Resplandor intrínseco de la Divinidad. Fenomenológicamente, esta observación puede describirse como fascinante, porque todo movimiento es observado como si se hiciera a cámara lenta.

Ahora se ve que los fenómenos, los movimientos y las acciones, que anteriormente se habían atribuido al ego/yo, son autónomos y no tienen un punto de origen específico, y mucho menos el de un "yo" independiente. Por otra parte, la sensación de "yoidad" se expande y lo incluye todo en un nivel esencial que es más primordial, omniabarcante e innato, donde no se contemplan identidades separadas. Como consecuencia, la percepción de relación también desaparece, porque es un constructo mental relacionado con la percepción de separación, que ahora es reemplazada por esta conciencia no lineal de inclusión. Así, como no hay que explicar la separación percibida, la noción de relación deja de tener sentido y se vuelve inaplicable. El Ser no tiene una "relación" con el mundo porque la Existencia es su Esencia indivisible (análogamente, la ciencia ha descubierto que el universo no tiene un "centro" identificable).

Aunque el banco de datos de la memoria sigue estando disponible, su valor reside en el reconocimiento descriptivo que permite que el cuerpo siga funcionando cuando esta es la opción kármica. Entonces, el cuerpo parece funcionar bajo un principio comparable a grandes rasgos con el impulso inercial. Como se ha descrito en trabajos anteriores, el cuerpo es como un "juguete kármico al que se le da cuerda" y que sigue su curso de manera totalmente autónoma.

La transformación que se produce en el nivel 600 y por encima es consecuencia de la disolución del núcleo narcisista del ego, que ilusoriamente se cree soberano, y por lo tanto se considera un agente causal y el autor de la volición. Esta inferencia está incluida en el significado del término "egocéntrico". Así, el núcleo del ego es la suposición básica que le lleva a identificarse a sí mismo como la fuente primaria de la existencia, la acción y la decisión, usurpando así la soberanía de la Divinidad. Esta suposición primitiva se despliega abiertamente en el estado patológico llamado "narcisismo mesiánico maligno", en el que realmente se llega a adorar al núcleo del ego. Esta autodeificación ha sido expresada abiertamente a lo largo de la historia, desde los tiempos de los emperadores romanos que declaraban literalmente que eran Dios, hasta los líderes mundiales de nuestros días que exhiben una inflación egótica grandiosa y omnipotente (el síndrome del narcisismo mesiánico maligno [calibra en 30], se describe detalladamente el Capítulo 15 de *Truth versus Falsehood*).

Trascender el nivel 600

Parecería que, para la conceptualización y la educación comunes, el estado de dicha sería el estado último. Mirándolo desde el punto de vista del ego, es exactamente eso. La ansiedad, la anticipación, el lamento, la atracción y la añoranza han desaparecido. También han desaparecido las reglas, los objetivos, las metas, los procesos y las condiciones que han de ser satisfechas o completadas, o los roles que aún hay que desempeñar. En este nivel no hay persona, yo u otro, con quien contender.

Todo ocurre espontáneamente sin esfuerzo, y simplemente se presenta de manera desnuda como lo que es. Asimismo, las "cualidades", que son percepciones descriptivas, desaparecen. Todo es simplemente tal como es, sin adjetivos. La mente está aquietada porque, sin sujeto ni objeto, y sin "este hacedor" que haga "eso", no hay necesidad de verbos. Sin calificación, no hay necesidad de adjetivos. Además, la volición desaparece, pues no hay decisiones que tomar; todo evoluciona espontánea y autónomamente expresando la evolución de la Creación.

Después de la disolución de estas funciones del ego, lo que queda es conciencia/testificación, pero sin testigo; lo que queda es la conciencia misma. No existe la necesidad de procesar como tal, porque las opciones ya no están separadas por cualidades lineales superpuestas. Así, no hay necesidad de elegir ni de sopesar los pros y los contras. A nivel operativo, la información es suficiente en sí misma y, por tanto, la acción es autónoma. Ya no es necesario tomar decisiones porque la concordancia reemplaza las relaciones o las opciones. Asimismo, sin "hacedor", no "ocurre" nada, puesto que experimentar que ocurre algo exigiría la proyección de un punto de vista limitado, con el proceso mental consiguiente.

Cuando cesa la experiencia del tiempo, la secuencia desaparece; así, no hay "antes" ni "después". La armonía de la Unidad de Concordancia es evolutiva en el sentido de que el potencial se expresa a sí mismo como manifestación, pero está vacío de intencionalidad. La mejor analogía serían los movimientos del universo, que concuerdan armónicamente con la totalidad. Así, la gravedad es intrínseca a la Creación y su campo es "concomitante" más que "causal" o "consecutivo", que son términos que representan constructos mentales explicativos e hipotéticos. La concordancia es una expresión de la Unidad y la Armonía Divinas, que se vuelve aparente mediante la superación de la división dualista de Descartes entre *res interna (cogitans)* y *res externa/extensa* (el mundo tal como es). En la Unidad de la Unicidad no hay un "esto" separado causando un "eso" separado.

Trascender el nivel 600 requiere abandonar la identificación con las cualidades de testificación/observación, que en realidad son autónomas e inherentes a la conciencia misma. A través de la meditación profunda se descubre una identificación inconsciente con estas cualidades, lo cual requiere renunciar a la ilusión o a la recompensa de ser el testigo o el observador.

El principal obstáculo para continuar hacia niveles aún más avanzados de iluminación es la satisfacción, el placer y el apego inadvertido al propio estado de dicha, que se experimenta como compleción y totalidad. Después surge el conocimiento de que, incluso esto, por exquisito que sea, también ha de ser entregado a Dios. Con esta entrega surge un paradigma aún más expansivo y hasta ahora inimaginable.

Como referencia

NIVELES DE CALIBRACIÓN DE ALGUNOS MAESTROS Y ESCRITOS QUE ESTÁN EN EL NIVEL 600

MaestrosEscritos

Maestros		Escritos	
Abhinavagupta	655	*Abhinavagupta*	655
Aurobindo	605	*Un curso de milagros* (Libro de ejercicios)	600
Karmapa	630	*Aggadah*	645
Kasyapa	695	*Génesis* (Biblia Lamsa)	660
Magdeburg	640	*Evangelio de san Lucas*	699
Muktananda	655	*Evangelio de santo Tomás*	660
Satchidananda	605	*Cábala*	605
Towles, J.	640	*Enseñanzas de Lao Tsé*	610
Lao Tsé	610	*Midrash*	665
Vivekananda	610	*Mishneh*	665
		Nuevo Testamento (Rey Jacobo)	640
		Salmos (Biblia Lamsa)	650
		Vijnana Bhairava	635

Capítulo 17

AUTORREALIZACIÓN
(NIVEL CALIBRADO 700-849)

Introducción

Este es el nivel de los sabios, de los Grandes Maestros del *Advaita* o del *Vedanta* que describieron las realidades espirituales de la Autorrealización. Es un nivel de poderosa inspiración, puesto que estos Sabios Iluminados establecieron campos de energía atractores que influyen en toda la humanidad. En este nivel ya no está presente la experiencia de un yo personal, individual y separado de los demás; más bien, se produce una identificación del Ser con la conciencia y la Divinidad. La Divinidad Inmanente se realiza como el Ser más allá de la mente. Esto está cerca de la cumbre de la evolución de la conciencia en el reino humano.

Las grandes enseñanzas elevan a las masas y hacen ascender el nivel de conciencia de toda la humanidad. A esta visión se le llama Gracia, y el regalo que aporta es una Paz infinita, inefable y más allá de las palabras. En este nivel de realización, el sentido de la propia existencia trasciende todo tiempo y toda individualidad. Ya no hay ninguna identificación con el cuerpo físico como "yo" y, por lo tanto, su destino no preocupa. El cuerpo se ve meramente como una herramienta de la conciencia mediante la intervención de la mente, siendo su principal valor la comunicación. El yo vuelve a fundirse en el Ser. Este es el nivel de la no dualidad o de la completa Unicidad. La conciencia *(consciousness)* no está localizada; la conciencia *(awareness)* está igualmente presente por doquier.

Las grandes obras de arte que retratan a individuos que han alcanzado el nivel de la Iluminación a menudo muestran al maestro con una posición de manos específica, llamada *mudra*, en la que desde la palma de la mano irradia simbólicamente su bendición. Este es el acto de transmitir ese campo de energía, también retratado como halo, a la conciencia de la humanidad. Este es el nivel de la Divina Gracia, que potencialmente puede evolucionar hasta 1.000, el nivel más alto obtenido por cualquier persona que haya vivido en la historia registrada, como los Grandes Avatares para los que es apropiado el título de Señor: el Señor Krishna, el Señor Buda, el Señor Jesucristo y Zoroastro.

Comentario

Más allá de la dicha están los niveles de los grandes místicos, en los que el conocimiento es consecuencia de la Presencia de la Divinidad como Ser (Dios Inmanente). La distinción entre Dios inmanente y Dios trascendente es teológica, intelectual y conceptual. La Presencia del Ser constituye el *purusha* clásico, el esplendor del Ser como Fuente. El Ser "conoce" por virtud de su identidad con la Divinidad misma. Es, por lo tanto, su propia Conciencia, y mediante su Presencia se da a "conocer" como el "conocedor". De este modo, no conoce "acerca de", sino que es la compleción de su propia esencia.

La trascendencia de la dicha puede permitir la reanudación del funcionamiento limitado, lo que permite volver a entrar en el mundo. No obstante, ahora se trata de un emerger dentro del dominio no lineal más que de una decisión, aunque las apariencias externas hacen que se perciba equivocadamente como un acto volitivo. En realidad, no hay un "decisor" que "decida", ni tampoco hay "opciones" que requieran elección ni decisión. La vida se vuelve fenomenológicamente autónoma como expresión de la evolución de la Creación y del campo omnipresente de la conciencia misma, que también es intrínsecamente versátil en virtud de la cualidad de su esencia.

Clásicamente, a los niveles 600 y superiores se les ha denominado la "no mente" porque el pensamiento secuencial se detiene y lo que toma su lugar es la conciencia *(awareness)* no lineal de la conciencia *(consciousness)* misma, a la que en la literatura mundial se le suele denominar Mente (con mayúscula). Por virtud de la Divinidad, y mediante la realización, el potencial no manifestado se convierte en manifestado. El místico iluminado se convierte en el traductor para que lo Innato sea explicado y se exprese en una descripción mediante la cual se dé a conocer al mundo. Subjetivamente, la Presencia es la conciencia misma, cuya cualidad es la Verdad como expresión del Amor y, también recíprocamente, el Amor como resplandor de la Verdad.

Históricamente los niveles de conciencia 700 han sido clasificados como los de la Autorrealización y de los místicos avanzados, representados en tiempos recientes por Ramana Maharshi, Nisargadatta Maharaj, Sri Aurobindo y Mahatma Gandhi. Algunos escritos de estos niveles que nos son familiares son las enseñanzas Zen de Bodhidharma; *La nube del no saber*; los Sutras del Corazón, del Diamante y del Loto; el *Corán*; el *Nuevo Testamento* (sin el *Apocalipsis); y* los *Yoga Sutras* de Patanjali, así como el *Rig Veda* (se añade una lista representativa al final del capítulo).

Es notable que varios de los maestros más conocidos sean relativamente recientes. Algunos de ellos han recibido el reconocimiento de la sociedad en general. Su impacto social se realiza a dos niveles, puesto que expresan enseñanzas específicas y, al mismo tiempo, irradian silenciosamente desde sus auras un campo de energía hacia la conciencia colectiva de la humanidad. El efecto de dicha irradiación es doble: en primer lugar, contrarresta la negatividad del mundo, y en segundo lugar, contribuye a elevar la evolución de la conciencia de la humanidad, en general, y de los devotos, en particular.

Como se ha mencionado anteriormente, el nivel de conciencia de las masas era de 90 en tiempos del nacimiento de Buda, de 100 en tiempos de Jesucristo, y después ascendió a 190, donde permaneció durante muchos siglos. A finales de los años 80 del pasado siglo saltó repentinamente a 205, y en noviembre de 2003 volvió a avanzar a su actual nivel de 207.

En la literatura espiritual tradicional hay descripciones y clasificaciones de los diversos niveles de conciencia avanzados, descritos como estados de *samadhi*. A menudo están asociados descriptivamente con estados de meditación que son consecuencia de haber trascendido las limitaciones del ego. Algunos de estos estados son transitorios, como los denominados *satoris* o despertares, que a menudo dependen del estado meditativo mismo. Al principio, el estado de *satori* requiere que nos quedemos quietos y con los ojos cerrados. A medida que se va desarrollando, se puede dar incluso con los ojos abiertos. Después sigue avanzando y puede mantenerse con los ojos abiertos e incluso caminando, cuando uno retoma sus actividades. Como describen las famosas imágenes Zen de la doma del buey, originadas en el siglo XVI, esta progresión se inicia con la localización e identificación del ego (el buey), y después viene la doma. Más adelante se le trasciende, posteriormente se abandona el mundo y este desaparece y, finalmente, el sabio maduro retorna al mundo. En este punto, el mundo se retrata como un mero reflejo en el agua (de la conciencia misma).

Aparentemente, a medida que la conciencia evoluciona, parece permanecer en un nivel dado durante lapsos variables de tiempo que se describen como periodos de "maduración", realineamiento y reajuste por medio de un campo de energía más avanzado. En ellos se produce el necesario realineamiento con el funcionamiento y la localización del cuerpo, y se retoman las funciones fisiológicas, así como la capacidad de hablar y de comunicar. Por ejemplo, después de una iluminación repentina e inesperada, Ramana Maharshi se quedó mudo durante dos años hasta que le animaron a hablar. Él no se ocupaba del cuerpo en absoluto. Nisargadatta Maharaj salió a pie hacia los Himalayas y tuvo que ser llevado de vuelta a Mumbai.

La experiencia subjetiva de este retorno es que se trata de una respuesta espontánea al amor, a la atracción, a la súplica y a la influencia de otras personas del entorno. Dentro, la mente permanece en silencio y no existe ninguna inclinación "personal" a hablar ni necesidad de comunicar, y tampoco existe ninguna necesidad de continuar viviendo en el cuerpo.

Cada nivel avanzado de conciencia es intrínsecamente completo en sí mismo. La mayoría de los sabios se han quedado en un nivel determinado durante toda su vida; otros han conseguido volver a funcionar en el mundo en áreas limitadas. Volver a funcionar en el mundo requiere reajustes que son difíciles de describir. La gente del mundo considera al sabio como una persona individual. Inicialmente, esto resulta bastante sorprendente, porque no hay una persona individual a la que dirigirse. Lo que evoluciona es el desarrollo de una interfaz con el mundo, óptimamente descrita como una "persona". No es una realidad interna pero satisface las expectativas del mundo, que percibe al Ser localizado en un cuerpo separado e individual con una identidad separada (la "personalidad"). Por así decirlo, estas expectativas del mundo son recibidas con humor y se consideran aproximaciones válidas a fin de disipar los comentarios, porque los intercambios se producen en una dimensión mayor de la que el mundo percibe.

Otra dificultad que requiere reajuste es comprender la comunicación verbal de los demás. Aunque el oído les oye, se produce un ligero retraso mediante el cual algunos procesos de traducción interna revelan lo que el orador quiere decir con sus palabras. Así, la persona parece servir como interfaz de traducción y su desarrollo es autónomo. Este fenómeno puede tardar años en producirse. Algunos sabios nunca abandonaron sus lugares de origen. Ramana Maharshi se quedó en la montaña Arunachala toda su vida. Después de su muerte, el ashram siguió activo y aún sigue allí. Nisargadatta Maharaj, después de ser devuelto a Mumbai cuando partió a pie hacia los Himalayas, permaneció en su ático situado encima de su tienda de cigarrillos. Estos estilos de vida también reflejan un punto de encuentro con las tradiciones culturales.

El sabio verdaderamente iluminado no está interesado en tener "seguidores" ni en controlar las vidas de estos, construir edificios, hacer despliegues teatrales o en las posesiones mundanas. No tiene necesidades ni deseos que satisfacer, y mucho menos desea controlar a los demás. Asimismo, se puede considerar que los comentarios del maestro son crípticos por su brevedad y precisión, puesto que no hace falta decir nada más.

El término "trascendencia" es, en realidad, una forma de hablar, porque en el dominio no lineal hay dimensiones progresivas más que verdaderos niveles. Esta transición puede equipararse más correctamente con la luz del sol que emerge como consecuencia de la evaporación de las nubes. En estos niveles, la condición o el estado de conciencia puede evolucionar o no durante esta vida, dependiendo de la potencialidad kármica y de la voluntad Divina. La renuncia a la identificación con cada estado permite soltarlo y soltar cualquier apego a su familiaridad. La conciencia *(consciousness)* evoluciona como si fuera atraída a retornar a su Fuente. Cada avance expande el paradigma de la conciencia, que transitoriamente produce cierta sensación de "hogar".

Una vez que alcanzan el nivel 700, muchos sabios permanecen en él durante el resto de sus vidas. Sin embargo, ocasionalmente, el proceso continúa espontáneamente cuando se le permite hacerlo. Cada nivel representa la compleción de la evolución que le precede, pero también es la puerta hacia el siguiente. Subjetivamente, la transición es más como un emerger o un despliegue, que son los ámbitos de la conciencia misma, y en ellos no se da un proceso mental porque estos son los estados de "no mente" (paradójicamente también etiquetados como "Mente").

Desde el nivel 700 en adelante, las resistencias que residen en la conciencia colectiva de la humanidad tienen que ser trascendidas dentro del maestro. A nivel físico, esto resulta subjetivamente cómodo hasta que se alcanza el nivel de conciencia de aproximadamente 800, en el que empiezan a surgir dolorosos síntomas físicos y se siente como si el sistema nervioso fuera portador de una electricidad excesiva, lo que produce una sensación de quemazón. Cada vez que surge algo de la conciencia colectiva, tiene que ser procesado (Jesucristo sudó sangre y Buda comentó que sentía como si sus huesos se estuvieran rompiendo. En los escritos mencionados anteriormente, diversos místicos a lo largo de la historia han descrito numerosos síntomas).

A diferencia de los dolores y síntomas físicos que la ausencia de resistencia permite gestionar, estas sensaciones eléctricas de quemazón persisten hasta que se identifica el error específico en el inconsciente colectivo, y se despeja y entrega voluntariamente. Si bien teóricamente es posible funcionar en el nivel 700 (por ejemplo, Madre Teresa), en este nivel se producen retrasos en la gestión de los fenómenos que surgen internamente. Para facilitar esta transición conviene conocer el sistema de chakras y los diversos arquetipos jungianos del inconsciente colectivo. Estos están representados por diversos subgrupos sociales y culturales y sus posicionamientos y actitudes endémicos, que pueden ser diagnosticados o intuidos mediante la técnica de calibración de la conciencia.

La entrega a un nivel cada vez más profundo se convierte en una invitación a progresar en la conciencia *(consciousness/ awareness)*, y esto ocurre a un nivel situado más allá de la intención, porque el proceso evoluciona por sí mismo.

La actitud de invitar a la rendición puede compararse con una postura de conciencia muy "Yin", que también puede asemejarse físicamente a un *mudra* (posición manual clásica). Así, la postura general de la conciencia es la de "permitir" (recibir) en lugar de mantener una actitud más "Yang" e intencional (conseguir). Al alinearse con la entrega para ser un canal de la voluntad de Dios, la propia vida se transforma en una oración hasta que uno *es* la oración.

Como referencia

NIVELES DE CALIBRACIÓN DE ALGUNOS MAESTROS Y ESCRITOS QUE ESTÁN EN EL NIVEL 700

Maestros		Escritos	
Bodhidarma	795	*Bodhidharma, enseñanzas Zen*	795
Adi Sankaracharya	740	*Nube del no saber*	705
Moisés de León, de Granada	720	*Sutra del Diamante*	700
Dogen	740	*Sutra del Corazón*	780
Meister Eckhart	705	*Corán*	700
Mahatma Gandhi	760	*Sutra del Loto*	780
Nisargadatta Maharaj	720	*Nuevo Testamento* (versión Rey Jacobo, menos *Apocalipsis)*	790
Ramana Maharshi	720	*Rig Veda*	705
Patanjali	715	*Yoga Sutras,* Patanjali	740
Plotino	730	*Ramayana*	810
Shankara	710	Madre Teresa	710
Teresa de Ávila	715		

(Nota sobre Plotino: sus escritos disponibles, que vienen en la lista de los *Grandes Libros del Mundo Occidental,* calibran en 503. En su vida posterior el propio Plotino calibró en 730.)

Capítulo 18

PLENA ILUMINACIÓN
(NIVEL CALIBRADO 850-1.000)

Introducción

Si bien los niveles por encima de 600 son estadísticamente muy infrecuentes, los situados por encima de 850 lo son aún más. En los últimos mil años, durante el cincuenta por ciento del tiempo no ha habido nadie en el nivel 850, y durante el veinte por ciento de ese tiempo tampoco ha habido nadie que calibrara por encima del nivel 600. Las elevadísimas frecuencias energéticas de la iluminación transmiten una vibración al campo de la conciencia colectiva de la humanidad en general, y quedan inscritas en los campos áuricos (cuerpos etéricos de energía espiritual) de las personas espiritualmente alineadas mediante una "transmisión silenciosa". La frecuencia vibratoria de esta energía permanece dentro del cuerpo etérico espiritual durante largos periodos de tiempo, pudiendo durar (confirmado por la investigación de la calibración de la conciencia) hasta veinticinco encarnaciones, o incluso hasta mil años, esperando ser reivindicada.

El singular poder de los campos de los niveles extremadamente elevados también contrarresta las energías negativas que prevalecen en la mayoría de la población mundial, de la que, como hemos mencionado antes, actualmente el setenta y ocho por ciento permanece por debajo del nivel de calibración 200 (el cuarenta y nueve por ciento en Estados Unidos). El otro servicio que proveen los niveles de conciencia avanzados son informaciones que tienen un valor transformador, generalmente transmitidas a lo largo de los siglos en beneficio de los estudiantes espirituales. Muchas enseñanzas con esta calibración elevada tienen un origen muy antiguo, y fueron promulgadas a través de los antiguos *Vedas*, como los *Upanishads* y el *Bhagavad-Gita,* y también a través del *Nuevo Testamento*, el *Zohar* y otros textos. En algunos casos, los autores son desconocidos, pero las enseñanzas proceden de la Divinidad o de los Grandes Avatares que calibran en 1.000 (Cristo, Buda, Krishna, Zoroastro).

Fundamentalmente, los Grandes Maestros solo enseñaron la Verdad a los niveles más elevados. Las diversas religiones del mundo fueron establecidas posteriormente por sus seguidores, a veces muchos siglos después, lo que inadvertidamente permitió que se cometieran errores, como bien saben los eruditos bíblicos. Por lo tanto, los niveles calibrados de las religiones son inferiores a los de sus fundadores originales. Históricamente resulta raro e inusual que los Grandes Maestros sean los autores de los textos de sus enseñanzas. Así, a veces, las disparidades y errores son muy grandes, como la inclusión del *Apocalipsis* (que calibra en 70) en el *Nuevo Testamento.* Cuando se le retira, la calibración del *Nuevo Testamento* asciende de 640 a 880 (traducción Lamsa de la *Biblia).*

Los sabios iluminados eran fundamentalmente místicos autorrealizados o receptores de la Encarnación Divina, como Jesucristo. Las fuentes más remotas de las verdades espirituales superiores son los grandes sabios arios de la antigua India (por ejemplo, los *Vedas* y los *Upanishads).* Estos textos se originaron en torno a 5.000 a.C. Los sabios que alcanzaron el nivel 850 o superiores se convirtieron en maestros muy influyentes, y sus enseñanzas forman el núcleo de importantes escuelas y veneradas tradiciones espirituales. Así, una enseñanza importante retiene su valor intrínseco a lo largo de muchos siglos. Actualmente, la autenticidad y validez de los maestros y de sus enseñanzas pueden comprobarse gracias al emerger de la ciencia de la conciencia, y a su capacidad de calibrar y confirmar los niveles de verdad.

El número de sabios iluminados que han ejercido su influencia en la humanidad ha sido limitado a lo largo de los siglos, pero sus enseñanzas han sido esencialmente las mismas, aunque surgieron de manera independiente en distintas partes del mundo, en diferentes culturas y en diferentes milenios. Así, se puede decir que la verdad siempre es verdad, porque solo hay una verdad que descubrir. De los grandes maestros y de sus enseñanzas emanan campos energéticos de alta frecuencia extremadamente poderosos hacia la conciencia colectiva de la humanidad, sin los cuales es probable que esta se hubiera exterminado a sí misma (esta afirmación calibra como "verdadera").

Las dinámicas de la iluminación

En los niveles muy elevados, la experimentación subjetiva de la existencia ya no está limitada por el ego narcisista ni por los bloqueos psicológicos de los posicionamientos. Esta condición es consecuencia de haber ido entregando sucesivamente y a gran profundidad todas las limitaciones y los sistemas de creencias. El requisito es tener la mente constantemente concentrada en procesar los residuos emocionales y mentales de los niveles inferiores de conciencia y entregar todas las identidades y los sistemas de creencias. Lo que favorece y sustenta este proceso es el flujo continuo de energía espiritual *kundalini* hacia los cuerpos etéricos y espirituales superiores, situados por encima del chakra coronario.

El flujo de la energía *kundalini* es una respuesta a la entrega directa de la voluntad personal al maestro divino, avatar, sabio o divinidad, cualquiera que sea el nombre por el que se le invoque (como expresa el salmo noventa y uno, o las palabras de Krishna, o de Jesucristo cuando dice: "Todos los que me llaman por cualquier nombre son Míos y son queridos por Mí").

El Amor de Dios —a través de la adoración, la devoción, el compromiso, la declaración o el servicio desinteresado— es el catalizador y la invitación formal para que la Divinidad interceda a través del poder del campo de conciencia no lineal, que es omnisciente, omnipresente y omnipotente. Al entregar todas las resistencias, este poderoso campo no lineal se vuelve progresivamente dominante hasta acabar siendo una Presencia omniabarcante.

Trascender el nivel 850

Desde el punto de vista del intelecto, la dualidad problemática que encontramos en el nivel de conciencia 850 puede parecer algo académica y, por lo tanto, relativa a la metafísica, la teología o la ontología, pero cuando se alcanza este nivel experimentalmente, es mucho más que eso. Se trata de un paso importante que supone diferencias muy notables en el resultado, porque los devotos espirituales que alcanzan este nivel a menudo han sido influidos por lecturas erróneas de las enseñanzas de Buda, que malinterpretan el significado de la palabra "Vacío" y creen que la Nada/Vacío es el estado último, lo que definitivamente no es cierto, tal como determina la experiencia subjetiva y también la investigación de la calibración de la conciencia.

En el lenguaje espiritual tradicional, cada uno de estos niveles avanzados está "guardado" por los "dragones" de una dualidad. Esto es particularmente cierto en el nivel 850, donde la limitación que se presenta para ser trascendida es el enigma entre las aparentes alternativas/polos opuestos de si la Realidad última es la Totalidad o la Nada, la Existencia frente a la No-existencia.

El vacío de la Nada calibra en 850 y es el punto final de la vía negativa, que niega la realidad de toda *cosa* o de cualquier *cosa* (la forma lineal o la "coseidad" como apego). El error consiguiente es la suposición de que la trascendencia de toda forma es la única condición de la Budeidad. Es fácil cometer este error porque, a nivel experimental, la condición del Vacío es enormemente impresionante. Su despliegue es inefable, infinito, intemporal, unitario, omniabarcante, aquietado, silencioso, inamovible y, extrañamente, incluye una "conciencia de la no conciencia" que descarta incluso la aseidad o la existencia. Sin lugar a dudas, este estado está definitiva y experimentalmente más allá de la dualidad. En él no hay sujeto ni objeto; no queda nada que entregar ni queda nadie que se entregue; así, ciertamente, parece ser el estado último de la iluminación. Otra dificultad que hallamos en este nivel es que tampoco quedan maestros a quienes consultar, con quienes compartir o de quienes recabar confirmación, y mucho menos instrucción, porque el estado en sí es asombroso, y tal dirección no parece necesaria ni la experiencia se presta a ser confirmada.

Si el estado de Vacío (Nada) fuera la realidad última, sería una condición permanente, y no habría entidad para informar de él. Sin embargo, no lo es, y, por lo tanto, antes o después uno abandona el Vacío y retorna a la existencia consciente. A continuación, ocurre el fenómeno subjetivo y experimental de emerger repentinamente a la Existencia desde el olvido del Vacío. En esta vida, esta ocurrencia se produjo por vez primera cuando tenía tres años, como he descrito en otros textos. De repente, de la Nada y de la ausencia de conciencia surgió el *shock,* no solo de la Existencia, sino del descubrimiento de la dimensión física y de que un cuerpo acompañaba el retorno de la Nada al Ser. Así, en esta vida, el dilema que surge en el nivel de calibración 850 se presentó originalmente con fuerza al principio de la vida, y volvió a presentarse más adelante; en ese momento posterior fue rechazado y trascendido. Hicieron falta treinta y ocho años para resolverlo.

El conocimiento necesario para trascender este nivel es que el Amor Divino también es no lineal y carece de sujeto, objeto, forma, condicionalidad o ubicación. La limitación (incompleción) del Vacío se alcanza como consecuencia de la intensa dedicación al camino de la negación. Sin embargo, en él falta la comprensión de que el Amor es una cualidad primaria y no lineal de la Divinidad; el amor espiritual no es apego. El error del camino negativo consiste en la identificación errónea y el rechazo del Amor, porque, en la experiencia humana común y general es una limitación y un apego (entre un "yo" y un "tú" o un "ello").

En cambio, el Amor Divino es predominante, poderoso, abrumador, y es la cualidad primaria o esencia de la Presencia. Es profundo e incondicional, sin sujeto ni objeto. No es emocional; por el contrario, es una condición o estado liberador más que limitante. El Vacío (calibra en 850) es comparable al espacio infinito, vacuo y consciente. En cambio, la Presencia de la Divinidad es como el corazón del sol. No hay modo de confundirla, puesto que nos damos cuenta de que el Amor es el núcleo mismo y la Fuente de nuestro Ser.

Clarificación de los problemas del Vacío

Es posible seguir clarificando el tema del Vacío gracias a la investigación de la calibración de la conciencia, además de la experiencia subjetiva. La confusión surge del camino de la negación, así como de la terminología asociada con algunas declaraciones atribuidas a Buda (que aconsejó no emplear el término "Dios" para indicar la verdadera naturaleza de la Divinidad, debido a la desinformación generalizada). Las calibraciones siguientes resultan muy útiles para favorecer la comprensión:

Nivel de calibración

Realidad como testigo/observador	600
Arhat	800
Ver la naturaleza del propio ser	845
Vacío	850
Unicidad	850
Nada	850
Realidad como conciencia (*consciousness*)	850
Realidad como conciencia (*awareness*)	850
Omnisciencia	850
Omnipresencia	850
Omnipotencia	850
Totalidad	855
El Buda	1.000
El Creador	Infinito
Divinidad	Infinito
Dios	Infinito

Como puede verse en el cuadro anterior, el nivel de calibración 850 denota la identificación con atributos, cualidades o características de la Divinidad, pero no con la Divinidad misma. Así, Totalidad, Omnipresencia, No-linealidad, Unicidad, etc. son cualidades de la Divinidad pero carecen de la identidad central, que es la consciencia consciente de Dios como Divinidad y, por tanto, como Creador de lo visible y lo invisible (lo lineal y lo no lineal) y como Fuente de Amor y conciencia *(consciusness/awareness)*. Manifiestamente, las palabras elegidas para transmitir las enseñanzas de Buda tenían como finalidad evitar preconcepciones con respecto al término "Dios", pero como Buda calibraba en 1.000, él ciertamente estaba realizado en Dios.

La transición del nivel de calibración del 850 al 1.000 es consecuencia del rechazo del Vacío como realidad última, y de afirmar la Realización de que la Fuente de los estados iluminados es la *Divinidad* como *Dios,* que incluye todos los atributos que calibran en 850, *además* de Dios como *Amor* Infinito. La plena iluminación realiza la Presencia como Dios y Divinidad, como Fuente y Esencia de la Vida, la Creación, la Conciencia *(Consciousness/ Awareness)* y la Existencia. Por lo tanto, se describe a Dios como omnipotente, omnisciente y omnipresente, y tanto inmanente como trascendente, y también como manifestado y no manifestado (la Deídad). El nivel de calibración 1.000 es el último estado posible dentro del dominio humano (esta afirmación calibra como "verdadera").

Trascender el Vacío

Aunque los estudiantes de espiritualidad pueden considerar que el problema de trascender el Vacío es muy avanzado y de nivel extremadamente elevado, y por tanto no es probable que tengan que afrontarlo en esta vida, pueden estar muy equivocados, porque cualquier estudiante puede encontrarse repentinamente en un nivel extremadamente elevado sin previo aviso. Por tanto, se debe instruir a todos los estudiantes con antelación en cuanto a cómo gestionar los estados de conciencia muy avanzados. La afirmación de que el cielo y el infierno están a solo un milímetro de distancia es algo más que una frase manida. De hecho, uno puede pasar directamente de las profundidades del infierno a los estados más avanzados (experiencia subjetiva del autor, que se ha descrito en obras anteriores).

Una de las razones de los retrasos aparentemente interminables en el camino hacia la iluminación es la duda, que debe ser entregada como una resistencia. Es importante saber que es extremadamente raro que un ser humano se comprometa con la verdad espiritual hasta el punto de buscar seriamente la iluminación, y que los que están comprometidos lo están porque realmente están *destinados* a la iluminación.

En estos tiempos, la evolución espiritual avanza a un paso cada vez más acelerado y emocionante, y ciertas informaciones espirituales que nunca antes habían estado disponibles ahora son muy accesibles. El progreso del estudiante espiritual de nuestros días ya está acelerado y este estudiante cuenta con la ventaja de poder acceder a información espiritual que en el pasado estaba limitada a un selecto grupo de personas.

El progreso espiritual no sigue pasos graduales, convenientes y definibles, como parece implicar esta descripción de la trascendencia de los niveles de conciencia. Al contrario, es muy posible que se produzcan grandes e inesperados saltos en cualquier momento, y todos los estudiantes deberían contar con la información necesaria para afrontar ciertos momentos del camino. Es esencial disponer "desde el principio" del conocimiento que se necesita "al final".

Saber lo que se necesita saber para alcanzar los estados Divinos acelera el progreso. De otro modo, la ignorancia engendra un temor que se convierte en una resistencia inconsciente. Este temor se supera mediante la adquisición de la necesaria comprensión. Así, no habrá nada que temer y todo temor será una ilusión. Saber esto también es muy necesario en estados muy avanzados. Cualquier estudiante que se tome en serio el alineamiento espiritual y la devoción a Dios, al Amor y a la Verdad, al resto de la humanidad o al alivio del sufrimiento humano o de todos los seres sintientes ya está muy avanzado.

La aplicación consistente de cualquier principio espiritual puede producir inesperadamente un salto repentino y muy importante hacia niveles imprevistos. Es posible que en este punto no se tenga acceso a la memoria y que, en cambio, el Conocimiento de la Verdad Espiritual se presente silenciosamente. Los estudiantes espirituales deberían aceptar la realidad de que *ya disponen* de él. No podría ser de otra manera para el lector serio de un libro como este. La Divinidad conoce a los suyos; por lo tanto, aceptar esta verdad ya produce alegría. Si no se experimenta alegría al entenderla, eso significa que uno se está resistiendo a ella. Esta conciencia queda reforzada por la comprensión de que, en contra de lo que indica el paradigma newtoniano y dualista de la realidad, uno no es únicamente consecuencia del pasado. Al contrario, nuestra posición actual se debe a la atracción del potencial, porque tanto el pasado como el futuro son ilusiones. Por esto, el compromiso con la iluminación se convierte ahora en una especie de imán que nos empuja hacia ella, y la velocidad de la evolución queda en manos de la voluntad que tenga el individuo para entregar sus resistencias.

La iluminación no es una condición que ha de ser obtenida; simplemente es una certeza a la que rendirse, porque el Ser ya es nuestra Realidad. Es el Ser el que le lleva a uno hacia la información espiritual.

La rendición final

En los niveles de conciencia anteriores se han entregado las ilusiones de la percepción, así como las interpretaciones del "significado" y el valor superpuestos. Esto conduce a una pérdida de identificación con la emocionalidad o la linealidad de los procesos mentales, y a dejar de interesarnos por lo transitorio, incluyendo el cuerpo físico y los fenómenos mundanos.

Finalmente, la ilusión del testigo/observador también se disuelve en la conciencia *(awareness)/(consciousness)* misma, que, según se descubre, es impersonal y autónoma. Ya no está presente la limitación de la relación "causa/efecto" o del "cambio". La ilusión del "tiempo" también se disuelve en la Totalidad de la Divina Concordancia. No se siente atracción o aversión ni siquiera hacia la existencia misma, porque hasta lo manifestado se contempla como una consecuencia del discernimiento de la conciencia conceptual.

Todo ha sido entregado a Dios, y entonces solo queda el último remanente del yo como aparente fuente de vida: el núcleo del ego mismo, con la convicción de que él es el autor y la *fuente* primordial de la propia vida y existencia. A medida que esto surge, también lo hace el conocimiento de que "incluso esto" debe ser entregado a Dios. Esta última barrera viene señalada por el repentino estallido del último temor que quedaba, que es muy fuerte e intenso: el miedo básico a la muerte. Entonces surge el conocimiento, que ha ido naciendo en el aura espiritual, de que "todo temor es una ilusión" y de que "la muerte no es una posibilidad". La fe y la devoción permiten entregar esta última ilusión. Seguidamente, surge la temida y literal sensación de estar muriendo: una breve pero intensa agonía que, a diferencia de la muerte física, nunca antes había sido afrontada. Esta es la única y la última "muerte" posible. A medida que la agonía desaparece, se emerge a la Revelación de la Gloria Infinita de la Divinidad. El último vestigio del ego/mente desaparece en el Silencio de la Presencia. Resplandece la asombrosa perfección y belleza de la Totalidad de la Creación como Divinidad, y todo está aquietado, más allá de todo tiempo. *El Estado mismo* es *Gloria in Excelsis Deo*.

Como referencia

NIVELES CALIBRADOS DE ALGUNOS MAESTROS Y ESCRITOS QUE ESTÁN EN EL NIVEL 850+

Bhagavad-Gita	910
Huang Po, Zen	850
Biblia Lamsa (menos el *Apocalipsis* y el *Antiguo Testamento* excepto el *Génesis, Salmos,* y *Proverbios*)	880
Credo Niceno	895
Upanishads	970
Vedas	970
Zohar	905

Nota: Las enseñanzas Zen de Huang Po son problemáticas en el sentido de que describen el camino de negación y declaran equivocadamente que el estado del Vacío (que calibra en 850) es la condición última de la budeidad (que calibra en 1.000). Después de sus sermones clásicos sobre el Vacío, el propio Huang Po trascendió la limitación y finalmente alcanzó el nivel de conciencia 960 en una etapa posterior de la vida. Por lo tanto, niega solo lo lineal, pero no niegues la Realidad no lineal del Amor. Niega solo el apego especial, limitado y personal, que es una emocionalidad limitante. El Amor Divino es una cualidad universal y un contexto no lineal e innato: el Esplendor del contexto general.

Quinta sección

TRASCENDENCIA

Quinta sección-visión general

TRANSFORMACIÓN ESPIRITUAL

La combinación de atención e intención acelera el progreso de la evolución de la conciencia. En términos mundanos, el proceso puede explicarse a través del principio de Heisenberg, según el cual la introducción de la conciencia y la intención lleva al potencial a su realización. Esta explicación alude a la mecánica del fenómeno y se denomina "el colapso de la función de onda", como consecuencia del cual aparece seguidamente un emerger (en matemáticas, es la transición de las ecuaciones dependientes e independientes del tiempo de Schrödinger a su resolución a través de las ecuaciones Dirac).

Si bien el modelo científico es muy interesante e informativo, y confirma el efecto de la conciencia, no tiene en cuenta el poder relativo del nivel de conciencia del observador ni su intención. La objetividad científica calibra en 400, mientras que la intención espiritual es mucho más poderosa y calibra de 500 hacia arriba. Por ejemplo, en niveles de conciencia muy evolucionados, el simple hecho de tener en mente una resolución óptima tiende a traerla a la manifestación, y lo mismo ocurre con las afirmaciones (por ejemplo, "Mi vida está regida por el orden y la armonía").

Como demuestra el Mapa de la Conciencia, el poder calibrable sigue una progresión logarítmica; así, la evolución es facilitada gradualmente por los niveles superiores de avance espiritual, en comparación con la conciencia del observador científico, que en el caso típico calibra sobre los 400.

Por lo tanto, la influencia de la intención espiritual puede ser mil veces más intensa que el esfuerzo intelectual común (esta afirmación calibra como "verdadera"). Así, el devoto espiritual no tiene por qué defender su posición ante el materialista escéptico, basta con explicarle que simplemente está aplicando el principio de Heisenberg para beneficio y mejoramiento de sí mismo y del mundo.

Cuando aparecen fenómenos que están más allá de las expectativas de la lógica y la razón, tienden a describirse como "místicos, inefables o milagrosos" para denotar las consecuencias de la intención y la respuesta del campo contextual que produce un emerger. Por lo tanto, "esperar un milagro" o "rezar por el bien más alto" acelera la resolución del problema percibido. La renuncia a juzgar y al deseo de controlar los resultados también favorecen dicha resolución. Así, uno es "responsable del esfuerzo y no de los resultados" (un principio de los grupos espirituales de los doce pasos).

La renuncia a controlar el resultado también resulta beneficiosa porque imposibilita culparse por ellos o sentirse orgulloso de ellos. Que un resultado se considere deseable o indeseable depende del nivel de conciencia del observador (es decir, de sus posicionamientos).

El trabajo espiritual es gratificante y se extiende por sí mismo debido a la satisfacción interna de experimentar subjetivamente la realización del potencial. El enfoque de la atención, en y por sí mismo, tiende a favorecer el progreso, que se va haciendo gradualmente y sin esfuerzo. Es posible que se produzcan retrasos debido a las fuertes resistencias producto de una larga historia kármica previa, y es posible que hagan falta años para superarlos debido a su reforzamiento recurrente a lo largo de extensos periodos de tiempo.

El problema del paradigma

Cada persona experimenta, percibe e interpreta el mundo y sus sucesos de acuerdo con su propio nivel predominante de conciencia. Esto queda reforzado todavía más por la tendencia de la mente a explicar e interpretar los datos percibidos. Así, cada nivel tiende a autorreforzarse por los circuitos de la cosificación, o tendencia a cosificar los aspectos abstractos. Este proceso da como resultado lo que se ha descrito óptimamente como "fidelidad al paradigma", o la presunción de que el mundo percibido/experimentado representa la "realidad".

Como la mente, por virtud de su estructura innata, es incapaz de diferenciar la percepción de la esencia, o la *res cogitans (interna)* de la *res extensa (externa),* supone ingenuamente que experimenta la "realidad" y, por tanto, la conoce, y consecuentemente los demás puntos de vista deben estar "equivocados". Este fenómeno constituye una ilusión, y es la consecuencia automática de las limitaciones que son producto del proceso mental.

Las personas tienden a reunirse con otras que comparten el mismo paradigma por comodidad y para reforzar su mentalidad. Al paradigma también se le designa como "dimensión", y de manera más específica como "contexto" o "campo general". La filosofía aborda este problema mediante la "metafísica", que literalmente significa "más allá de lo físico". A través de ella, la mente deriva niveles y categorías de abstracción (por ejemplo, especie, clase, género, etc.) o características comunes (viviente frente a inerte).

El contexto determina parámetros con cualificaciones y límites declarados o implicados, así como requisitos y elementos específicos que identifican los niveles de abstracción, que a su vez modifican o determinan el "significado" (hermenéutica), que concuerda con las evaluaciones de valor, sentido y valía.

El paradigma también mantiene cierto paralelismo con la expectativa y la intención, del mismo modo que un motor de búsqueda en internet preselecciona el rango de posibles descubrimientos. Así, el paradigma predetermina dentro del rango de posibles experiencias o descubrimientos, siendo un factor que la conciencia común pasa por alto. Pocas veces se le define directamente; la mayoría de las veces simplemente se presume.

La importancia del paradigma se ve de manera destacada en el nivel de conciencia 200 y, con más claridad, en la transición del paradigma newtoniano a la mecánica cuántica, y después de nuevo en el nivel de conciencia 500, cuando emerge la subjetividad del amor. El siguiente gran salto (muy infrecuente) se produce en el nivel de conciencia 600, que marca la trascendencia del dominio lineal y el emerger de la dimensión no lineal. Esto refleja la diferenciación entre el contenido (lineal) y el contexto (no lineal), tal como muestra la clasificación siguiente:

Debajo de 200	200 a 499	500 a 600	Más de 600
Contenido lineal	Contenido más contexto	Contexto más contenido	Contexto
Literal, concreto	Objetivo	Subjetivo	Efímero
Materialista	Moral	Amoroso	Compasión
Causa-efecto	Causa-efecto	Intencional	Despliegue
Mundano	Sofisticado	Abstracto	Conciencia/testigo
Fisiología del cerebro izquierdo	Fisiología del cerebro derecho	Etérico más cerebro derecho	Cerebro etérico
Definible, describible	Identificable	Experiencial	Confirmable
Mecánico, simplista	Multifactorial	Volicional	Emergente
"Animal"	"Humano"	Espiritual	Iluminado
"Pensar"	Razón	Apreciar, valorar	Conocimiento
Cuerpo	Mente	Espíritu	Presencia
Narcisista	Yo y los demás	Altruista	Ser

A partir de lo anterior queda claro que el contexto afecta profundamente al sentido, significado, importancia y valor de la experiencia. También quedan afectadas las expectativas, que por sí mismas son inadvertidamente selectivas y colorean la experiencia, e incluso las percepciones.

La dimensión lineal está dentro del dominio de lo objetivo y "capaz de ser probado", mientras que lo no lineal es declarable, demostrable y confirmable, pero fundamentalmente subjetivo y experiencial. Lo no lineal no está sujeto a lo lineal, y no es definible ni describible a través de ello, puesto que son paradigmas distintos pero no mutuamente excluyentes. Tradicionalmente, estos contrastes han sido señalados por la diferenciación entre la ciencia académica (newtoniana) y la ciencia clínica. La primera predice resultados, mientras que la segunda está sujeta a numerosas influencias del contexto, como la intención, la integridad del propósito, el nivel de calibración de los participantes y muchas variables identificables, pero también muchas otras desconocidas. Así, el profesional clínico veterano emplea todas las modalidades apropiadas que por la experiencia han demostrado ser beneficiosas (por ejemplo, las modalidades "no tradicionales").

Los académicos lidian con previsiones y estadísticas mientras que el profesional clínico trata con resultados; por lo tanto, tiene que "tener corazón", aunque este elemento no se mida en los académicos. El médico maduro a menudo tiene experiencias clínicas con personas y situaciones que no han respondido a las propuestas académicas.

Mientras que la ciencia académica no reconoce la validez de ideologías y métodos "no científicos", o incluso los denigra, el profesional clínico es más versátil e intelectualmente humilde y, por tanto, se interesa por lo que funciona. Tal vez el ejemplo más conocido y universalmente renombrado es el de Alcohólicos Anónimos, mediante el cual millones de los más desesperanzados han conseguido recuperarse, incluyendo a muchas personas con perfiles destacados, celebridades e incluso presidentes. También se incluyen en la recuperación miles de médicos y otros profesionales. Alcohólicos Anónimos es una organización decididamente "no científica", exclusiva y puramente espiritual, y sin embargo muy poderosa y eficaz. A menudo, el alcohólico activo solo acude a AA después de haber pasado por los tratamientos académicos habituales. Sin embargo, el principal requisito para la recuperación es la humildad "no científica" y la rendición a un Poder Superior.

Así, el paradigma espiritual y el científico son totalmente diferentes, y cada uno tiene su lugar y es apropiado en la sociedad. El hecho de que haya una ciencia fraudulenta no refuta la buena ciencia, del mismo modo que la pseudo espiritualidad no refuta la verdadera y auténtica espiritualidad.

En la evolución de la conciencia, la capacidad de entender la espiritualidad no aparece hasta el nivel de calibración 200, en concordancia con un cambio en la fisiología cerebral y los circuitos de procesamiento de información. Así, la incapacidad de comprender la espiritualidad representa una limitación fisiológica evolutiva que puede ser calibrada incluso en el momento del nacimiento; un ejemplo de esto es la conocida cita del Capítulo 5 del manual de AA: "Hay desafortunados que, por constitución, son incapaces de ser honestos consigo mismos. No es culpa suya. Parecen haber nacido así, pero incluso algunos de ellos llegan a curarse si tienen la voluntad".

Tentaciones

La evolución espiritual es un proceso de desarrollo, emergencia y purificación que es consecuencia de aquello en lo que uno se ha convertido, en lugar de ser el resultado de lo que uno está haciendo o de lo que ha sido. Es posible acabar con los errores espirituales mediante la humildad, la precaución y estando previamente advertido. Hemos aludido a las tentaciones que se presentan a lo largo del camino en los comentarios de los distintos niveles. Lo mejor es revisarlas periódicamente para mantenerse en guardia. Las tentaciones que pertenecen a los niveles por debajo de 200 a menudo son reprimidas y, por lo tanto, pueden volver a surgir inesperadamente en los niveles por encima de 200.

Como revisión:

Nivel	Tentación
Coraje	Bravuconería, creerse muy macho, tomar riesgos
Neutralidad	Indiferencia, retirada
Buena disposición	Compromiso excesivo, involucrarse en exceso
Aceptación	No emprender la acción adecuada
Razón	Intelectualismo, quedarse atascado en la relación de causa y efecto, racionalización
Amor	Seducción, explotación, identificación errónea con lo personal
Alegría/éxtasis	Juicio impreciso

El orgullo puede volver en cualquier nivel, acompañado por la tentación de explotar los títulos espirituales o de controlar a los seguidores. El orgullo espiritual puede llevar a estimar excesivamente el yo como si fuera el Ser, y a hacer declaraciones como "estoy por encima de Jesús", "soy un gran líder", o aclamarse a uno mismo como "obrador de milagros" o como un "avatar" y exhibir ambiciones globales.

Los dones espirituales son una Gracia, que es resultado de la humildad que reconoce el estado y, sin embargo, no asume méritos por él. Eso produciría inflación egótica, grandiosidad y malinterpretación de la verdad, pudiendo llevar al deseo de controlar a los demás, así como al glamur y a la exhibición teatral, o a la explotación de los fenómenos que son consecuencia de los *siddhis**. Las cualidades o los fenómenos sobrenaturales no proceden del yo personal, sino del campo. Es un error atribuirse un mérito personal o pensar que uno es especial.

La vulnerabilidad ante las tentaciones es consecuencia de la falta de precaución y preparación, o de la negación, motivada por el deseo de ganancias o por el orgullo. También puede estar presente la atracción del ego espiritual hacia el estatus, el rango

---

* Poderes sobrenaturales

y la adulación de los seguidores como consecuencia de la fama. A los profesores se les pone en un pedestal, lo que fácilmente puede producir la inflación de su ego espiritual o un sentimiento de importancia. Hay que reafirmar la humildad y la gratitud por los dones recibidos del espíritu. La energía espiritual también puede provocar curaciones cuando las propensiones kármicas son favorables. Es un error reivindicar méritos personales o explotar estos fenómenos, de los que el profesor es testigo en lugar de ser causa. Por lo tanto, hay que respetar los dones psíquicos y usarlos para el bien mayor, y no para la ganancia personal.

Trascender las tentaciones

La vulnerabilidad persiste mientras haya deseo de ganancias, control, riqueza, placer sensual, orgullo o vanidad. Con la madurez espiritual, la percepción queda reemplazada por la visión, que refleja la esencia y la verdad espiritual, y capacita para ver los autoengaños. La visión está asociada con la sabiduría espiritual, que deja claro que la explotación conduce a la pérdida y a la caída, en lugar de a tener más ascendente.

La pureza espiritual es consecuencia de la honestidad con uno mismo, un resultado de la verdadera devoción. Ser un servidor de Dios es alinearse con la Guía Divina que lleva a mirar hacia el Ser, en lugar de a proveer para el yo o para el mundo.

Un fuerte sentido de la responsabilidad kármica también genera fortaleza y ofrece la seguridad de la humildad. Nos hace conscientes de que son muchos los que después de ser "grandes" han cedido a la tentación y han caído en la trampa del autoengaño y la racionalización.

El mundo ofrece grandes oportunidades de ascender, pero también de descender, y esto solo ocurre como consecuencia de un acto de voluntad. Por lo tanto, ni las excusas ni culpar a otros impide sufrir las consecuencias. También es posible resolver dudas mediante las técnicas de calibración de la conciencia, que son muy simples: tan simples como preguntar si una acción o decisión está al servicio del bien más alto.

El ego espiritual

La devoción y la dedicación a veces conducen a lo que puede ser descrito óptimamente como "exceso de ambición" o de celo, o incluso al fanatismo, todos los cuales representan desequilibrios. Un error que se comete frecuentemente es el de intentar forzar la subida de la energía *kundalini* mediante ejercicios y prácticas artificiales. La *kundalini* asciende automáticamente a su nivel adecuado de acuerdo con el campo de energía que corresponde al nivel de conciencia prevaleciente. Esto es consecuencia de aquello en lo que uno se ha "convertido" y de lo que uno "es". Forzar la energía espiritual por medios manipulativos puede causar desórdenes y desequilibrios serios, e incluso estados mentales irracionales de confusión o engaño. Pueden producirse estados grandiosos y pretensiones de ser un "profeta", o incluso "Jesucristo" o un "mesías" (estos estados fueron observados durante los años en los que el autor fue consultor de muchos grupos religiosos y espirituales).

Algunas prácticas espirituales también pueden conducir a estados alterados de conciencia y de autosugestión que pueden confundirse con los estados espirituales. Si bien los mantras y ciertas prácticas repetitivas pueden ser valiosas, dependiendo del nivel calibrado de verdad y de la intención que hay detrás, también pueden convertirse en sustitutos de las progresivas compresiones que subyacen al verdadero avance espiritual y lo sustancian. Nuestro verdadero estado se refleja en aquello en lo que nos hemos convertido, más que en lo que hacemos o creemos. Así, es mejor pasar por alto las prácticas ocultas, las manipulaciones mágicas y las gimnasias a favor del verdadero crecimiento espiritual. Lo que facilita el progreso es estar dispuesto a entregar la ambición a Dios. Es posible evitar los errores manteniéndose alerta al deseo de sobrevivir del ego adueñándose del proceso espiritual.

El atractivo de los siddhis

Hay muchas técnicas y sistemas supuestamente "espirituales" que se promueven y comercializan mediante testimonios y celebridades. La comercialización abierta revela la intención general, que es obtener beneficios más que la verdadera evolución espiritual del buscador ingenuo. Sin bien algunas técnicas son ciertamente valiosas, se pueden conseguir gratuitamente en un libro de texto sobre espiritualidad que sea íntegro. Igualmente peligrosos son el proselitismo y la seducción de una variedad de sectas basadas en el glamur de sus líderes, el control de los seguidores, las conocidas técnicas de lavado de cerebro, las expectativas económicas y sexuales, y el control sobre las vidas personales. Todos los anteriores calibran extremadamente bajo. Hay mucha información disponible sobre estas prácticas si se busca bajo el titular "sectas". Estas organizaciones también están especializadas en técnicas de atrapar, seducir y hacer que la persona se sienta especial, y en la explotación de la inocencia y la ingenuidad.

El ego espiritual ve el progreso como una ganancia o como estatus, más que como un don, y por lo tanto como una responsabilidad. Incluso puede mostrar una pseudohumildad y una piedad exagerada, pudiendo volverse muy santurrón. También le impresionan el rango, los títulos y la adulación de grandes números de seguidores, así como el despliegue pomposo, el teatro y la manipulación de los fenómenos paranormales. El tráfico de poderes paranormales supone un aviso serio, puesto que su atractivo es evidente para el ego, que se siente fascinado por ellos (teleportación, telequinesis, visión a distancia, bilocación, levitación, materialización de objetos, proyección astral y otros, incluyendo el fenómeno *Doppelganger* o (el doble).

Desear un *siddhi* por sí mismo ya nos advierte de que el ego espiritual está buscando ser especial. Los verdaderos fenómenos paranormales no son intencionales ni volitivos, sino espontáneos y surgen de manera autónoma. Definitivamente, no son consecuencia de técnicas, y tampoco pueden enseñarse ni aprenderse, y mucho menos por un precio. Las gimnasias artísticas que se enseñan a cambio de dinero calibran por debajo de 200. Para empezar, la intención no es íntegra, aunque a menudo puede achacarse a la ingenuidad. Aprender el truco de convertir el agua en vino no le convierte a uno en Jesucristo. Estas imitaciones han florecido durante siglos en India, reemergiendo ahora como proyectos comercializados en el mundo occidental. Cualquier aspirante que desee alcanzar la iluminación debe evitarlas. Aquí es aplicable en gran medida el principio *"caveat emptor"*, el comprador debe estar precavido. Los *shiddis* son un regalo de Dios, no habilidades comerciales artificialmente adquiridas. Por lo tanto, decididamente no son consecuencia del entrenamiento ni de la práctica.

Los verdaderos siddhis

Estos fenómenos ocurren de manera natural y espontánea en el nivel de conciencia de aproximadamente 540 como consecuencia del poder intrínseco del propio campo de conciencia. Son intrigantes, interesantes y agradables, pero no deseables por sí mismos. Por lo tanto, son parecidos a la agradable sorpresa de un arcoíris repentino (que también puede producirse espontáneamente). No hay intención involucrada. Lo que se tiene en mente puede realizarse o no. La mayoría de las veces estos fenómenos no están previstos, pero después de algún tiempo su recurrencia nos lleva a pensar que son probables. Lo que precede a la aparición de estos fenómenos aparentemente milagrosos es nuestro posicionamiento asiduo en los principios espirituales básicos (de ahí, el título del tratado espiritual *Un curso de milagros*, que calibra en 600).

Los fenómenos observados también son vistos por otros, y por lo tanto no son observaciones personales y subjetivas. Puede ocurrir cualquiera de los *siddhis* o pueden ocurrir todos ellos, y todos son espontáneos y están fuera de la contextualización de causa y efecto. Los *siddhis* son la realización de un potencial cuando se dan las condiciones propicias, como cuando se está en un estado de conciencia elevado.

La manera de observar los verdaderos *siddhis* es simple y está libre de exigencias económicas, de prácticas repetitivas, entrenamientos o instrucciones de los adeptos:

1 Entrega toda atracción o deseo por los propios *siddhis;* son un espejismo y una distracción.
2 Entrega cada momento a Dios, incluyendo todas las atracciones, aversiones y deseos de control o de ganancia.
3 Elige ser incondicionalmente compasivo y perdonar a la totalidad de la vida en todas sus expresiones.
4 Elige ver la belleza, la perfección y la sacralidad de toda vida.

Sistemas de salud íntegros

En contraste con las imitaciones de los *siddhis* artificialmente manipuladas, existen ejercicios y sistemas de salud, íntegros y destinados a acumular energía, que están diseñados para mejorar la salud, la felicidad y el nivel de funcionamiento. Se ha de pagar una cuota adecuada por ellos, pues requieren profesores, clases, formadores, etc. A diferencia de los nocivos, estos programas calibran por encima de 200 y están destinados a mejorar la forma física y la sensación de bienestar ("una mente sana en un cuerpo sano"). El aprecio por la vida a menudo comienza por prestar más atención a su calidad, incluyendo la estética.

Capítulo 19

LIMITACIONES Y DISTRACCIONES

Introducción

Aunque la literatura espiritual ofrece una enorme cantidad de información sobre la realidad espiritual y la experimentación de sus verdades, parece haber escasez de algunos detalles importantes y de la información necesaria para el estudiante. Hay muchas cosas que es útil saber y que no aparecen en la literatura tradicional a menos que uno las busque, aunque también es posible concluir que dichos sucesos son fundamentalmente de interés histórico, más que circunstancias que puedan haber ocurrido a cualquier viajero espiritual seriamente comprometido. Es mejor disponer de estos conocimientos con antelación porque cabe la posibilidad de que, cuando ocurra alguna situación en la que se necesiten, no haya nadie alrededor para consultar. Por lo tanto, algunas de estas informaciones tienen valor práctico e impiden la consternación y la confusión.

Comentario

La mayoría de los comentarios sobre la vida espiritual comienzan en la base de la escala de la conciencia y ascienden hacia su cima, pero en este caso es importante empezar por arriba y bajar, porque la cima de la escala de la conciencia es el destino de todo estudiante espiritual que mantenga un compromiso serio. Pueden surgir estados de conciencia avanzados e inesperados sin previo aviso. Por lo tanto, trascender más allá del nivel 850 puede entrañar ciertos problemas que conviene conocer con antelación. Dichos problemas son concomitantes a la entrada en campos de conciencia muy poderosos y energéticos, para los que el sistema humano no está preparado debido a que no han ocurrido con frecuencia a lo largo de la evolución del *homo sapiens*. Se puede ver que, a medida que los niveles ascienden, su poder aumenta en progresión logarítmica en los campos energéticos de alta frecuencia. Así, se producen grandes incrementos, no solo en el poder de la propia energía, sino también en su frecuencia vibratoria. Una analogía sería comparar la capacidad de una antigua radio por válvula de vacío con la de un transistor actual, o pedir a un cable de 110 voltios que transporte una corriente de 6.000 voltios.

A nivel subjetivo, el cuerpo puede sentir intermitentemente como si los propios nervios estuvieran demasiado estresados. Esto puede experimentarse como una incómoda sensación de quemazón generalizada, como si nuestra aura estuviera ardiendo. Y puede ir acompañado de dolores estresantes, de sentimientos repentinos de debilidad o de incapacidad para funcionar. Estas vicisitudes son comunes en la historia de los místicos y en los relatos de sabios muy conocidos de la antigüedad que compartieron los problemas y sufrimientos que vivieron.

La capacidad de investigar la conciencia personal empleando para diagnosticar la técnica del test muscular puede ser de gran ayuda en estas etapas, y mediante la oración es posible intuir y hacer consciente la fuente de la resistencia. En niveles muy avanzados, las resistencias y posicionamientos no surgen del ego personal, sino de la conciencia colectiva de la humanidad. Así, para localizar la fuente del conflicto no resulta fructífero examinar la propia conciencia personal, sino los niveles de conciencia generales de la humanidad en sus principales movimientos a lo largo del tiempo. Por ejemplo, pueden surgir juicios, indignación o incluso furia por los sufrimientos de la humanidad, aunque personalmente uno haya superado esa dualidad.

Aunque el yo personal puede haber trascendido las polaridades correcto/equivocado, bueno/malo, digno de amor/indigno de amor, estas percepciones y posicionamientos no están resueltos en las capas más profundas del inconsciente colectivo. Con profunda oración y humildad podemos entregar a Dios el destino de la humanidad a niveles cada vez más amplios, porque se hace evidente que todo lo que se observa está de acuerdo con la Divina Sabiduría y Providencia. La vida en el mundo nos ofrece las máximas oportunidades para la evolución de la conciencia mediante el deshacimiento del karma negativo del pasado y la acumulación de karma positivo tanto a nivel individual como grupal.

Una revisión rápida de la historia de la humanidad revela lo evidente: como mínimo, hay mucho "karma negativo" que deshacer. Generaciones enteras han estado de acuerdo con las formas más burdas de brutalidad, salvajismo y con conductas bárbaras que continúan hasta el día de hoy. Así, podemos dedicar este mundo al servicio del bien más alto teniendo en cuenta que es un taller donde se dan las máximas oportunidades. Como dijo Buda, es raro y extremadamente afortunado nacer como ser humano. Aún más raro es oír hablar de la verdad y todavía más raro es buscarla (Iluminación).

Otro factor que puede alterar inesperadamente nuestra capacidad de funcionar en estados de conciencia muy avanzados es que las capacidades y los intereses anteriores de tipo "cerebro izquierdo" (lineales) declinan. El Ser es no lineal, y hace falta una considerable cantidad de energía para procesar la información lineal secuencial, especialmente cuando entramos en los detalles. Así, es muy probable que el mundo de la tecnología, con sus dispositivos y múltiples opciones operativas, esté mucho más allá de nuestra capacidad. A menos que un aparato funcione con un simple interruptor de encendido y apagado, es probable que lo descuidemos totalmente. Por otra parte, no hay ningún problema de concentración en absoluto; de hecho, sucede justo lo contrario porque la suspensión del proceso mental la facilita.

También hay periodos imprevistos en los que aparece la opción de retirarse del cuerpo mismo, incluso en momentos aparentemente muy extraños. Esto hace surgir cualquier atracción o aversión residual que pudiera quedar a la vida mundana, y la opción de desvincularse del cuerpo puede resultar atractiva y tiene que ser entregada a Dios. Esto ocurre a otro nivel diferente que cuando se trabajó en los niveles anteriores de apego, aversión o identificación con el cuerpo físico. Cuando aparece esta opción de irse, simplemente es observada. La opción en sí es muy clara y abierta; por lo tanto, uno simplemente observa si el cuerpo va a tomarla o no. La voluntad y la elección personal no están involucradas en este asunto. Evidentemente, el resultado depende de la Divinidad en función de la propia herencia kármica.

También se producen otras alteraciones transitorias que guardan relación con cambios en el equilibrio e interpretación de los datos procedentes de los sentidos. A diferencia de la experiencia en etapas anteriores de la vida, la comunicación se produce a otro nivel, y lo que la gente expresa en su lenguaje parece ininteligible y, de hecho, carente de sentido. Mediante la oración uno puede pedir al Espíritu Santo que lo interprete y traduzca para que pueda entenderse. No hace falta reiterar esta intención y se percibe que hay un segundo de retraso entre lo que se oye y la traducción interna que revela su significado. Es como ser parcialmente sordo o como tener un problema de aprendizaje, aunque uno aprende rápidamente a encubrir el retraso (debido a la ausencia de "experimentador"), y responde frecuentemente a las conversaciones preguntando "¿qué?". Cuando la comunicación ha sido traducida y el significado está claro, parece que el punto central de una larga conversación puede resumirse en unas pocas palabras. En general, esta dificultad es debida a la disparidad de estilos de procesamiento entre la presentación lineal y la conciencia no lineal.

El significado de la comunicación está en su esencia más que en los detalles de la forma. Así, la respuesta espiritual del Ser interno puede ser muy breve y críptica precisamente porque se centra en la esencia de la cuestión. El que pregunta está expresando no solo linealidad y una presunta secuencia, sino también las formas sujeto/objeto y causa/efecto propias del contexto newtoniano, además de la separación esto/eso. Durante un periodo de tiempo variable, en realidad la socialización y el discurso acostumbrados no son bien recibidos ni fáciles de realizar. Entre tanto, el cuerpo sigue actuando espontáneamente de acuerdo con sus propensiones kármicas dondequiera que parezca ser útil a la Divinidad, y sus asuntos no son motivo de preocupación.

El ajuste con el que uno se encuentra a partir del nivel 600 hacia arriba se produce porque la mente se queda en silencio y ya no procesa los datos al estilo lineal y secuencial. Así, el habitual banco de datos de la memoria ya no se procesa siguiendo la lógica secuencial ni la compartimentalización prioritaria. Por ejemplo, en la vida cotidiana seguimos un objeto perdido hacia atrás con la memoria, buscando sus movimientos anteriores en el marco temporal. En cambio, en la condición no lineal, sin tiempo ni secuencia, ya no hay pregunta que plantear; la situación se presenta por sí misma y la respuesta surge instantáneamente del silencio sin procesarla.

En los niveles de conciencia inferiores a 600 también es posible acceder a otro proceso de rapidez parecida empleando la técnica del test muscular. "Verdadero" o "falso" es una respuesta instantánea de la conciencia, que tiene en cuenta una enorme cantidad de datos más allá de la lógica, de los procesos mentales y del procesamiento de la información. Si bien la designación numérica es adecuada para los proyectos de investigación de la conciencia, no lo es necesariamente en la práctica diaria, puesto que la gran mayoría de las preguntas pueden contestarse con un simple "sí" o "no". Para proveer el equivalente de lo que es accesible mediante las técnicas del test muscular o del funcionamiento espontáneo del silencio, el Ser no lineal necesitaría una gran cantidad de ordenadores, y ni tan siquiera entonces sería capaz de procesar las necesarias evaluaciones de calidad, importancia, deseabilidad, atractivo, valor, integridad, etc. Por ejemplo, para evaluar plenamente una oferta de trabajo habría que integrar cerca de un millón de factores, cualquiera de los cuales podría determinar el éxito o el fracaso. Las opciones en la elección de un trabajo incluyen una enorme complejidad de datos, como la idoneidad del ambiente, la capacidad de congeniar, la excelencia del encaje o la adecuación kármica, así como la probabilidad de que se den una enorme cantidad de factores económicos y sociales. Y aunque fuera posible procesar todos estos datos, solo se proporcionaría la mejor estimación posible.

En cambio, el propio campo de conciencia, por virtud de su omnipresencia y omnisciencia, traduce automáticamente este infinito número de factores en una singularidad, como un "sí" o un "no". Esta ocurrencia incluye automáticamente tanto factores conscientes como inconscientes, y también preguntas no planteadas. Todo esto está correlacionado con la adaptación al nivel de conciencia del preguntador. También hay que considerar la disparidad entre la visión del mundo que tiene el ego y la del Ser, puesto que lo que al ego le puede parecer una pérdida en realidad es una victoria para el espíritu (por ejemplo, pagar una deuda kármica para despejar el camino y que la conciencia pueda continuar evolucionando). Así, el ego/yo puede sentir que está perdiendo, mientras el espíritu siente que está ganando.

El impacto del compromiso espiritual

Los estudiantes que se inician en el camino de la espiritualidad esperan que "volverse espiritual" les producirá una especie de felicidad infantil y mágica que les transportará a una condición celestial libre de tensiones, y de mayor calidad y placer para uno mismo y para los demás. Esto es válido cuando se transita de un nivel de conciencia por debajo de 200 a otro por encima de 200, donde es cierto que la tasa de felicidad aumenta muy rápidamente.

Continuar evolucionando requiere desarrollar el coraje, la determinación, alinear las prioridades con la intención y, finalmente, comprometerse. Si se comprende que es normal encontrar vicisitudes a lo largo del camino, no producirán desaliento. Aunque cada nivel de conciencia tiene sus atracciones y aversiones intrínsecas que superar, por encima del nivel 200 está presente la facilitación y la ayuda de la energía espiritual que falta en los niveles inferiores. El motor espiritual despliega más potencia a medida que se recorre la ruta. Obstáculos que parecen difíciles o incluso imposibles de superar en los niveles inferiores se superan fácilmente en los superiores, y mediante el poder de la intención a menudo desaparecen espontáneamente al tomar conciencia de ellos. Así, la evolución y el progreso se convierten en una consecuencia del poder del campo mismo, más que de la voluntad o el esfuerzo personal.

Transitar por encima del nivel 200 puede requerir el apoyo y la sabiduría de los grupos espirituales, como los basados en la fe y los religiosos, o de grupos específicos de estudio espiritual.

La intención espiritual y el compromiso, especialmente cuando van acompañados de oración, declaración, invocación y devoción, cambian el campo de conciencia predominante e influyente, que está coordinado por su poderoso "campo atractor" de energía. Así, la intención y la declaración espirituales, inadvertidamente y a menudo más allá de la conciencia, cambian las reglas que rigen nuestro vivir, y situaciones de vida aparentemente dispares —incluyendo las emociones— ahora se orquestan desde otro nivel, que a menudo tampoco coincide con las expectativas acostumbradas, el ego personal y la sociedad. Pueden producirse conflictos transitorios en situaciones emocionales o personales porque los objetivos del Espíritu/Ser no son los del ego/yo.

El perdón es una herramienta extremadamente importante y crucial, en especial cuando se combina con la disposición hacia la humildad y la aceptación de la falibilidad del ser humano y su propensión al error. Desde la intención espiritual, la renuncia a las opciones egoístas puede parecer un sacrificio, pero, cuando se recontextualiza, dicha renuncia aporta un regalo oculto. Por analogía, podría decirse que el compromiso espiritual hace aparecer una nueva pantalla de radar en nuestro ordenador espiritual. Desde un punto de vista condensado, equivale a todo un sistema educativo específicamente diseñado para el devoto, que tiene en cuenta una enorme multiplicidad de factores situados más allá de la comprensión. La técnica de calibración de la conciencia permite confirmar que el compromiso espiritual hace emerger un programa espiritual diseñado de manera específica, autónoma y precisa que toma en consideración una enorme multiplicidad de factores, incluyendo detalles kármicos. El ego es incapaz de trascender este adiestramiento espiritual personalizado, que solo el don de la Gracia posibilita.

A veces resulta desalentador descubrir que entregarse al Ser en nombre de la salvación y la evolución espiritual está en conflicto con las esquivas maquinaciones del ego para conservar el control. Puedes estar seguro de que el núcleo narcisista del ego no dará la bienvenida a la humildad, ni al hecho de que la mente común, sin ayuda, es intrínsecamente incapaz de entender la diferencia entre verdad y falsedad.

También conviene saber de antemano que el sufrimiento no es intrínseco al progreso espiritual, sino que se debe estrictamente a la resistencia al mismo. El sufrimiento es debido a que arrastramos nuestros pies espirituales y a la insistencia del ego en hacer las cosas a su manera. Lo que resulta útil a la evolución de la conciencia es dejar de considerar que el ego es Dios y dirigirse hacia la Divinidad.

Si se van entregando todas las experiencias de vida a medida que ocurren, la gratitud las transforma en milagros y se ven como regalos. Esta transformación no entra en el ámbito de la voluntad humana, sino que es un regalo de la Gracia de Dios. Dedicar la propia vida a servir a Dios, a crecer espiritualmente y a comprometerse con el servicio a la Divinidad son actos muy poderosos de la voluntad humana. La fe se refuerza cuando recordamos las promesas del salmo noventa y uno y de los *Upanishads:* "Todos los que Me llamáis por cualquier nombre sois Míos y queridos para Mí." La fe en la infinita benevolencia del Amor Divino es, en sí misma, transformadora. A veces, esto es lo único a lo que uno se agarra en momentos de desesperación.

La herramienta de la simplicidad

Otro retraso en el camino de la Iluminación viene de suponer que uno tiene que dominar y asimilar grandes cantidades de información a fin de conseguir el éxito espiritual. Las bibliotecas espirituales suelen contener cientos de libros, y además hay incontables talleres, grupos de formación, y derivaciones que pueden conducir a un intenso estudio de la teología, de la metafísica, de los filósofos, de las historias religiosas y similares. Aunque a lo largo del camino surge información valiosa, a menudo acaba siendo más una interferencia que una ayuda, porque la erudición acumulada refuerza el orgullo espiritual y el autoengaño de que "yo sé".

Para abrirse paso en medio de la complejidad, en realidad solo es necesario saber y aplicar unas pocas herramientas espirituales, cuya eficacia queda enormemente potenciada por la consistencia en su práctica y su aplicación continua a todo y sin excepciones. Para ser útil y servicial, la herramienta tiene que ser simple y breve, consistiendo tal vez en un único concepto. Se ha de recordar que la evolución espiritual no es consecuencia de saber cosas acerca de la verdad, sino de estar dispuesto a convertirse en la verdad. Aprender sobre la realidad espiritual es interesante y tiene algún beneficio. Lo mejor es elegir por medio de la intuición y la atracción a un maestro espiritual y una enseñanza o escuela con los que uno se sienta alineado, y cuya validez haya sido verificada mediante las técnicas de calibración de la conciencia.

Herramientas simples de gran valor

Podemos elegir una herramienta primaria y unas pocas más, pero no necesitamos muchas. Las herramientas simples, aplicadas de manera consistente, llevarán a la revelación de verdades espirituales que no necesitan ser adquiridas intelectualmente, porque se presentan con gran claridad. Además, solo surgen cuando es adecuado y pueden ser útiles, y como no son una adquisición de la mente, no acaban engrosando la vanidad espiritual.

Algunas herramientas básicas que han superado la prueba de la experiencia y han producido enormes resultados a lo largo de los siglos son las siguientes:

1 Sé bondadoso con todo y con todos, incluyéndote a ti mismo, en todo momento y sin excepción.

2 Expresa reverencia hacia la totalidad de la vida en todas sus expresiones, pase lo que pase, aunque no las entiendas.

3 No presupongas que tienes un conocimiento real y fiable de nada en absoluto. Pide a Dios que te revele su significado.

4 Mantén la intención de ver la belleza oculta de todo lo que existe; entonces la belleza se revela a sí misma.

5 Perdona todo lo que contemples y experimentes, sea lo que sea. Recuerda que Cristo, Buda y Krishna dijeron que todo error es debido a la ignorancia. Sócrates dijo que todos los hombres solo pueden elegir lo que ellos *creen* que es bueno.

6 Acércate a la totalidad de la vida con humildad y estate dispuesto a renunciar a todos los posicionamientos, a todos los argumentos mentales/emocionales y a todas las ganancias.

7 Estate dispuesto a renunciar a toda percepción de ganancia, deseo o beneficio y, por lo tanto, estate dispuesto a servir desinteresadamente a la vida en todas sus expresiones.

8 Haz de tu vida una oración viviente mediante la intención, el alineamiento, la humildad y la entrega. En realidad, la verdadera espiritualidad es una manera de estar en el mundo.

9 Mediante el proceso de verificación, confirma los niveles de conciencia y verdad espiritual de todos los maestros, enseñanzas, libros y grupos espirituales con los que quieras alinearte o que desees estudiar.

10 Acepta que, mediante la declaración espiritual, el compromiso y la entrega, surge un conocimiento que provee apoyo, información y todo lo necesario para la totalidad del viaje.

La herramienta más poderosa dentro del ámbito de la voluntad es la devoción. Así, no es solo la verdad espiritual, sino nuestro grado de devoción a ella, lo que la hace transformadora. Un gran clásico que demuestra la eficacia de la simplicidad y la devoción es *La práctica de la Presencia de Dios* (1692), del hermano Lawrence, que resalta la importancia de la constancia.

Capítulo 20

ATRAVESAR LAS PUERTAS

Directrices generales

Lo que energiza el progreso espiritual es la intención de reforzar la dedicación y el compromiso, así como el alineamiento con los principios y las prácticas espirituales. Esto permite enfocar el esfuerzo y mostrar determinación y paciencia, que requieren buena voluntad general hacia uno mismo y hacia el esfuerzo espiritual. Lo anterior puede generalizarse en una actitud devocional que trasciende cualquier definición lineal específica. Estos objetivos dan prioridad automáticamente al valor y al significado, que consecuentemente tienden a proveer la energía necesaria para el esfuerzo espiritual.

Si bien es habitual reservar algo de tiempo para dedicarlo específicamente a una práctica espiritual, como la meditación formal, generalmente resulta más práctico incorporar los principios espirituales a la vida cotidiana y al estilo de vida, porque estos periodos especiales pueden perderse en medio de las tensiones de la vida cotidiana y acabar siendo abandonados. En cambio, un estilo de vida contemplativo no suele perderse tan fácilmente como los periodos especiales de tiempo, que exigen un entorno especial y aquietado. Los periodos de práctica en aislamiento también tienden a quedarse compartimentalizados y separados de la vida cotidiana; son algo que uno "hace", en lugar de integrarse en la personalidad como lo que uno "es".

A nivel práctico, lo que funciona bien es seleccionar el principio espiritual y después hacer que él rija nuestra vida, aplicándolo consistentemente y sin cesar, "pase lo que pase". Es muy valioso seleccionar una premisa básica que dirija nuestra vida, como la decisión de ser bondadoso y mostrar buena voluntad hacia la totalidad de la vida en todas sus expresiones. En consecuencia, uno está dispuesto a perdonar las observaciones y los constructos mentales aparentemente negativos. El compromiso de vivir de acuerdo con los principios espirituales básicos queda fuertemente reforzado por la oración, la súplica y la decisión de servir a Dios en lugar de al ego. También es beneficioso pedir a Dios directamente que seamos capaces de ver las cosas de manera diferente, y solicitar guía, información y dirección.

Los patrones

El compromiso espiritual, el alineamiento y la dedicación inician un proceso no lineal en el que ahora los fenómenos y las situaciones, tanto dentro como fuera, son atraídos por nuestros campos de energía internos, que también incluyen tendencias y componentes kármicos. A partir de aquí, la vida se despliega en distintas capas y con presentaciones distintas de las que se hubieran vivido de no haber realizado tal compromiso. La intención espiritual influye en las percepciones, en los recuerdos y en la interpretación de los valores, que difieren de los impulsos y objetivos egoístas a los que antes se daba prioridad. Ahora es el Espíritu el que programa las prioridades de acuerdo con su valor espiritual intrínseco y con el servicio a la evolución espiritual. La evolución de la conciencia es progresiva y constituye todo un "programa de aprendizaje" iniciado por una resolución que evoca el poder de la voluntad espiritual. A partir de ahí toda experiencia se vuelve valiosa para el despliegue y el desarrollo de la conciencia. Por lo tanto, y en contraste con las anteriores preferencias del ego, ahora los "errores" o los "éxitos" tienen igual valor.

Como es bien sabido, la dedicación a los valores espirituales y al proceso de purificación tiende a sacar a la luz sus aparentes "opuestos", mediante los cuales se presentan dualidades kármicas que requieren que discernamos los posicionamientos de los que surgen. Uno de los primeros dilemas que emergerá de manera casi segura es la dualidad bueno/malo: un campo de investigación muy fructífero. Mediante la observación, uno ve que la dicotomía bueno/malo solo es un reflejo de una contextualización general basada en suposiciones no examinadas. Con profunda humildad, uno pronto se da cuenta de que, sin ayuda, la mente no está autorizada ni equipada, y es incapaz de juzgar con discernimiento. Es posible llegar a este descubrimiento simplemente empezando a preguntarse para quién es bueno, para quién es malo, cuándo y bajo qué circunstancias. Esto lleva a examinar la contextualización general que uno hace del significado y el sentido de la vida humana como experiencia de aprendizaje transicional.

Incluso una mirada rápida y superficial a la experiencia humana revela que es, en primer lugar, mortal, temporal y transitoria, y la mente, sin ayuda, ni siquiera es capaz de señalar de dónde ha surgido ni hacia dónde va. Por sí misma, y debido a su estructura interna, la mente también es incapaz de distinguir entre la verdad y la falsedad. ¿Mediante qué autoridad sería capaz de discernir entre el "bien" y el "mal"? Esto nos lleva a descubrir que "pensar" no es un método muy fiable de llegar a la verdad ni de avanzar en la espiritualidad, y que la mente, por sí misma, solo tiende a generar más pensamientos, en lugar de entregarlos a una comprensión más abarcante y no lineal que resolvería la cuestión completamente. La comprensión espiritual no suele producirse siguiendo un proceso mental lógico, sino que es un aura de comprensión y entendimiento más difusa e intuitiva, que incluye el contexto general y no solo el contenido lineal.

La selección de un principio espiritual básico según el cual vivir se convierte operativamente en un conjunto de actitudes que cambian la percepción. Se trata de un estilo mediante el cual uno se posiciona y se relaciona con la vida, más que de una serie de creencias lineales. Las actitudes tienden a generalizarse como discernimiento, más que como percepción definible. Este discernimiento espiritual suele ser abierto e invita a una expansión de la comprensión. Por tanto, uno toma conciencia de que, en lugar de decir: "Yo pienso esto y lo otro"; tiende a decir: "Parece ser que…", "Suena como…", "Tiene el aspecto de…", o "Da la sensación de…". Son tendencias provisionales y relacionadas con los sentidos que permiten procesar información, más que definiciones limitantes y declaraciones que afirman: "Él está equivocado porque…". Mediante este cambio de enfoque, la experimentación se vuelve menos lineal, menos definida y menos verbalizada. En consecuencia, uno "capta" de qué va una situación tal como "capta" la totalidad de un precioso atardecer sin tener que realizar un proceso mental que diga: "¿No es precioso?", o que describa sus colores, contornos, nubes, etc.

Mediante esta orientación, el procesamiento de la información se hace más contextual y general, en lugar de particular, por lo que hay menos lenguaje y diálogo mental. Esto evoluciona para dar la capacidad de "darse cuenta" y de "saber" sin necesidad de pensar. La cualidad experimental subjetiva de tener a un gato ronroneando o a un perro moviendo la cola no requiere procesos mentales en absoluto. Más bien, uno "capta" de qué va la totalidad de la situación debido a esta progresiva capacidad de discernir la esencia, en lugar de usar la percepción mentalizada. Mediante este proceso, finalmente queda muy claro que todas las cosas "simplemente *son* como *son*", y *eso* que son *es* su "significado". Esto revela una aceptación que no requiere comentario, contenido, ni manifestar una posición dualista por medio del lenguaje, como dar una opinión. Este estilo es similar al tradicional *"Wu Wei"* del camino del Tao, por el que uno fluye con la vida sin esfuerzo, abandonando la voluntad y el juicio en manos de Dios. La no resistencia conduce al no apego más que al *des*apego, que puede ser una forma de evitación.

No oponer resistencia no significa ignorar o negar, sino ser testigo, observar y ser consciente, lo cual, como estilo experimental, nos lleva de ser el actor imaginario en la película de la vida a ser el testigo/observador que no está involucrado emocionalmente y, sin embargo, es capaz de participar. Esta actitud reduce la tentación de invertir en posicionamientos y resultados. Por lo tanto, la voluntad personal se rinde y la Voluntad Divina toma su lugar, y en ella la Creación es continua, evolutiva y está al servicio del despliegue de la conciencia *(awareness)*.

En este proceso de transformación, discernimos que la cualidad subyacente que activa la experimentación es la conciencia *(awareness)* misma. No hay "alguien" siendo el testigo, experimentando u observando. Más bien, se trata de una cualidad innata que opera sin esfuerzo y sin ser drenada por la intención de modificar el proceso. La totalidad de la vida simplemente se convierte en algo "dado", y la conciencia *(awareness)* de la esencia subjetiva reduce la sensación de un "yo" personal a la presencia innata del Ser, que abarca y está más allá del contenido pensado. Esta conciencia *(awareness)* es la "Luz" mediante la cual "vemos" mental y emocionalmente. Ahora, mediante esta conciencia *(awareness),* el enfoque se dirige hacia dentro, hacia la fuente de Luz, en lugar de hacia los detalles de lo que está iluminando. Únicamente por medio de esta luz podemos ser conscientes del contenido de la mente, puesto que, de otro modo, ¿cómo podría saber uno qué está experimentando o en qué está pensando?

Distracciones y atracciones

La energía animal del ego produce un enfoque que dirige y emocionaliza la energía psíquica. Seguidamente, el contenido mental emocionalizado atrae atención y se autopropaga. El resultado de este proceso son atracciones, aversiones y derivaciones que finalmente llevan a quedarse atrapado en comportamientos rutinarios; estos, al cargarse de energía e interés, ganan importancia, convirtiéndose finalmente en las distintas conductas, sentimientos y pensamientos dominantes. Así, se acaban generando campos de conciencia que se alinean y vinculan con los campos atractores impersonales y generales de la conciencia *(consciousness)* humana. Mediante la selección de opciones, el individuo "sintoniza", como lo hace un aparato de radio o televisión, con las frecuencias correspondientes. De este modo, temer u odiar sintoniza con frecuencias completamente diferentes de las del perdón o la aceptación. Cada nivel de conciencia *(consciusness)* influye en la percepción, en las actitudes asociadas, y en los posicionamientos concomitantes.

La adicción a las inclinaciones del ego es como una intoxicación en la que se deriva placer de la recompensa emocional de la negatividad. Así, los posicionamientos negativos tienden a ser hábitos auto-perpetuados, parecidos a la adicción y basados en suposiciones y en la seductora atracción de gratificar los instintos animales básicos. Mediante la repetición, acaban ganando dominancia y control, lo cual es, de partida, el propósito innato del ego narcisista.

En el trabajo espiritual se les denomina "tentaciones", y después se supone que hace falta un sacrificio para renunciar a ellas, porque uno está renunciando al placer de la recompensa emocional que conlleva "tener razón", "vengarse", sentir lástima por uno mismo, etc. Este sistema de recompensas autorreforzado produce un condicionamiento pavloviano que después se vuelve autónomo. Seguidamente, interferir con estas gratificaciones subrepticias produce una desagradable sensación de frustración y privación. Así, se observa comúnmente que la mente emocional del ego se aferra a la negatividad y a la atadura que lo esclaviza, y se resiste con fuerza a dejarlas ir y a pasar a niveles más elevados de funcionamiento y a emplear otros mecanismos. Como ejemplo, el pozo del resentimiento/del culpar/de sentir lástima de uno mismo y de sentirse víctima suele ser una trampa compleja que rápidamente busca validación mediante la aprobación social y la pseudoimportancia de los posicionamientos inflados.

No deja de ser común que las personas se pasen toda una vida alimentando un agravio con justificaciones elaboradas, engaños y falsificando retrospectivamente los recuerdos. Este complejo psicológico que se observa comúnmente está compuesto por una mezcla de todos los niveles de conciencia situados por debajo de 200. La persona lo defiende con energía, haciéndolo obstinadamente inmune a cualquier cuestionamiento, y en absoluto está dispuesta a soltarlo o entregarlo. Como consecuencia, el perdón, la aceptación, la razón y el amor se consideran antitéticos a los propósitos internos secretos del ego.

No deja de ser habitual que las personas destruyan su vida entera en defensa de falacias carentes de integridad con respecto a sí mismas, a los demás y al mundo que alimentan cuidadosamente. El autoengaño es un defecto innato del ego/mente emocional, el cual, sin la luz de la verdad espiritual, se autorrefuerza, produciendo consecuencias destructivas que impiden la verdadera felicidad. La víctima es incapaz de discernir el placer (derivado de la negatividad) de la verdadera felicidad, que en realidad estos sujetos desconocen. Este complejo patológico se defiende con tanta fuerza que las personas eligen morir en lugar de renunciar a él, e incluso de cuestionar sus premisas derrotistas. A veces, este circuito queda interrumpido fortuitamente por una crisis, que lleva a confrontarlo y que acaba siendo una bendición disfrazada.

El escape a la libertad desde el ego/cuerpo/mente emocional

Los niveles por debajo de 200 tienden a autopropagarse debido a la recompensa del seductor placer emocional que el instinto animal supone para el ego. La única vía de escape pasa por una honestidad íntegra, la cual, por desgracia, no es alcanzable cuando uno está capturado y dominado por este complejo emocional negativo. Como este complejo está compuesto por las energías animales de la fuerza, solo las energías más poderosas de la verdad son capaces de producir la recuperación. Debido a la naturaleza de la Divinidad, la intervención se realiza mediante Invitación, puesto que el Amor es poder y no opera con los instrumentos de la fuerza. La compasión surge al darse cuenta de que el setenta y ocho por ciento de la población mundial calibra por debajo del nivel de la verdad en 200, y este número se eleva a cerca del cien por cien en algunas subculturas y regiones del mundo, que sobreviven principalmente en virtud de los instintos animales.

Un simple escape en dos pasos de la negatividad del ego: el mecanismo de verdad

Para trascender todas estas limitaciones y eliminar la complejidad solo es necesario aceptar dos ideas:

1 La negatividad se basa en una *fuerza* energética (de origen animal) que solo puede ser superada por el *poder,* que es exclusivamente de origen Divino. Por lo tanto, a nivel operativo, es necesario solicitar e invocar la ayuda de Dios por cualquier medio disponible.

2 Desidentificarse del cuerpo/las emociones/la mente como si fueran "yo". Sé sincero y admite que ellos son *tuyos* pero no son *tú.* Aunque al principio esto pueda parecer artificial, extraño, ajeno y nada natural, la realidad básica es que esta es una verdad de orden superior, lo que la convierte en una herramienta muy poderosa y formidable. La mente intentará negar esta realidad así como la verdad (esto es lo que "se supone que tiene que hacer") porque intuye que la Verdad es su némesis.

Millones de personas a lo largo de los siglos y en la vida actual han estado dispuestas a morir antes de reconocer estas dos simples premisas. Algunos están dispuestos a inmolarse y a matar a otros antes de admitir que podrían estar equivocados. Date cuenta de que el ego estaría muy contento de llevarte a tu propia muerte y te mataría antes de admitir humildemente que ha cometido un error o que podría estar —¡oh, esa, la más terrible de las palabras!— "equivocado".

Mejor que la muerte y que una vida infernal es crecer y admitir que la mente es engañosa, astuta y despiadada, ¡y no es nuestra amiga! El núcleo del ego es el orgullo narcisista, y secretamente piensa que *es* Dios. Sin tensión indebida es posible atraparle en sus presunciones secretas, infladas y dualistas, que se deshacen con la simple humildad. Esta es la puerta a la libertad y a la experiencia de la felicidad.

Uno descubre la verdadera naturaleza de la mente cuando trata de escapar de sus garras. Cuando se analiza, se ve que la mente está compuesta por la presunción de que los pensamientos son "míos" más una colección de datos objetivos que ha observado. Los datos son útiles; por otra parte, los pensamientos y los puntos de vista sobre los datos no son fiables y, están necesariamente distorsionados por esa suposición de que son "míos", con todos los posicionamientos consecuentes.

Una vez que etiquetamos los pensamientos o sentimientos como "míos", quedan imbuidos mágicamente de una presunta omnisciencia y se les atribuye una validez soberana. Esto constituye lo que se ha descrito clásicamente en toda la literatura espiritual como ilusión, que frecuentemente progresa hasta convertirse en engaño. A menos que la duda íntegra y el cuestionamiento la detengan, la mente rampante establece un asedio interminable con el fin de derrotar a la verdad fiable y verificable que cuestionaría su supuesta soberanía (la tendencia humana universal a defender que uno "tiene razón", frente a todas las pruebas que indican lo contrario).

El deshacimiento del dominio de la mente puede conseguirse mediante un simple paso —la humildad—, reforzada por el reconocimiento de que la mente no es soberana, omnisciente, y ni siquiera es capaz de diferenciar entre verdad y falsedad. Tiene valor utilitario para la supervivencia física y el reconocimiento de objetos. Pero incluso en lo tocante al reconocimiento del mundo físico, la mente es incapaz de entender qué significa el mundo, y ni siquiera reconoce la observación ultrasimple de que la Evolución *es* la Creación.

La mente es una herramienta útil dentro de los confines protectores y las reglas de la lógica y la razón, o de sus limitaciones operativas intrínsecas y de la disciplina. Así, la mente está en lo mejor de sí misma cuando funciona bajo los principios de la ciencia, que no permiten la emocionalidad ni violar la lógica. Un amigo dijo en una ocasión: "Me he dado cuenta de que no tengo por qué tener una opinión sobre todas las cosas, ¡qué alivio!". Este descubrimiento le llevó a disfrutar de una mayor libertad, porque las opiniones aprisionan y restringen, y habitualmente son contenciosas y argumentativas.

Si los pensamientos o las ideas en realidad no son "míos", entonces, ¿de dónde surgen y quién es su autor? En realidad no tienen un "quién" que sea su origen, simplemente surgen de un "qué". El contenido de un campo de conciencia calibrable es como un banco de pensamientos regimentado por un campo de energía específico perteneciente a un nivel de la conciencia colectiva de la humanidad. En los diversos niveles se congregan pensamientos, conceptos e ideas similares, y se orquestan bajo la influencia de la atención del "campo atractor" central que, como la gravedad, atrae ideas de gravedad o densidad similar. El fenómeno es parecido a la estratificación de los peces y las distintas formas de vida en diferentes profundidades del mar. En la vida humana, también están quienes se alimentan del fondo y los que saltan por encima de la superficie del agua.

Hay estilos de pensamiento, sistemas de creencias y memes (frases pegadizas) que son endémicos en ciertas sociedades y subculturas que han estado dominadas por sus mitos a lo largo de los siglos. Por ejemplo, hay países importantes donde la integridad, la honestidad y la justicia ni siquiera se consideran importantes en las transacciones cotidianas. Todas las interacciones se basan enteramente en la ganancia, y el engaño es una técnica social valorada y una habilidad. En una cultura así, la moralidad no solo está ausente, sino que se considera irracional, sin valor e indicadora de debilidad, como descubren muchos turistas ingenuos cuando vuelven a casa con antigüedades supuestamente muy valiosas y averiguan que en realidad solo valen unos céntimos.

Clarificación de la omnipresente falacia dualista víctima/ agresor

Mediante el trabajo espiritual uno descubre que ha estado cautivo y que ha sido una "víctima" atrapada por los astutos engaños del ego. Es posible observar todos los trucos del ego en la evolución de las diversas especies del mundo animal a lo largo de grandes periodos de tiempo, donde el aprisionamiento, el engaño, la rivalidad, la ganancia, el interés propio, el camuflaje y la fuerza están al servicio de la supervivencia. La evolución del homínido dio lugar al *homo sapiens* y de esta manera el córtex prefrontal emergió delante del cerebro animal, y permanece bajo el dominio de los instintos animales hasta el nivel de conciencia 200. Los instintos animales están totalmente dirigidos hacia la ganancia personal y continúan por ese camino en conflicto con la energía del poder espiritual, la verdad, y especialmente el amor. El fraude del ego es ladino, en el sentido de que engaña a su víctima y prisionero, haciéndole creer que los agresores están "ahí fuera", cuando en realidad son innatos y están "aquí adentro".

¿Cuál es la identidad del verdadero agresor? Cuando se investiga, se descubre que no hay un "quién", tan solo el campo de energía de un nivel de conciencia específico que surgió a lo largo del periodo evolutivo y aún prevalece. Se descubre también que la mayoría de la población mundial sigue estando dominada y sigue siendo prisionera de él. Por lo tanto, podemos ver la sabiduría y la verdad del dicho de Buda: "Raro es nacer como ser humano; aún más raro es oír hablar de la verdad, y habiendo oído hablar de la verdad, todavía es más raro buscarla". La calibración de la conciencia verifica la validez de esta declaración al identificar que solo el 0.4 de la población mundial es capaz de alcanzar el estado de amor incondicional.

El amor incondicional es un objetivo práctico, razonable y alcanzable en el lapso de una vida humana. Desde ese nivel, el compromiso espiritual y la dedicación evolucionan hacia estados de alegría exquisita —incluso de éxtasis— y finalmente alcanzan el nivel de la paz en 600, que es el nivel inicial del místico. El camino del místico, en el verdadero significado clásico del término, puede definirse como la *no dualidad devocional*.

Capítulo 21

TRASCENDER LA MENTE

Introducción

En el proceso de trascender los niveles de conciencia, las elecciones y opciones tienden a presentarse en nuestra experiencia como aparentes opuestos o dualidades en conflicto. Estas se experimentan como aversiones o atracciones que pueden parecer difíciles de disolver a menos que se desmonten. La atracción implica un placer subrepticio o declarado, y la aversión expresa expectativas de desagrado o incomodidad. El sentido moralista del deber, en la forma de los "tendría que" y los "debería", complica las elecciones y es posible que nos resistamos a ellas porque conllevan una culpa sutil o porque nos tienta la evitación. Por tanto, lo mejor es evitar todas las suposiciones y los "debería". Una cualidad primaria de la evolución espiritual es la libertad. Las oportunidades de cambiar pueden considerarse invitaciones en lugar de obligaciones morales, y en realidad dichas oportunidades ofrecen mayores grados de libertad y felicidad interna. No obstante, uno es libre en todo momento de mantenerlas en suspensión y, más adelante, en otro contexto, la opción o la decisión puede venir de manera más natural.

Los aparentes obstáculos que se presentan a lo largo del camino tienen dos componentes: (1) la recompensa aparentemente atractiva de placer, y (2) el miedo a su alternativa (por ejemplo, la falta de placer). Muchas de estas polaridades en conflicto son innatas a la "naturaleza humana" y han sido heredadas junto con la propia vida humana en el curso de la evolución. Cabe esperar que dichas polaridades sean los umbrales que cualquiera que busque los estados superiores de conciencia ha de cruzar. Cuando se experimentan, no son tan formidables como podrían parecer inicialmente, y tener éxito incluso con unas pocas de ellas genera confianza y expectativas realistas de alcanzar un éxito todavía mayor a medida que uno progresa. Los elementos clave son discernir los componentes específicos del conflicto y sacar provecho de la Voluntad Espiritual, que es sorprendentemente poderosa (calibra en 850) e interviene cuando uno pide ayuda a Dios y está dispuesto a renunciar a la recompensa y a dejar de resistirse a la supuesta aversión.

Las dualidades en conflicto más comunes pueden agruparse de manera general por similitudes, e incluso pueden considerarse conjuntamente y resolverse de una vez.

Dualidades comparativas

Placer anticipado	Los temores
Control	Rendición, entrega
Familiaridad, hábito	Cambio, incertidumbre, extrañeza
Apego a lo viejo	Miedo a lo desconocido o a lo nuevo
Camino fácil	Camino duro, esfuerzo
Ignorar, negar, rechazar	Molestarse en, mirar a, afrontar
Negarse a reconocer	Tomar responsabilidad, hacerse responsable
"No puedo"	La verdad es "no quiero"
"No quiero"	"No puedo"
Rigidez, repetición	Aprender
Homeostasis, estabilidad	Reprogramar, cambiar, desequilibrar
El pasado como excusa	El presente como agente de cambio
"No tener voluntad"	Confrontar la falta de voluntad
"Intentar", "Ir a"	Hacer
"Mañana"	Ahora
Dejar las cosas para después	Fracasar
Pretender	Ser honesto
No estar dispuesto, resistencia	Aceptación

Las dualidades anteriores resultan familiares a todo el mundo, puesto que generalmente se aplican a casi cualquier tarea de crecer o evolucionar espiritualmente. Aunque los conflictos puedan parecer imposibles de resolver, su solución puede ser muy simple si nos adherimos estrictamente a las herramientas probadas del procesamiento espiritual: por ejemplo, estar dispuesto a rendirse a Dios a gran profundidad y a soltar las resistencias invocando el poder de la Voluntad Espiritual (que calibra en 850), después de solicitar la ayuda Divina. Uno puede pedir ayuda al Espíritu Santo admitiendo que "yo" (el ego) "soy incapaz de dar este paso solo". A nivel operativo, en realidad esto es una petición de comprender y contextualizar la situación de manera diferente, disolviendo así las aparentes paradojas.

La voluntad personal solo opera a la altura del nivel de conciencia calibrado de la persona en un momento dado de su evolución y, por tanto, a menudo es demasiado débil para realizar el cambio deseado. Los anteriores esfuerzos por cambiar mediante los mecanismos del ego pueden generar dudas, falta de confianza en uno mismo, y la negativa a afrontar los problemas a causa del derrotismo. Esto suele expresarse en la declaración "yo lo intenté", que en realidad es una descripción precisa: es el pequeño "yo" quien lo ha intentado, a menudo más desde el deseo que con decisión.

Las buenas intenciones fracasan por la falta de "fuerza de voluntad" personal, y esto a menudo se interpreta desde la moralidad para evocar aún más culpa y autoacusaciones. En realidad, no puede producirse una verdadera y profunda rendición a Dios sin renunciar a la ilusión de la "voluntad personal" y reemplazarla por una *decisión* asertiva. En la vida cotidiana, el éxito es consecuencia de la dedicación, la persistencia y la perseverancia. Puede parecer que esto representa un sacrificio personal de los placeres a corto plazo a cambio de objetivos a largo plazo. Cuando se realiza trabajo espiritual, estos mismos atributos de dedicación y perseverancia pueden aparecer no como consecuencia de la volición personal, sino como regalos del Ser y como la respuesta de la Presencia de Dios dentro de nosotros.

Una gran resistencia del ego es el deseo de controlar y de derivar placer de las cosas que le gustan. Así, el ego genera resistencias en forma de miedos, incluyendo expectativas de incomodidad, pérdidas a causa del cambio o temor al fracaso. Estos miedos representan el orgullo espiritual, que también tiene que ser entregado. Es vanidad y egoísmo suponer que la Divinidad se siente contenta, descontenta o decepcionada ante las inclinaciones y fragilidades humanas. Por lo tanto, la rendición profunda impide que programemos a Dios con nuestras suposiciones, y mediante la aceptación nos lleva a rendirnos al hecho de que "lo que sea ya sonará", que es una posición más humilde. La resolución de estos conflictos también es el resultado de la intención, del grado de alineamiento, de renunciar a los condicionamientos y de la influencia de las propensiones kármicas.

Los valores egoístas encuentran una amplia aceptación social y múltiples premios. Además, se entiende que dichos premios son la consecuencia lógica del esfuerzo y del hacer. Cuando se renuncia a las ganancias o pérdidas esperadas, las posibilidades kármicas se realizan por asentimiento, y son la consecuencia automática de aquello en lo que la persona se ha convertido, y no de lo que tiene o hace.

A medida que evolucionamos, lo que el mundo valora puede considerarse un engorro, y lo que el mundo considera una pérdida puede considerarse una ganancia o libertad espiritual. La paz interna es el resultado de entregar tanto las atracciones como las aversiones. Los valores percibidos son fundamentalmente proyecciones de "deseos" y "aversiones". Cuanto menos "deseos" haya, tanto mayor será la facilidad y la satisfacción en la vida. Custodiar responsablemente los propios activos y dones es ser íntegro. Por lo tanto, evitar la riqueza o denigrarla ostensiblemente son actitudes tan falaces como el deseo impetuoso. La pobreza pretenciosa también puede ser una forma de ostentación y orgullo espiritual. El verdadero ascetismo es simplemente un asunto de economía de esfuerzos. Lo significativo no son las posesiones mismas sino su presunta importancia y el valor proyectado en ellas. Por lo tanto, es recomendable "vestir el mundo como una prenda holgada". La riqueza, en y por sí misma, no tiene verdadera importancia, puesto que la capacidad de ser feliz por dentro no depende de factores externos una vez satisfechas las necesidades físicas básicas.

Las cosas que el ego encuentra atractivas se ven reforzadas por los valores sociales, la programación cultural y los sistemas de recompensas inflados por los medios. Estos valores también son el contenido de fantasías y sueños, y del romanticismo, y exhiben una gran variedad dentro de las subculturas.

Para encontrar significado hay que mirar más allá de la percepción y la apariencia y discernir la esencia. Como dijo Sócrates, todo el mundo elige lo que percibe como "bueno". El problema es discernir entre apariencia y esencia a fin de ser capaz de diferenciar lo "verdaderamente" bueno de sus sustitutos ilusorios. Aparte de los requisitos básicos para la supervivencia física y para estar cómodo, la deseabilidad es un valor proyectado.

Cuando se discierne la esencia, todo lo que existe está dotado de una belleza innata, y su "valor" reside en ser una expresión de la evolución de la Creación, que expresa el tránsito de lo inmanifestado a la manifestación. Por lo tanto, Todo lo que Existe es intrínsecamente valioso como consecuencia de la Divina Fuente de la Existencia misma, que reside dentro de lo no lineal y, por tanto, es invisible para nuestros mecanismos de percepción dadas sus limitaciones inherentes.

Resumen

La evolución espiritual es una consecuencia automática de observar la mente y sus inclinaciones como un "ello", desde el punto de vista general del paradigma del contexto, más que desde el contenido. En lugar de intentar forzar el cambio, solo se necesita permitir que lo haga la Divinidad mediante una profunda entrega de todo control, resistencia y de la ilusión de ganar o perder. No es necesario destruir ni atacar las ilusiones, basta con permitir que se caigan. No es necesario ni fructífero usar la fuerza con mecanismos como la culpa, y tampoco es necesario intentar perseguir o impulsar la evolución espiritual, porque se produce automáticamente por su cuenta cuando se entregan los obstáculos y la resistencia de las ilusiones. El poder de la Verdad misma es una cualidad del Amor Divino que, en su infinita misericordia, disuelve los posicionamientos devolviéndolos a la Realidad del Ser. También es necesario aceptar que el momento en el que suceden las cosas depende del Ser, y no del yo personal, porque solo el Ser es capaz de incorporar cualidades kármicas desconocidas.

El campo infinito y no lineal de la conciencia no solo es omnipresente y omnisciente, sino también omnipotente. Aquello en lo que uno se ha convertido gravita automáticamente hacia su nivel concordante dentro del campo general, tal como un corcho se eleva en el agua como consecuencia de su interacción con la gravedad y la densidad del agua. El espíritu se eleva como consecuencia de la cualidad de eso que ha llegado a ser mediante el libre consentimiento de su voluntad. La compasión por el yo personal es un atributo del Ser. La última gran resistencia que se entrega es la resistencia al Amor de Dios omnipresente.

Capítulo 22

CONVERTIRSE
EN LA ORACIÓN

Introducción

Los estudiantes suelen pedir consejos sobre "cómo" implementar a nivel práctico la verdad espiritual subjetiva y cómo instaurar la espiritualidad como una forma de ser en el mundo que esté al servicio del progreso espiritual y la evolución. El estudiante instruido generalmente ya ha adquirido una riqueza de información sobre multitud de prácticas y conceptos espirituales. La transformación deseada es la que nos lleva de "haber oído hablar" a "saber", a "hacer" y a "ser". Esta progresión va de lo presuntamente conocido a lo desconocido, y de lo familiar a lo nuevo. Así, la aplicación concreta de la información espiritual aún puede parecer incierta.

La mente misma se interesa por la evolución cuando aprende que hay una dimensión superior de verdad que está más allá de los procesos mentales acostumbrados y de los dominios de la lógica y la razón. Entonces, el interés se dirige hacia el descubrimiento y el despertar espiritual.

Otros estudiantes pueden venir muy motivados por la inspiración o por experiencias fortuitas que resultan transformadoras e inician el proceso del progreso espiritual conscientemente elegido. Puede tratarse de "experiencias cumbre" (Maslow, 1970) repentinas, e incluso de cambios de contexto y percepción que suponen un "punto de inflexión" (Gladwell, 2000). Entonces, el estudiante inspirado se siente atraído por el potencial y enfoca su interés en la aplicación práctica de los procesos espirituales a la vida cotidiana.

Lo característico de esta transición es que incorpora premisas procedentes del intelecto a la realidad experimental de la subjetividad. Así, se pone el énfasis en la implementación y en llevar realmente a cabo las prácticas y las premisas espirituales. Mediante la incorporación y la práctica, lo nuevo se convierte en algo habitual y en la forma de ser de uno, indicando que eso es lo que uno ha "llegado a ser".

El emerger de la realidad desde el potencial se produce como consecuencia de las circunstancias propicias, de las que la intención y la volición son el fulcro y la energía activante. La realización del potencial ofrece un *feedback* positivo que refuerza la intención, y el proceso espiritual cobra impulso más desde el Ser que desde el yo personal.

P: Se ha descrito que incluso un único principio espiritual muy simple de observar es suficiente para realizar grandes progresos. Por ejemplo: "ser bondadoso con la totalidad de la vida" o "perdonar pase lo que pase", o "mostrar buena voluntad hacia todo lo que existe", o tomar una frase o dos de un salmo favorito y reflejarla durante días, semanas o incluso meses.

R: Esta es la manera más eficaz para empezar. Una sola herramienta aplicada de manera consistente y rigurosa es más eficaz que leer todos los libros o vivir periodos esporádicos de entusiasmo. La persistencia es característica de la "mente concentrada". Por analogía, tirando de un único cabo de hilo es posible deshacer un jersey entero. Cada paso adelante evoca la información apropiada ya adquirida que amplía y clarifica las experiencias. Así, estos principios básicos se experimentan y se confirman en nuestra experiencia.

El fenómeno del aprendizaje no sigue la relación causa-efecto, y las experiencias gratificantes no deben considerarse como ganancias. Mediante la práctica de la bondad, uno se vuelve bondadoso, porque la bondad misma es transformadora. Así, tenemos que dejar las expectativas a un lado. Mediante el asentimiento de la voluntad, la transformación se produce de manera autónoma como consecuencia del contexto, y no solo del contenido.

Mostrarse amistoso no "causará" que otros lo sean con uno, pero abre una puerta no lineal a una mayor probabilidad. Algunas personas se abstienen de mostrarse bondadosas, generosas, benignas y amistosas porque esta actitud puede generar suspicacias, vergüenza o incluso precaución o paranoia en individuos situados por debajo de 200. Un experimento útil es sonreír al conductor del coche de al lado cuando estamos parados en un semáforo en rojo. Algunos conductores devuelven el gesto de amistad; otros se quedan con la cara de piedra y miran fijamente hacia delante; otros sienten pánico y algunos incluso salen corriendo a gran velocidad en cuanto el semáforo se pone verde. Por tanto, hasta una sonrisa amistosa tiene que ser discreta.

P: Pero, ¿cómo produce realmente el cambio una práctica espiritual? ¿Cuáles son los mecanismos psicológicos? ¿Cómo puede cambiar uno de "esto" a "eso"?

R: No es un proceso de "cambio", sino un emerger en el curso de la evolución. La larva no cambia a mariposa, sino que realiza su potencial como consecuencia de la evolución de la Creación. Repito, la Creación es evolutiva como consecuencia del emerger de un potencial que se plasma en la realidad. La intención de la voluntad espiritual es suficiente. Lo aparentemente "nuevo" representa el tránsito de lo inmanifestado a lo manifestado, tal como dejar de apretar el puño revela la mano abierta.

La realización es una opción y una elección, que es un aspecto de la voluntad. Cada elección positiva incrementa la probabilidad de nuevas elecciones positivas (lo cual también está de acuerdo con la teoría cuántica). Cada elección positiva nos acerca más a un campo atractor de conciencia superior. En el mundo secular, "donde los ricos se hacen más ricos y los pobres más pobres" también es cierto que, mediante la integridad y el esfuerzo, los que antes eran pobres se hacen ricos, y los que antes eran ricos, a causa de sus errores, pueden acabar en bancarrota. La vida humana tiene un gran valor porque brinda una oportunidad óptima para la evolución espiritual. Mediante la elección, las "virutas de hierro" del espíritu son atraídas a las diversas regiones del gran campo omnipotente y omnipresente de la conciencia misma. Esto es análogo al efecto de un campo electromagnético gigantesco de poder infinito.

P: Pero, ¿no introduce esta definición de la contextualización el discutible concepto de "libre albedrío"?

R: Generalmente, las argumentaciones sobre el libre albedrío suelen ser espurias como consecuencia de una contextualización inadecuada y de confiar en lo hipotético. Pueden acabar siendo intelectualizaciones discursivas y enrevesadas en las que la esperanza inconsciente es que se niegue el libre albedrío como una realidad posible, evitando así la responsabilidad espiritual o la rendición de cuentas.

Las opciones tienen parámetros de los cuales surgen tanto la responsabilidad como la culpabilidad. El rango de opciones es consecuencia de una gran multiplicidad de factores, conocidos y desconocidos, entre los que se incluyen los que podríamos describir óptimamente como inclinaciones o impulsos kármicos. En las opciones también influyen las probabilidades, incluyendo las recompensas y los fracasos del pasado, así como la intensidad del esfuerzo, la dedicación, el grado de integridad, etc. Lo hipotético no es una realidad, y el rango de elecciones es el resultado de destilar factores complejos, tanto lineales como no lineales. Así, bajo distintas circunstancias y condiciones prevalecientes, pueden estar disponibles y pueden ser elegidas opciones muy diferentes. Debido a la naturaleza de la evolución/Creación, el contenido y el contexto consciente son transitorios, así como descriptivamente y experimentalmente efímeros.

Rendirse a la Voluntad de Dios y pedir la Guía Divina es tan poderoso que altera las opciones disponibles y su valor percibido. De las dinámicas no lineales también emerge el principio de "iteración", mediante el cual una elección u opción repetida se va convirtiendo progresivamente en probable ("dependencia sensible de las condiciones iniciales").

P: ¿Qué hay de las grandes revelaciones o experiencias espirituales que producen cambios repentinos?

R: Las avalanchas y otros importantes fenómenos naturales ocurren por repetición de la vibración. Las posiciones del ego se debilitan como consecuencia de pasos aparentemente menores e insignificantes. Por ejemplo, incluso el simple hecho de decir "gracias" cuando es posible puede hacer que uno se convierta en una persona más agradecida y generosa y que, por atracción, ahora beneficie a otros sin esfuerzo, cuando antes no podía conseguirlo mediante el esfuerzo.

También se producen cambios importantes como consecuencia de liberarse de las obligaciones kármicas negativas. Es como si la mente inconsciente finalmente se sintiera satisfecha de haber aprendido una lección o de haber satisfecho una deuda mediante conductas compensatorias. En muchos sentidos, el aprendizaje espiritual también es similar a la adquisición de nuevas aptitudes por repetición y práctica hasta que se vuelven naturales y habituales, como una segunda naturaleza. La inspiración y la identificación con figuras admiradas que exhiben los atributos deseados facilitan el aprendizaje. Tendemos a ser como aquellos a quienes admiramos.

P: ¿Qué cualidades son de gran ayuda para el devoto, aparte de familiarizarse con informaciones avanzadas sobre la conciencia y la espiritualidad?

R: Adopta las actitudes asociadas con la Mente Superior (Visión general, Sección II) y selecciona cualquiera de las virtudes. Rechaza y niégate a las actitudes y posicionamientos negativos. Actúa grácilmente en toda circunstancia hacia ti mismo y hacia los demás. Rechaza violar los principios espirituales a cambio de ganancias a corto plazo. Crea una imagen idealizada de ti mismo y practícala como si fuera un papel de una película. Actuar "como si" nos hace tomar conciencia del potencial para poder convertirnos en eso que admiramos. Como mecanismo de aprendizaje, a menudo es sorprendentemente eficaz "pretender" ser la cualidad deseada, y después, para nuestra sorpresa, descubrimos que este era un aspecto latente y no activado de nuestro potencial. Muchas personas hacen de mejorarse a sí mismas la primera prioridad de su vida, y se identifican con las figuras admiradas en lugar de envidiarlas.

Como ejercicio práctico, antes de salir de casa, revisa cómo te gustaría ser y decide actuar de esa manera. Al hacerlo, nota las respuestas de los demás a tu actitud amistosa, considerada, grácil o amorosa. Rechaza la seducción y las tentaciones de lo chabacano y sensacionalista. Renuncia al dudoso placer de "tomarte la revancha" o de "conseguir el mejor acuerdo posible" en los intercambios emocionales.

Como ejercicio consciente, permite voluntariamente que otras personas "ganen", descubriendo así tu grandeza y generosidad internas. Ser tacaño con las emociones genera pobreza emocional. Paradójicamente, cada "ganancia" que uno da a los demás le hace más rico, y con la práctica, uno acaba siendo emocionalmente rico.

P: ¿No es eso "borrarse a uno mismo" o "ser complaciente"?

R: Estas son actitudes ilusorias, consecuencia de la pobreza espiritual y de la baja autoestima. Actuar desde la Gracia espiritual significa ser magnánimo porque la fuente de la Gracia es el Amor, que es ilimitado y nace dentro. Actuar con pequeñez y mezquindad, desde la tacañería, fomenta la pobreza espiritual y cierra la puerta a la Fuente de la Gracia Infinita que ya está presente en el Ser. El pequeño yo actúa desde la limitación y se considera a sí mismo necesitado e insuficiente. Por lo tanto, se pone a la defensiva y está atento a posibles ganancias. El pequeño yo es mezquino, precavido y avaricioso. Experimentalmente es inconsciente de la existencia de un Ser alternativo que simplemente espera su activación mediante la invitación y el asentimiento. El pequeño yo es temeroso y no está dispuesto a confiar en el Ser; por lo tanto, la trascendencia requiere fe y también coraje.

P: Por ejemplo, a menudo usas el humor durante las conferencias y las interacciones interpersonales. La gente se suele sentir sorprendida porque tienen la imagen de que el maestro espiritual ha de ser serio y piadoso, o, como orador, sus exhortaciones han de ser inspiradoras y exhilarantes.

R: La paradoja es que, en realidad, el humor es una aproximación muy seria a los conflictos y dilemas espirituales, y a menudo es mucho más eficaz que las homilías vulgares y repetitivas. El humor surge de la abundancia de buena voluntad. Desbanca y excluye el dolor emocional y la ansiedad, y trasciende lo negativo, exponiendo falacias inexpresadas que de otra manera resultarían inaccesibles.

Al apropiarnos de una falacia, que es un aspecto oculto de nuestra personalidad, revelamos lo absurda que es. Este es el mecanismo de la hipérbole, que expone creencias inservibles generadas por distorsiones racionalizadas de la verdad. El humor tiende un puente entre la *res interna (cogitans)* y la *res externa* (el mundo tal como es). Por lo tanto, establece un contraste sorprendente entre lo que la mente cree o percibe y la esencia de la realidad subyacente. Así, el humor deja al descubierto los engaños interesados del ego.

El humor revela opciones y puntos de vista alternativos, y por tanto resulta liberador. A nivel clínico también está asociado con el mejoramiento de la salud, e incluso con la longevidad. Habitualmente, los humoristas calibran en la parte alta de los 400, viven mucho tiempo y todo el mundo los quiere. El humor deja al descubierto los aspectos reprimidos de la psique humana para que puedan ser identificados, y más fácilmente reconocidos y aceptados, y por tanto trascendidos, al mostrar de manera transparente su falacia. Uno no necesita ponerse a la defensiva con respecto a sus propias fragilidades y flaquezas humanas si las reconoce, las acepta y se adueña de ellas. La verdadera conciencia espiritual surge del reconocimiento de la esencia.

Los grandes humoristas son muy queridos porque su fuerza al admitir, afrontar y reírse de las debilidades humanas revela la capacidad que tiene el espectador de hacer lo mismo. El efecto del humor es terapéutico e incrementa los vínculos humanos y la compasión a través del reconocimiento mutuo. El humor reduce el dolor interno, la vergüenza y la culpa, revelando así opciones más benignas.

La negación psicológica surge de la culpa, y cuando esta se alivia, surge la honestidad interna. El humor es el antídoto de la pobreza emocional, psicológica y espiritual, y de su tendencia a la pequeñez, la mezquindad y la falta de estatura.

P: Por lo tanto, ¿es el humor una avenida amable para acercarse a los aspectos dolorosos de nuestro ego?

R: Sí. El humor sirve como ejemplo de las técnicas terapéuticas/espirituales que conducen a la libertad interna, la honestidad y la liberación. Es un antídoto de la vergüenza, el miedo y la culpa. Revela sutilmente la capacidad de la fuerza interna que nos permite reconocer nuestra emergente grandeza innata. Mediante el humor, lo inalcanzable se vuelve disponible para que podamos reconocerlo, aceptarlo y trascenderlo. El humor facilita la integridad interna. En cambio, el ego no modificado es sombrío y carece de humor.

P: ¿Cómo encaja el humor con la devoción? ¿No son muy distintos?

R: La devoción es la dedicación a la Verdad y al Amor, y el humor se convierte en un sirviente que ayuda a conseguir el objetivo. Reduce el valor de la falacia contrastando la verdad con la falsedad y yuxtaponiéndolas. En realidad, la intención subyacente del humor es muy seria, pues está dedicada a la liberación de la ilusión, el miedo, el odio y la culpa. Desenmascara el ego, reduciendo así su dominio. Aleja del yo personal y dirige hacia el Ser.

P: ¿Cómo se produce esto?

R: Los programas del ego son lineales y están comprimidos y definidos por la restricción de sus contenidos. El espíritu, o Ser, es no lineal y representa el contexto. Renunciamos al contenido lineal y restringido del ego mediante la exposición a la irrealidad de sus percepciones y posicionamientos. Podemos ver que las percepciones del ego están alineadas con la conquista y la ganancia. Cuando la falacia de sus propuestas queda expuesta a la luz de la conciencia, el dominio de la ilusión se disipa.

La realización del Ser no es una ganancia ni una adquisición. Es la realización que se despliega por sí misma cuando se renuncia a las obstrucciones y se las retira. El esfuerzo solo es consecuencia de la resistencia que, a su vez, es producto de la ilusión. Cuando las nubes del cielo se despejan, el sol brilla por sí mismo. Hemos de dar la bienvenida a la Presencia interna, amarla y no temerla, porque es definitivamente benigna y revela el poder transformador del Amor. El concepto de un Dios atemorizante es el chiste final del teatro del absurdo del ego.

P: ¿Cómo llega la devoción a ser una cualidad dominante?

R: Acepta que uno está atraído por el lugar de destino más que impulsado por el pasado. La evolución de la conciencia es nuestra herencia kármica, porque es una cualidad innata de la propia conciencia humana. El coraje surge del compromiso y de la integridad del alineamiento y la dedicación. Una característica valiosa de la dedicación es la felicidad, que finalmente adquiere poder como un fervor interno aquietado y persistente. La testificación atenta es valiosa porque el hecho de tomar conciencia de un defecto del ego tiende a deshacerlo. Mediante la entrega y la oración invocadora, la Voluntad Divina facilita la transición de lo menor a lo mayor, porque el Ser sustenta y energiza la intención sin esfuerzo. El Ser es como una atracción magnética mediante la cual se va entregando progresivamente la voluntad personal y la resistencia se debilita. Así, el camino mismo es satisfactorio, gratificante, y revela recompensas progresivas. Cada paso, por aparentemente pequeño que sea, es igualmente valioso.

P: ¿Y qué hay de los efectos del Maestro Espiritual?

R: El nivel de conciencia del Maestro, mediante la transmisión silenciosa, facilita la transformación de la información mental en realidad subjetiva experimentada. El nivel de conciencia y el campo energético vibratorio del aura del Maestro es producto de la evolución de la conciencia, y no es personal. Activa cualidades emergentes en el estudiante a nivel no verbal. Por analogía, podría decirse que es el equivalente espiritual del "efecto Roger Banister"* antes mencionado. Se transmite a través del aura como un campo de alta energía y alta frecuencia. Su cualidad

---

* Roger Bannister es un atleta y médico inglés. Fue el primero en correr una milla en menos de cuatro minutos, y después de él muchos otros atletas lo lograron. El "efecto" consiste en que una vez que alguien rebaja una marca, otros parecen lograrlo más fácilmente.

se deriva de la certeza basada en la Realidad experimental. Los grupos de recuperación también aceptan la existencia de este fenómeno; en ellos, el poder del patrocinador se deriva de una experiencia exitosa y, por lo tanto, del dominio del problema presentado. Estos grupos espirituales irradian un campo de alta energía que beneficia al recién llegado mediante el alineamiento individual y grupal mantenido por la honestidad con uno mismo.

Cada nivel de conciencia representa un campo atractor que domina un campo de conciencia específico como consecuencia de su poder innato e intrínseco. En los grandes grupos tradicionales a esto se le suele denominar literalmente el "Poder Superior". A menudo se evita la palabra "Dios" porque es proclive a errores de definición y evoca muchas creencias en conflicto, incluyendo el miedo y la culpa que suscitan las descripciones antropomórficas de Dios.

Para favorecer el progreso espiritual, elige maestros y enseñanzas verificables, y evita aquellos que tengan algo que ganar mediante tu adherencia o tu alineamiento con ellos. Evita los grupos y profesores necesitados, adquisitivos y controladores. El Ser es completamente satisfactorio y no tiene necesidades ni nada que ganar. El Maestro es un Servidor de la Verdad, y no su originador. Sirven a Dios todos los que se esfuerzan por llegar a Dios.

En todas las escrituras espirituales está presente la declaración, repetida en múltiples idiomas y culturas, de que la Divinidad responde a la fidelidad del devoto. Esto suele enunciarse en un estilo similar a: "Aquellos que me reconocen son Míos". A partir de estas palabras queda claro que no importa tanto lo avanzado que uno esté en el camino como el hecho de estar *en* el camino.

GLORIA
IN
EXCELSIS
DEO

APÉNDICES

Apéndice A: Mapa de la escala de la conciencia
Apéndice B: Cómo calibrar los niveles de conciencia
Apéndice C: Referencias

Sobre el autor

Apéndice A

EL MAPA DE LA ESCALA DE LA CONCIENCIA ®

Visión de Dios	Visión de la vida	Nivel	Logaritmo	Emoción	Proceso
Ser	Es	Iluminación	700-1000	Inefabilidad	Pura Conciencia
Omnisciente	Perfecta	Paz	600	Éxtasis	Iluminación
Uno	Completa	Alegría	540	Serenidad	Transfiguración
Amoroso	Benigna	Amor	500	Reverencia	Revelación
Sabio	Significativa	Razón	400	Comprensión	Abstracción
Misericordioso	Armoniosa	Aceptación	350	Perdón	Trascendencia
Inspirador	Esperanzadora	Voluntad	310	Optimismo	Intención
Facilitador	Satisfactoria	Neutralidad	250	Confianza	Liberación
Permisivo	Factible	Coraje	200	Afirmación	Empoderamiento
Indiferente	Exigente	Orgullo	175	Desprecio	Engreimiento
Vengativo	Antagonista	Ira	150	Odio	Agresión
Negativo	Decepcionante	Deseo	125	Deseo imperioso	Esclavitud
Punitivo	Atemorizante	Miedo	100	Ansiedad	Retraimiento
Desdeñoso	Trágica	Pena	75	Remordimiento	Desaliento
Condenador	Desesperada	Apatía	50	Desesperación	Renuncia
Rencoroso	Maligna	Culpa	30	Culpa	Destrucción
Despectivo	Miserable	Vergüenza	20	Humillación	Eliminación

Apéndice B

CÓMO CALIBRAR LOS NIVELES DE CONCIENCIA

Información general

La dimensión del campo energético de la conciencia es infinita. Algunos niveles concretos se correlacionan con la conciencia humana, y calibran entre 1 y 1000 (*véase* el apéndice A). Estos campos de energía se reflejan en la conciencia humana y la dominan.

En el universo todo irradia una frecuencia específica o un pequeño campo energético que perdura permanentemente en el campo de la conciencia. Así, cada persona o ser que haya vivido —y cualquier cosa relacionada con él: acontecimientos, pensamientos, hechos, sentimientos o actitudes— queda registrado para siempre, y es posible recuperarlo en cualquier momento presente o futuro.

La técnica

La respuesta a la prueba muscular en un simple «sí» o «no» ante un estímulo concreto. Se pide al sujeto que mantenga un brazo extendido mientras la persona que dirige la prueba empuja la muñeca del brazo extendido hacia abajo con dos dedos, ejerciendo una presión moderada. El sujeto sostiene con la otra mano sobre el plexo solar la sustancia que se está poniendo a prueba. El que dirige la prueba le dice: «Resiste». Si la sustancia que se pone a prueba es beneficiosa para el sujeto, el brazo se fortalecerá. Si tiene un efecto adverso, el brazo se debilitará. La respuesta es muy rápida y breve.

Es importante indicar que la intención tanto de quien dirige la prueba como de quien se somete a ella debe calibrar por encima de 200 para obtener respuestas precisas. La experiencia de los grupos de debate en internet demuestra que muchos estudiantes obtienen resultados inexactos. Investigaciones adicionales indican que, aún si se calibra en 200, cabe una probabilidad de error del treinta por ciento. Cuanto más altos son los niveles de conciencia de los miembros del equipo que llevan a cabo la prueba, más precisos son los resultados. La mejor actitud es la de desapego clínico. La afirmación se ha de presentar anteponiendo la frase: «En el nombre del bien más elevado, _____ calibra como verdadero por encima de 100» o «por encima de 200», etcétera. La contextualización «en nombre del bien más elevado» incrementa la precisión porque se trascienden el interés personal y los motivos egoístas.

Durante muchos años se pensó que la prueba era una respuesta local del sistema de acupuntura o del sistema inmunitario. Sin embargo, investigaciones posteriores demostraron que no se trata en modo alguno de una respuesta local del organismo, sino de una respuesta general de la conciencia ante una sustancia o afirmación. Lo que es verdadero, beneficioso o promueve la vida da una respuesta positiva que proviene del campo impersonal de la conciencia, presente en todo ser vivo. Esta respuesta positiva viene indicada por el fortalecimiento de la musculatura corporal. También se produce una respuesta pupilar asociada (los ojos se dilatan con la falsedad y se contraen con la verdad), además de alteraciones en la función cerebral, como revelan las resonancias magnéticas (el mejor músculo indicador suele ser el deltoides; no obstante, es posible utilizar cualquier músculo del cuerpo).

Antes de presentar una pregunta (en forma de afirmación), es necesario recibir «permiso». Es decir, plantearse: «¿Tengo permiso para preguntar con respecto a lo que tengo en mente?» (Sí / No). O bien decir: «Que esta calibración esté al servicio del mayor bien».

Si una afirmación es falsa o una sustancia es perjudicial, los músculos se debilitan rápidamente en respuesta a la orden «resiste». Esto indica que el estímulo es negativo, falso, contrario a la vida o que la respuesta es «no». La respuesta es rápida y de duración breve. A continuación, el cuerpo se recupera y vuelve a la tensión muscular normal.

Hay tres formas de hacer la prueba. La más utilizada, tanto en investigación como en general, requiere dos personas: la que dirige la prueba (testador) y el sujeto de la misma. Es preferible un ambiente tranquilo, sin música de fondo. El sujeto cierra los ojos. *El testador debe formular la cuestión en forma de afirmación*. La respuesta muscular a dicha afirmación puede ser «sí» o «no». Por ejemplo, una forma incorrecta de preguntar sería: «¿Está sano este caballo?». La forma correcta es hacer la afirmación: «Este caballo esta sano», o bien su contraria: «Este caballo está enfermo».

Después de hacer la afirmación, el testador dice: «Resiste», y el sujeto mantiene el brazo extendido y paralelo al suelo. El testador presiona la muñeca del brazo extendido hacia abajo con dos dedos, con una fuerza moderada. El brazo del sujeto se mantiene fortalecido (lo que indica un «sí») o se debilita (un «no»). La respuesta es corta e inmediata.

Un segundo método es el del «anillo», que puede hacerlo una persona sola. Se trata de sujetar con fuerza el pulgar y el dedo medio de la misma mano dibujando una «O». Se usa el índice de la mano opuesta como gancho para tratar de separarlos. Hay una notable diferencia de fuerza entre el «sí» y el «no» (Rose, 2001).

El tercer método es el más simple, pero, como los demás, requiere algo de práctica. Basta con levantar un objeto pesado, como un gran diccionario o un par de ladrillos, desde la mesa hasta la altura de la cintura. Mantén en mente la imagen o afirmación verdadera que quieres calibrar y levanta el peso. Para contrastar, a continuación mantén en mente algo que sepas que es falso. Nota la facilidad con que levantas la carga cuando mantienes una verdad en mente y el mayor esfuerzo que necesitas para levantarla cuando la propuesta es falsa. Los resultados se pueden verificar utilizando los otros dos métodos.

Calibración de niveles específicos

El punto crítico entre lo positivo y lo negativo, entre lo verdadero y lo falso o entre lo constructivo y lo destructivo se encuentra en el nivel de calibrado de 200 (*véase* el apéndice A). Cualquier cosa por encima de 200, o verdadera, hace que el sujeto se fortalezca; cualquier cosa por debajo de 200, o falsa, debilita su brazo.

Es posible poner a prueba cualquier cosa pasada o presente, incluso imágenes o afirmaciones, acontecimientos o personajes históricos. No hace falta verbalizar.

Calibración numérica

Ejemplo: «Las enseñanzas de Ramana Maharshi calibran por encima de 700» (S/N). O bien, «Hitler calibraba por encima de 200» (S/N). «Cuando estaba en la veintena» (S/N). «En la treintena» (S/N). «Cuando tenía más de cuarenta años» (S/N). «En el momento de su muerte» (S/N).

Aplicaciones

La prueba muscular no puede utilizarse para predecir el futuro; por lo demás, lo que se puede preguntar no tiene límites. La conciencia no tiene límites en el tiempo ni en el espacio. Sin embargo, el permiso puede ser denegado. Se pueden hacer preguntas sobre cualquier acontecimiento actual o histórico. Las respuestas son impersonales, y no dependen del sistema de creencias de quienes realizan la prueba. Por ejemplo, el protoplasma retrocede ante los estímulos nocivos y la carne que sangra. Estas son cualidades de estos elementos y son impersonales. La conciencia solo conoce lo verdadero porque es lo único que existe. No responde ante lo falso, porque en la Realidad no existe. Tampoco responderá con precisión a preguntas egoístas o carentes de integridad. Para hablar con precisión, la respuesta a la prueba es simplemente «encendido» o «apagado». De un interruptor eléctrico, decimos que está «encendido» si pasa electricidad por él y que está «apagado» si no pasa. En realidad, no existe el estar «apagado». Esta es una afirmación sutil, pero crucial para comprender la naturaleza de la conciencia. La conciencia solo es capaz de reconocer la Verdad. Y simplemente no responde a la falsedad. Asimismo, un espejo solo refleja una imagen si hay un objeto que reflejar. Si no hay ningún objeto delante del espejo, no habrá imagen reflejada.

Para calibrar un nivel

Los niveles calibrados guardan relación con una escala de referencia específica. Para llegar a las mismas cifras indicadas en esta obra, se debe hacer referencia a la tabla del apéndice A o formular una afirmación del tipo: «En una escala de la conciencia humana del 1 al 1000, donde el 600 indica la Iluminación, este _____ calibra por encima de ____ (un numero)». O bien: «En una escala de la conciencia humana donde 200 es el nivel de Verdad y 500 es el nivel del Amor, esta afirmación calibra por encima de _____» (decir un número concreto).

Información general

Normalmente, la gente quiere diferenciar entre la verdad y la falsedad. Por tanto, la afirmación debe hacerse del modo más concreto posible. Se deben evitar expresiones generales, como «un buen trabajo». ¿Bueno en qué sentido? ¿En relación con la escala de retribuciones? ¿Por sus condiciones laborales? ¿Por las oportunidades de ascenso? ¿Porque el jefe es justo?

Experiencia

Familiarizarse con la prueba lleva a su progresivo dominio. Las preguntas adecuadas empiezan a surgir por sí solas y pueden ser sorprendentemente precisas. Si el mismo testador y el mismo sujeto trabajan juntos durante cierto tiempo, uno de ellos o ambos desarrollarán una sorprendente precisión y una asombrosa capacidad para determinar las preguntas concretas a realizar, aunque ninguno de ellos sepa nada en absoluto sobre el tema. Por ejemplo, el testador ha perdido una chaqueta. Dice: «La dejé en la oficina». La respuesta es no. «La dejé en el coche». La respuesta es no. Y, de repente, el sujeto casi «ve la chaqueta y dice: «Pregunta si está detrás de la puerta del baño». El sujeto dice: «La chaqueta esta colgada de la puerta del baño». La respuesta es sí. En este caso real, el sujeto ni siquiera sabía que el testador había parado a poner gasolina y se había dejado la chaqueta en los aseos de la estación de servicio.

Es posible obtener cualquier información sobre cualquier cosa, sobre cualquier momento actual o pasado o cualquier lugar, siempre que se tenga el permiso previo. Algunas veces se obtiene un «no», quizá por razones kármicas o por otras desconocidas. Es fácil confirmar la precisión de la información por verificación cruzada. Cualquiera que aprenda la técnica tendrá instantáneamente a su disposición más información de la que se conserva en todos los ordenadores y bibliotecas del mundo. Por lo tanto, las posibilidades son ilimitadas, y el potencial es impresionante.

Limitaciones

La prueba solo es precisa si los sujetos que la realizan calibran por encima de 200, y la intención para usarla es íntegra y calibra también por encima de 200. Son requisitos la objetividad desapegada y el alineamiento con la verdad, en lugar de la opinión subjetiva. Por lo tanto, tratar de demostrar un punto de vista resta precisión. Un diez por ciento de la población no es capaz de utilizar la prueba quinesiológica por razones aún desconocidas. Aún no sabemos por qué a veces las parejas casadas son incapaces de utilizarla uno con otro como sujetos de prueba y han de encontrar una tercera persona para hacer la prueba.

Un sujeto de prueba adecuado es una persona cuyo brazo se fortalece cuando mantiene en mente un objeto o persona amados, y se debilita si mantiene en mente algo negativo: miedo, odio, culpa, etcétera. Por ejemplo, Winston Churchill fortalece y Osama bin Laden debilita.

En ocasiones, un sujeto adecuado da respuestas paradójicas. Por lo general, pueden ser aclaradas dándole unos «golpecitos en el timo». (Con el puño cerrado, golpea tres veces sobre la parte superior del esternón, sonríe y di «ja ja ja» con cada golpecito, visualizando mentalmente a alguien o algo que ames). Entonces el desequilibrio temporal se aclara.

El desequilibrio puede ser el resultado de haber estado recientemente con personas negativas, de escuchar música *heavy metal*, de ver programas violentos, de jugar a videojuegos violentos, etcétera. La energía negativa de la música tiene un efecto perjudicial sobre el sistema energético corporal que perdura hasta media hora después de dejar de escucharla. Los anuncios de televisión o subliminales también son una fuente habitual de energía negativa.

Como ya he señalado, este método para discernir la verdad de la falsedad y calibrar niveles de verdad conlleva requisitos estrictos. Debido a estas limitaciones, en el libro *Truth vs. Falsehood* ofrezco niveles calibrados para que sirvan de referencia.

Explicación

La prueba de la fortaleza muscular es independiente de las creencias y opiniones. Se trata de una respuesta impersonal del campo de conciencia, igual que el protoplasma es impersonal en sus respuestas. Esto se demuestra al observar que las respuestas a la prueba son las mismas tanto si se verbalizan como si se mantienen en mente silenciosamente. Así, el sujeto de la prueba no influye en la respuesta, porque no conoce la pregunta. Para demostrar esto, puede hacerse el siguiente ejercicio.

El testador mantiene en mente una imagen desconocida para el sujeto de la prueba y afirma: «La imagen que tengo en mi mente es positiva» (o «verdadera» o «calibra por encima de 200»). Entonces el sujeto de la prueba resiste la presión para bajar la muñeca. Si el testador mantiene en mente una imagen positiva (por ejemplo Abraham Lincoln, Jesús o la madre Teresa), el músculo del brazo del sujeto se fortalecerá. Si el testador mantiene en mente una afirmación falsa o una imagen negativa (por ejemplo Bin Laden o Hitler), el brazo se debilitará. Como el sujeto no sabe lo que el testador ha tenido en mente, en los resultados no influyen sus creencias personales.

La descalificación

Tanto el escepticismo (calibra 160) como el cinismo y el ateísmo calibran por debajo de 200, ya que reflejan un prejuicio negativo. Por el contrario, la verdadera investigación requiere una mente abierta y honesta, desprovista de vanidad intelectual. Los estudios negativos sobre la metodología de esta prueba calibran por debajo de 200 (por lo general en 160), igual que los propios investigadores.

Que profesores famosos puedan calibrar y de hecho calibren por debajo de 200 puede parecerle sorprendente al ciudadano medio. Pero los estudios negativos son consecuencia de un sesgo negativo. Como ejemplo, el diseño de investigación de Francis Crick, que condujo al descubrimiento de la doble hélice del ADN, calibró a 440. Su último diseño de investigación, que pretendía demostrar que la conciencia solo es un producto de la actividad neuronal, calibró solo en 135 (era ateo).

El fracaso de los investigadores que, por ellos mismos o por defectos del diseño de investigación, calibran por debajo de 200 (suelen calibrar a 160) confirma la verdad de la metodología que declaran desaprobar. Ellos «deberían» obtener resultados negativos y los obtienen, lo que, paradójicamente, demuestra la exactitud de la prueba para detectar la diferencia entre la integridad imparcial y falta de integridad.

Cualquier nuevo descubrimiento puede generar desequilibrios y ser visto como una amenaza para el *statu quo* de los sistemas de creencias imperantes. Que la investigación de la conciencia valide la Realidad espiritual producirá resistencias, por supuesto, pues supone una confrontación directa con el núcleo narcisista del ego, que es intrínsecamente obstinado y presuntuoso.

Por debajo del nivel de conciencia 200, la comprensión está limitada por el dominio de la mente inferior, que es capaz de reconocer hechos, pero aún no de comprender lo que se entiende por «verdad» (confunde la *res interna* con la *res externa)* ni que esta produce manifestaciones fisiológicas diferentes de las de la falsedad. Además, la verdad se intuye, como lo demuestran el análisis de voz, el estudio del lenguaje corporal, la respuesta pupilar, los cambios del EEG, las fluctuaciones de la respiración y la presión arterial, la respuesta galvánica de la piel, la radiestesia e incluso la técnica Huna de medición de la distancia a la que el aura irradia. Algunas personas dominan una técnica muy sencilla que se basa en la utilización del cuerpo erguido como un péndulo (caen hacia delante con la verdad y hacia atrás con la falsedad).

En una contextualización más avanzada, los principios que prevalecen son que la Verdad no puede ser refutada por la falsedad, como la luz no puede serlo por la oscuridad. Lo no lineal no está sujeto a las limitaciones de lo lineal. La Verdad es de un paradigma diferente de la lógica, y por lo tanto no es «demostrable», puesto que lo demostrable solo calibra en 400. La metodología de la investigación de la conciencia opera en el nivel 600, que está en la interfaz de las dimensiones lineal y no lineal.

Las discrepancias

Calibraciones realizadas en distintos momentos o por diferentes investigadores pueden obtener resultados diversos. Estas pueden ser las razones:

1 Las situaciones, las personas, los políticos, las políticas y las actitudes cambian con el tiempo.

2 La gente tiende a utilizar diferentes modalidades sensoriales cuando tiene algo en mente: visual, auditiva o qui-
   nestésica. Por tanto, «tu madre» podría ser su aspecto, su
   sonido, su sentimiento, etcétera. Henry Ford puede ser
   calibrado como padre, como empresario, por su impacto
   en Estados Unidos o por su antisemitismo.

3 La precisión se incrementa con el nivel de conciencia. Con
   400 o más la precisión es muy notable. Puedes especificar
   el contexto y adherirte a una modalidad predominante.
   Si el mismo equipo utiliza la misma técnica, obtendrá resultados consistentes. La experiencia se desarrolla con la
   práctica. No obstante, algunas personas son incapaces de
   tener una actitud científica imparcial y de ser objetivas, y
   por lo tanto para ellas el método no será exacto. La dedicación y la intención favorable a la verdad han de tener
   prioridad sobre las opiniones personales y el deseo de demostrar que son «correctas».

Nota

Al descubrimiento de que la técnica no funciona con personas que calibraban por debajo del nivel 200, recientemente se
ha sumado otro: tampoco funciona si las personas que realizan
la prueba son ateas. Esto puede ser consecuencia del hecho de
que el ateísmo calibra por debajo de 200, y que la negación de la
verdad o de la Divinidad (omnisciencia) descalifica kármicamente al negador, tal como el odio niega el amor.

Asimismo, se ha descubierto recientemente que la capacidad
de calibrar la conciencia con precisión aumenta cuanto más elevado sea el nivel de conciencia de los testadores. Las personas
que están en la parte alta de los 400 y por encima consiguen los
resultados más fiables en las pruebas (Jeffrey y Colyer, 2007).

Apéndice C

REFERENCIAS

Un Curso de Milagros, Foundation for Inner Peace, Mill Valley, Ca, USA, 1996.

Adler, J., V. Juarez, et al. "Spirituality in America", Special Report, *Newsweek*, agosto-septiembre 46-66, 2005.

Almeder, R., *Harmless Naturalism: The Limits of Science and the Nature of Philosophy,* Open Court Publishing Co., Peru, Illinois ,1998.

Asociación Americana de Psiquiatría, *Diagnostic and Statistical Manual of Mental Disorders* DSM-IV-TR, 4ª ed, Arlington, Va., Asociación Americana de Psiquiatría, 2000.

Anderson, S., y P. Ray., *The Cultural Creatives: How 50 Million People Are Changing the World*, Harmony Books, Nueva York, 2000.

Arehart-Treichal, J., "Witnessing Violence Makes Youth More Prone to Violence," *Psychiatric News,* 1 de julio de 2005.

-. "Serotonin Gene Variant Linked to Anxiety and Depression." *Psychiatric News,* 18 de marzo de 2005.

-. "Gene Variant, Family Factors Raise Risk of Conduct Disorder." *Psychiatric News*, 2004.

-. "Brain Receptor Abnormality Likened to Alcoholism Risk," *Psychiatric News*, 5 de noviembre de 2004.

Bailey, A. *Espejismo: un problema mundial*, Fundación Lucis, Buenos Aires, Argentina, 2.000.

Beauregard, M. (ed.), "Consciousness, Emotional Self-Regulation, and The Brain," *Advances in Consciousness Research 54*, John Benjamins Publishing Co., Nueva York, 2003.

Begley, S., "Scans of Monks' Brains Show Meditation Alters Structure and Functioning", *Science journal*, 5 de noviembre de 2004.

Benoit, H., *Zen and the Psychology of Transformation: The Supreme Doctrine*. Inner Traditions-Bear & Company, Rochester, Vt., US, 1990.

Bogart, L. *Over the Edge: Hot Pursuit of Youth by Marketers and Media Has Changed American Culture*, Ivan R. Dee Publisher, Chicago, 2005.

Brinkley D. *Saved by the Light,* Random House, Nueva York, 1994.

Bristow, D., "Blinking suppresses the neural response to unchanging retinal stimulation", University College London, Institute of Neurology, *Current Biology 15*, 12961500, 26 de julio de 2005.

Bruce , T., *The Death of Right and Wrong : Exposing the Left's Assault on Our Culture and Values*, Crown Three Rivers Press, Nueva York, 2003.

Canfield , J., *The Success Principles: How to Get from Where You Are to Where You Want to Be*, HarperResource, Nueva York, 2005.

Cannon , W. B., *Bodily Changes in Hunger, Fear and Rage: An Account of Recent Researches in the Function of Emotional Excitement*, Gryphon Editions, Classics of Psychiatry & Behavioral Sciences Library, Delran, NJ, 1989.

Carroll, L., *Alicia en el País de las Maravillas* y *A través del Espejo y lo que Alicia encontró al otro lado*, Alianza Editorial, 2005.

Chandler, S., *17 Lies That Are Holding You Back and the Truth That Will Set You Free*, Renaissance Books, Los Angeles, 2000.

Clayton, P., *Mind and Emergence: From Quantum to Consciousness*, Oxford University Press, Oxford, UK, 2004.

Chrichton, M., *State of Fear*, HarperCollins, Nueva York, 2004.

Cohn, M., "Kamikaze Resurrection", *The Toronto Star*, Toronto, 6 de agosto de 2005.

Deickman , A. J., "The Role of intention and Self as Determinants of Consciousness", *Toward A Scientific Basis for Consciousness*, University of Arizona, abril de 1994.

Descartes, R., *The Behavioral Books of the Western World, Vol. 31*, Encyclopedia Britannica, Chicago, 1952.

Diamond, J., *Kiniesiología del Comportamiento*, Editorial EDAF, 1980.

- .*Your Body Doesn't Lie*, Warner Books, Nueva York, 1979.

Dohrenwend, B., "Socioeconomic Status and Psychiatric Disorders: Causation vs. Selection", *Science 255*, 1992.

Duenwald, M., "Revenge: The Evidence Mounts", *Science*, 27 Agosto de 2004.

- . "Vital Signs: Update: Revenge: The Evidence Mounts." *New York Times*, 31 de agosto de 2004.

Evans, D., E. Foa, R. Gur, *Treating and Preventing Adolescent Mental Health Disorders: What We Know and What We Don't*, Oxford University Press, Oxford, UK.

Few, B., "What We Know and What We Don't Know about Consciousness Science", *Journal of Consciousness Studies 12:7*, julio de 2005.

Flurry, G., "Did The Tsunami Shake Your Faith? "*Philadelphia Trumpet*, Filadelfia, Febrero de 2005.

Freud, A., *El Ego y los Mecanismos de defensa*, Paidós Ibérica, 1980.

Ginsberg, C., "First-Person Experiments", *Journal of Consciousness Studies 12:2*, febrero de 2005.

Gladwell, M., *Blink: The Power of Thinking Without Thinking*, Little, Brown and Co., Nueva York, 2005.

-. *El Punto Clave: Cómo los pequeños cambios pueden provocar grandes efectos*, Taurus, 2011.

Godman, D., *Be As You Are: The Teachings of Ramana Maharshi*, Arkana, Boston, 1985.

Goodheart, G., *Applied Kinesiology*, Goodheart, Detroit, 1976.

Gorner, P., "Animal Laughter Sheds Light On Emotional Problems in Humans", *Chicago Tribune*, Chicago, 2005.

Hanson, M., "Spas Tapping Area's Spirituality" *Arizona Republic*, 6 de julio de 2005.

Harman, W., *The Mind in Matter* (vídeo), Institute of Noetic Sciences, Petaluma, Ca, Estados Unidos.

Hawkins, D., *Truth vs. Falsehood: How to Tell the Difference*, Axial Publishing Co., Toronto, 2005.

- *Complete list of works by Dr. Hawkins,* www.veritaspub.com, 2005.
- *Truth vs. Falsehood,* (Album-DVD+CD5), Nightingale-Conant Corp., Chicago, 2005.
- "Consciousness Quantified." *Science of Mind* 78:6, junio de 2005.
- "Devotional Nonduality", *serie de conferencias,* Veritas Publishing, Sedona, Arizona, 2005.
- "Transcending the Mind", *serie de conferencias,* Veritas Publishing, Sedona, Arizona, 2004.
- *The Highest Level of Enlightenment* (CD, cintas de audio), Nightingale-Conant Corp., Chicago, 2004.
- "Homo Spiritus", serie de conferencias, Veritas Publishing, Sedona, Arizona, 2003.
- "The Way to God" (12 CD o DVD), serie de conferencias, Veritas Publishing, Sedona, Arizona, 2002.
- *El Poder frente a la Fuerza,* El Grano de Mostaza, Barcelona, 2015.
- *El ojo del yo,* Obelisco, Barcelona, 2006.
- *Office Series: Stress ; Health; Spiritual First Aid; Sexuality; The Aging Process; Handling Major Crisis; Worry, Fear and Anxiety; Pain and Suffering; losing Weight; Depression; Illness and Self-Healing; and Alcoholism* (Audio, Cintas de Audio), Veritas Publishing, Sedona, Arizona, 1986.

Hodgson, D., "A Plain Person's Free Will", *Journal of Consciousness Studies 10:1,* enero de 2005.

Hutz, R., "Studies: Mind Makes and Breaks Its Misery," *Los Angeles Times,* 20 de febrero de 2004.

James , W., *Las Variedades de La Experiencia Religiosa*, Lectorum, Ciudad de México, 2006.

Jung, C. J., *Obras Completas*, Editorial Trotta, Madrid, 1999.

Kane, R., "Free Agency and Laws of Nature", *Journal of Consciousness Studies 10:1*, enero de 2005.

Lama, Dalai y Cutler H. C., *El Arte de la Felicidad*, Kailas, Madrid, 2004.

Lamsa, G., *Biblia Peshitta: Traducción de los Antiguos Manuscritos Arameos*, B&H Español, Nashville, TN, Estados Unidos, 2007.

Lawrence, Hermano, *La práctica de la Presencia de Dios*, Whitaker House, New Kensignton, PA, Estados Unidos, 1997.

Lehman, C., "Young Brains Don't Distinguish Real from Televised Violence", *Psychiatric News*, 8 de agosto 2004.

Leiter, L. D., "Organized Skepticism Revisted," *Journal of Scientific Exploration 18:4*, 2004.

Livingstone, I., "Stress and the Brain," Physicians' *Health Update*, enero/febrero de 2005.

Mackay, C., *Extraordinary Popular Delusions & the Madness Of Crowds*, Harriman House, Hampshire, Reino Unido, 2003.

Maharaj, N., *I Am That: Talks with Sri Nisargadatta Maharaj*, Chetana Private Ltd., Mumbai, India, 1999.

Maharshi, R., *Spiritual Teaching of Ramana Maharshi*, Shambhala, Boulder, Col., 2004.

- *Talks with Ramana Maharshi Vol. 3*, T. N. Venkataraman, Chenai, India, 1955.

Maslow, A., *The Farther Reaches of Human Nature*, Viking Press, Nueva York, 1971.

- "Religious Aspects of Peak-Experiences," *Personality and Religion*, Harper & Row, Nueva York, 1970.

Mathew. R. J., *The True Path : Western Science and the Quest for Yoga*, Perseus Publishing, Nueva York, 2001.

Mccain, J., *Character is destiny: Inspiring Stories Ever Young Person Should Know and Every Adult Should Remember*, Random House, Nueva York, 2005.

Miller, Z., *A Deficit of Decency*, Stroud and Hall Publishers, Macon, GA, Estados Unidos, 2005.

Monroe, R., *Journeys Out of the Body*, Main StreetBooks, Nueva York, 1992.

Moran, M., "High Tech Reveals Secrets of the Social Brain", *Psychiatric News*, 2 de julio de 2004.

Oldham, J., D. Skodol, y D. Bander, *Textbook of Personality Disorders*, American Psychiatry Association Publishing Co., Arlington, VA, 2005.

Partridge, C., *UFO Religions*, Routledge, Londres, 2003.

Pashler, H., *The Psychology of Attention*, MIT Press, Cambridge, Mass, 1999.

Person, E., A. Cooper, y G. Gabbard, *The American Psychiatric Publishing Textbook of Psychoanalysis*, American Psychiatric Association Publishing Co, Arlington, Va.

Paul, P., "The Power to Uplift," *Time*, 17 de enero de 2005.

Po, Huang, *Enseñanzas sobre la Mente Única del Maestro Zen Huang-Po*, Miraguano, Madrid, 2013.

Poniewozik J., "The Art of Unhappiness", *Time*, 17 de enero de 2005.

Powell, R., *Discovering the Realm Beyond Appearance: Pointers in the Inexpressible*, Blue Dove Press, San Diego, 1999.

Reiss, S., "Human Individuality and The Gap Between Science and Religion", *Zygon 4:1*, marzo de 2005.

Rose, G., *When You Reach the End of Your Rope. . . Let Go*, Awareness Press, Los Angeles, 2001.

Ruell, D., "Strange Attractors", *Mathematical Intelligence 2*, 126-137, 1980.

Sadlier, S., *Looking for God: A Seeker's Guide to Religious and Spiritual Groups of the World*, Berkeley Publishing Group, Penguin Putnam, Nueva York, 2000.

Schwartz, B., *The Paradox of Choice: Why More is Less*, Ecco/HarperCollins, Nueva York, 2005.

Searle, J., "Consciousness, Free Action and The Brain", *Journal of Consciousness Studies 7:10*, 3-22, 2000.

Selye, H., *Stress of Life,* McGraw-Hill, Nueva York, 1978.

Shear, K., "A Treatment of Complicated Grief", *Journal of the American Medical Assaciation 293: 2601-08*, 2005.

Sherwood, R., "Bullying victim boosts bill - UA professor wants to stop harassment", *Arizona Republic*, 20 de enero de 2005.

Sommers, C., y S. Satel, *One Nation Under Therapy: How The Helping Culture is limiting Self-Reliance*, St. Martin's Press, Nueva York, 2005.

Sowers, C., "Brawls and Kin Event An Issue", *Arizona Republic*, 20 de enero de 2005.

Spongg, J. S., *The Sins of Scripture: Exposing the Bible's Texts of Hate to Reveal the God of Love*, HarperSanFrancisco, San Francisco, 2005.

Stapp, H., *The Mindful Universe*, *www-physics.lbl.gov/~stapp/MUA.pdf* , 2005.

- "Attention, Intention, and Will in Quantum Physics", *Journal of Consciousness Studies* 6(8-9), 143-146.

Steindl-Rest, D., "Solving the God Problem", *Spirituality and Health*, 56-61, junio de 2005.

Suzuki, D.T., *The Zen Doctor of No-Mind: The Significance of the Sutra of Hui-Neng*, Weiser Books, Boston, 1991.

Szegedy-Maszak, M., "Mysteries of the Mind", *US. News and World Report*, 53-61, 28 de febrero de 2005.

- "Conquering Our Phobias", *US. News and World Report*, 67-74, 6 de diciembre de 2004.

Tanner, L., "Parkinson's Disease Drug Linked to Gambling", *Archives of Neurology*, julio de 2005.

Test, M., J. Greenberg, "Construct Validity of A Measure of Subjective Satisfaction with Life of Adults with Serious Mental Illness", *Psychiatric Services*, 292-299, marzo de 2005.

Tiebout, H., *Collected Writings*, Hazeldon Information and Educational Services, www.silkworth.net/tiebout/tiebout_papers.html, 1999.

- "The Act of Surrender in the Therapeutic Process", *Quarterly Journal of Studies on Alcohol 10*, 48-58, 1949.

Tolson, J., "Divided We Stand", *US News & World Report*, 42-48, 8 de agosto de 2005; *Twelve Steps and Twelve Traditions*, Alcoholics Anonymous World Services, 1996.

Wallis, C., "The New Science of Happiness", *Time*, 17 de enero de 2005.

Walsh, M., *Vidas de los Santos*, Libsa, Madrid, 2008.

Watt, D., "Consciousness, Emotional Self-Regulation With Brain", *Journal of Consciousness Studies 11:9*, 77-82, 2004.

"Who Wrote the NewTestament?" en *History Channel*, 2 de junio de 2005.

Wilber, K., "The Perennial Philosophy"en *The Essential Ken Wilber*, Shambhala Publishers, Boston, 1989.

Wilson, W., *The Language Of The Heart: Bill W's Grapevine Writings*, AA Grapevine Inc., Marion, Ohio, 1992.

Sobre el autor

NOTAS BIOGRÁFICAS Y AUTOBIOGRÁFICAS

El doctor Hawkins es un maestro espiritual conocido internacionalmente, además de autor y conferenciante de temas relacionados con los estados espirituales avanzados, la investigación de la conciencia y la realización de la Presencia de Dios como el Ser.

La singularidad de sus trabajos publicados y de sus conferencias radica en el hecho de que se trata de una persona con formación científica y experiencia clínica que alcanzó un avanzado estado de conciencia espiritual, y más tarde fue capaz de verbalizar y explicar este fenómeno inusual de manera clara y comprensible.

La transición del estado normal del ego a su eliminación por la Presencia se describe en la trilogía *El poder contra la fuerza* (1995), que recibió elogios incluso de la madre Teresa; *El ojo del yo* (2001), y *I: Reality and Subjetivity* (2003), que han sido traducidos a los idiomas más importantes del mundo. *La verdad contra la falsedad: cómo saber la diferencia* (2005), *Transcender los niveles de conciencia* (2006), *Discovery of The Presence of God: Devotional Non-Duality* (2007) y *Reality, Spirituality and Modern Man* (2008) continúan la exploración de las expresiones y limitaciones inherentes al ego y cómo trascenderlas.

La trilogía fue precedida por una investigación sobre la naturaleza de la conciencia que se publicó como tesis doctoral: *Quantitative and Qualitative Analysis and Calibration of the Levels of Human Consciousness* (1995), que correlaciona los dominios aparentemente dispares de la ciencia y la espiritualidad. Esto se logró por medio del descubrimiento de una técnica que, por primera vez en la historia humana, ha demostrado ser un medio para discernir entre la verdad y la falsedad.

El reconocimiento de la importancia de su trabajo inicial le llegó a través de opiniones muy favorables y amplias reseñas en *Brain/Mind Bulletin,* y también en presentaciones posteriores, como la realizada en la Conferencia Internacional sobre Ciencia y Conciencia. Muchas de estas presentaciones fueron organizadas por diversas instituciones, agrupaciones espirituales, grupos religiosos, de monjas y monjes, tanto nacionales como extranjeros, entre los que destaca el Foro de Oxford, en Inglaterra. En el Lejano Oriente, al doctor Hawkins se le reconoce como maestro del camino de la iluminación *(Tae Ryoung Sun Kak Dosa).* Convencido de que gran parte de la verdad espiritual ha sido mal interpretada a lo largo de los años por falta de explicación, Hawkins ha ofrecido seminarios mensuales para proporcionar explicaciones detalladas, demasiado largas para presentarlas en forma de libro. Las grabaciones, que acaban con preguntas y respuestas, están disponibles para permitir una mayor clarificación.

El diseño general de su trabajo vital consiste en una recontextualización de la experiencia humana en el marco de la evolución de la conciencia y en la integración de las comprensiones de la mente y del espíritu como expresiones de la Divinidad innata, que son el sustrato y la fuente constante de vida y existencia. Esta dedicación viene indicada en la declaración *Gloria in Excelsis Deo* con la que empiezan y acaban sus obras publicadas.

Resumen biográfico

El doctor Hawkins practicó la psiquiatría desde 1952, y fue miembro vitalicio de la American Psychiatric Association y otras muchas organizaciones profesionales. Entre sus apariciones televisivas en Estados Unidos destacan las realizadas en los programas *The McNeil/Leher News Hour, The Barbara Walters Show, The Today Show*, así como documentales de ciencia y muchos otros. También fue entrevistado por Oprah Winfrey.

Hawkins es autor de numerosas publicaciones, libros, vídeos y series de conferencias sobre temas científicos y espirituales. Escribió, junto con el premio Nobel Linus Pauling, el famoso libro *Orthomolecular Psychiatry*. Durante algunos años fue asesor de las diócesis episcopaliana y católica, de diversas órdenes monásticas y otras organizaciones religiosas.

Hawkins ha ofrecido multitud de conferencias, por ejemplo, en el Foro de Oxford, en la abadía de Westminster y en diversas universidades de Argentina, así como en las de Notre Dame, Michigan, Fordham y Harvard. Pronunció la conferencia anual Landsberg en la facultad de medicina de la Universidad de California en San Francisco. También ha asesorado a gobiernos extranjeros en temas de diplomacia internacional, y ha desempeñado un papel fundamental en la resolución de antiguos conflictos que constituían importantes amenazas para la paz mundial.

En reconocimiento a sus contribuciones al bienestar de la humanidad, el doctor Hawkins ha sido nombrado caballero de la Orden Soberana de los Hospitalarios de San Juan de Jerusalén, fundada en 1077.

Nota autobiográfica

Si bien las verdades expuestas en este libro están científicamente fundamentadas y objetivamente organizadas, al igual que todas las verdades, primero las experimenté personalmente. Toda una vida de intensos estados de conciencia que comenzaron a una edad temprana, primero inspiraron y después orientaron el proceso de realización subjetiva que por último tomó forma en esta serie de libros.

A los tres años de edad tuve una conciencia plena y repentina de la existencia, una comprensión no verbal pero completa del significado de Yo Soy, seguida inmediatamente por la temible toma de conciencia de que el yo podría no haber venido a la existencia. Esto supuso un despertar instantáneo del olvido a la conciencia presente, y en ese momento nació el yo personal, y la dualidad «es» y «no es» entró en mi conciencia subjetiva.

A lo largo de la infancia y la primera adolescencia, la paradoja de la existencia y la pregunta sobre la realidad del yo no dejaron de preocuparme. A veces el yo personal se deslizaba hacia el Yo impersonal mayor, y el temor inicial a la inexistencia —el miedo fundamental a la nada— volvía a aparecer.

En 1939, cuando de niño repartía periódicos y tenía un recorrido de treinta kilómetros en bicicleta por los campos de Wisconsin, en una oscura noche de invierno me sorprendió una ventisca de nieve, con una temperatura de veinte grados bajo cero y muy lejos de casa. La bicicleta resbaló en el hielo, y el fuerte viento arrancó los periódicos de la cesta del manillar, arrastrándolos por los campos nevados y cubiertos de hielo. Lloré lágrimas de frustración y de cansancio, mientras mis ropas se quedaban rígidas y congeladas. Para resguardarme del viento, hice un agujero en una gran acumulación de nieve y me metí adentro. Pronto cesaron los temblores y sentí una calidez deliciosa, para luego entrar en un estado de paz indescriptible. Vino acompañado de un baño de luz y una presencia de infinito amor sin principio ni fin, que no se diferenciaba de mi propia esencia. El cuerpo físico y el entorno se desvanecieron mientras mi conciencia se fundía con este estado omnipresente e iluminado. La mente quedó en silencio; todo pensamiento cesó. Una Presencia infinita era todo lo que había o podía haber, más allá de todo tiempo o descripción.

Después de esta intemporalidad, de repente fui consciente de que alguien me sacudía la rodilla, y luego apareció el ansioso rostro de mi padre. Sentí una gran renuncia a volver al cuerpo y a todo lo que suponía, pero el amor y la angustia de mi padre hicieron que el Espíritu nutriera y reactivara el cuerpo. Sentí una gran compasión por su miedo a la muerte, aunque, al mismo tiempo, el concepto de muerte parecía absurdo.

No hablé con nadie de esta experiencia subjetiva, puesto que no tenía ningún contexto a partir del cual describirla. No era habitual oír hablar de experiencias espirituales, salvo las que se contaban de las vidas de los santos. Después de esta experiencia, la realidad aceptada del mundo empezó a parecerme provisional; las enseñanzas religiosas tradicionales habían perdido el sentido, y, paradójicamente, me hice agnóstico. En comparación con la luz de la Divinidad que había iluminado toda existencia, el dios de la religión tradicional brillaba con una luz mortecina; y así, la espiritualidad sustituyó a la religión.

Durante la segunda guerra mundial, las peligrosas tareas a bordo de un dragaminas a menudo me llevaron a las proximidades de la muerte, pero no sentía miedo. Era como si la muerte hubiera perdido su autenticidad. Después de la guerra, fascinado por las complejidades de la mente y como quería estudiar psiquiatría, realicé mis estudios en la Facultad de Medicina. Mi instructor y psicoanalista, un profesor de la Universidad de Columbia, también era agnóstico; los dos teníamos una visión muy sombría de la religión. El análisis fue bien, igual que mi carrera, y todo terminó satisfactoriamente.

Sin embargo, no llevé una vida profesional tranquila. Caí enfermo de una dolencia progresiva y fatal, que parecía no responder a los tratamientos habituales. A los treinta y ocho años estuve *in extremis*, y supe que estaba a punto de morir. No me preocupaba el cuerpo, pero mi espíritu estaba en un estado de extrema angustia y desesperación. Cuando se aproximaba el último momento, un pensamiento atravesó mi mente: «¿Y si existiera Dios?». De modo que me puse a orar: «Si existe un Dios, le pido que me ayude ahora». Me entregué a cualquier Dios que pudiera haber y me sumí en el olvido. Cuando desperté, había tenido lugar una transformación tan enorme que me quedé mudo de asombro.

La persona que yo había sido ya no existía. Ya no había ningún yo personal o ego, solo una Presencia infinita de un poder tan ilimitado que no había nada más que eso. Esa Presencia había sustituido al yo, y ahora el cuerpo y sus acciones estaban controlados únicamente por la voluntad infinita de la Presencia. El mundo estaba iluminado por la claridad de una Unidad infinita, que se expresaba en forma de todas las cosas reveladas, dotadas de belleza y perfección. Esta serenidad persistió con el transcurso de los años. No había voluntad personal; el cuerpo físico seguía haciendo sus cosas bajo la dirección de la voluntad de la Presencia, infinitamente poderosa pero exquisitamente suave. En ese estado no había necesidad alguna de pensar nada. Toda verdad era evidente por sí misma, y no se necesitaba ninguna conceptualización, ni siquiera era posible. Al mismo tiempo, el sistema nervioso físico parecía estar sobrecargado, como si soportara mucha más energía de la que permitía el diseño de sus circuitos.

No era posible funcionar con eficacia en el mundo. Las motivaciones comunes habían desaparecido, junto con el miedo y la ansiedad. No había nada que buscar, puesto que todo era perfecto. La fama, el éxito y el dinero carecían de sentido. Los amigos insistían pragmáticamente en que volviera a la consulta clínica, pero no tenía motivación para ello.

Ahora podía percibir la realidad que subyace a las personalidades, y que el origen de las dolencias emocionales reside en que las personas creen que ellas *son* sus personalidades. Y así, el consultorio clínico volvió a ponerse en marcha como por voluntad propia, y con el tiempo creció muchísimo.

Acudía gente de todo Estados Unidos. La consulta llegó a tener dos mil pacientes externos, que precisaban más de cincuenta terapeutas, además de otros empleados, con veinticinco consultorios, laboratorios de investigación y de electroencefalogramas. Cada año llegaban mil pacientes nuevos. Además, empecé a participar en programas de radio y televisión. En 1973 documenté las investigaciones clínicas en un formato tradicional en el libro *Orthomolecular Psychiatry*. Esta obra iba diez años por delante de su tiempo y generó cierto revuelo.

El estado general de mi sistema nervioso mejoró lentamente, y entonces comenzó otro fenómeno. Una dulce y deliciosa corriente de energía fluía constantemente hacia arriba por mi columna hacia el cerebro, donde generaba una intensa sensación de placer ininterrumpido. Todo en la vida sucedía por sincronía y se desarrollaba en perfecta armonía; lo milagroso era habitual. El origen de lo que el mundo llama milagros es la Presencia, y no el yo personal. Lo que quedaba del yo personal solo era un testigo de estos fenómenos. El Yo mayor, más profundo que mi yo anterior o que mis pensamientos, determinaba todo cuanto sucedía.

A lo largo de la historia, otros autores habían dado cuenta de estos estados que se me presentaban. Esto me llevó a investigar las enseñanzas espirituales, entre ellas las de Buda, las de los sabios iluminados, las de Huang Po y las de maestros más recientes como Ramana Maharshi y Nisargadatta Maharaj. Así confirmé que mis experiencias no eran únicas. Ahora el Bhagavad-Gita tenía pleno sentido, y a veces experimentaba los mismos éxtasis espirituales que sri Ramakrishna y los santos cristianos.

Todo y todos en el mundo eran luminosos y exquisitamente hermosos. Todos los seres vivos se volvieron radiantes y expresaban esta radiación con serenidad y esplendor. Era evidente que en realidad toda la humanidad estaba motivada por el amor interno, aunque se había vuelto inconsciente de ello; la mayoría vivía su vida como en un sueño, dormida a la conciencia de lo que realmente era. La gente a mi alrededor parecía estar dormida, y era increíblemente hermosa. Era como si estuviera enamorado de todo el mundo.

Tuve que detener la práctica habitual de meditar durante una hora por la mañana y otra antes de cenar, porque intensificaba el éxtasis hasta tal punto que me era imposible funcionar. De nuevo tuve una experiencia similar a la que había vivido en la nieve cuando era un chico, y cada vez me resultaba más difícil salir de aquel estado para volver al mundo. La increíble belleza de todas las cosas brillaba en toda su perfección, y donde el mundo veía fealdad solo había belleza atemporal. Este amor espiritual impregnaba toda percepción. Desaparecieron todos los límites entre el aquí y el allí, el después y el ahora; desapareció la separación.

Durante los años pasados en silencio interior, creció la fortaleza de la Presencia. La vida ya no era personal; ya no existía la voluntad personal. El yo personal se había convertido en un instrumento de la Presencia infinita, e iba de aquí para allí y hacía las cosas como si tuviera voluntad. La gente sentía una extraordinaria paz dentro del aura de esa Presencia. Los buscadores perseguían respuestas. Pero, como allí ya no había un individuo que fuera David, en realidad obtenían respuestas muy refinadas de su propio Ser, que no era diferente del mío. El mismo Ser brillaba en los ojos de cada persona.

Ocurrían cosas milagrosas, más allá de la comprensión ordinaria. Desaparecieron muchas dolencias crónicas que el cuerpo había sufrido durante años; la visión ocular se normalizó espontáneamente, y ya no tuve necesidad de llevar lentes bifocales.

De vez en cuando, una exquisita energía de éxtasis, un Amor infinito, comenzaba a irradiar repentinamente desde el corazón hacia el escenario de alguna calamidad. En una ocasión, mientras conducía por la autopista, esta energía exquisita comenzó a irradiar desde el pecho. Al tomar una curva, apareció un automóvil accidentado; el vehículo estaba volcado, y las ruedas aún giraban. Esta energía pasó con gran intensidad a los ocupantes, y después se detuvo por sí sola. En otra ocasión, mientras iba caminando por la calle en una ciudad extranjera, la energía comenzó a fluir en la dirección de la siguiente manzana de casas, hasta llegar a la escena de una pelea de pandillas apenas iniciada. Los muchachos se retrajeron y se echaron a reír; una vez más, la energía se detuvo.

Profundos cambios de percepción se dieron sin previo aviso y en circunstancias improbables. Mientras cenaba solo en el restaurante Rothmann's, de Long Island, la Presencia se intensificó de pronto hasta que cada objeto y cada persona, que parecían separados para la percepción ordinaria, se fundieron en una universalidad y unidad atemporal. En aquel silencio inmóvil se hizo evidente que no había acontecimientos ni cosas, y que en realidad no sucede nada, porque pasado, presente y futuro no son más que montajes de la percepción, como la ilusión de un yo separado, sometido al nacimiento y a la muerte. A medida que el ser limitado y falso se disolvía en el Ser universal de su verdadero origen, surgió la sensación inefable de haber vuelto a casa, a un estado de absoluta paz y de alivio de todo sufrimiento. Únicamente la ilusión de individualidad da origen a todo sufrimiento; en cuanto uno se da cuenta de que el universo es uno, que es completo y está unificado con Todo lo que es por siempre jamás, ya no es posible ningún sufrimiento.

Venían pacientes de todos los países del mundo, y algunos eran los más desesperados de los desesperados. Llegaban con aspectos grotescos, retorcidos, envueltos en las sábanas húmedas con las que los transportaban desde lejanos hospitales, esperando tratamientos para psicosis avanzadas y otros graves trastornos mentales incurables. Algunos estaban catatónicos; muchos habían estado mudos durante años. Pero, en cada paciente, por debajo de su apariencia lisiada, estaba la brillante esencia del amor y la belleza, quizá tan oscurecida para la visión ordinaria que nadie en el mundo amaba a esa persona.

Un día trajeron al hospital a una catatónica muda con camisa de fuerza. Tenía un grave trastorno neurológico y era incapaz de mantenerse en pie. Se retorcía en el suelo, con espasmos, y dejaba los ojos en blanco. Tenía el cabello enmarañado; había desgarrado toda su ropa y emitía sonidos guturales. Su familia era bastante acomodada, y por ello a lo largo de los años había visitado un sinfín de médicos y especialistas famosos de todo el mundo. Con ella se había intentado todo y la profesión médica se había dado por vencida.

Surgió una escueta pregunta que no verbalicé: «¿Qué quieres que se haga con ella, Dios?». Y entonces me di cuenta de que lo único que aquella mujer necesitaba era que la amaran, eso era todo. Su ser interno brilló a través de sus ojos, y el Ser conectó con esa esencia amorosa. En aquel mismo momento se curó al reconocer quién era realmente; lo que pudiera ocurrirle a su cuerpo o a su mente ya no le importaba.

Esto es, en esencia, lo que ocurrió con innumerables pacientes. Algunos se recuperaron a los ojos del mundo y otros no, pero a los pacientes ya no les importaba la recuperación clínica. Su agonía interna había terminado. En cuanto se sentían amados y en paz, el dolor cesaba. Este fenómeno solo se puede explicar diciendo que la Compasión de la Presencia recontextualizaba la realidad de cada paciente de un modo que le permitía curarse a un nivel que trasciende el mundo y sus apariencias. La paz interior del Ser nos envolvía a todos más allá del tiempo y de la identidad.

Era evidente que todo dolor y sufrimiento surgen únicamente del ego y no de Dios, y esta verdad se comunicaba silenciosamente a la mente del paciente. Este era el bloqueo en la mente de otro catatónico que llevaba muchos años sin hablar. El Ser le dijo a través de la mente: «Estás culpando a Dios por lo que te ha hecho el ego». El paciente dio un salto y se puso a hablar, para sorpresa de la enfermera que presenció el incidente.

El trabajo se hacía cada vez más gravoso, y llegó a ser abrumador. Se rechazaban pacientes por falta de camas libres, a pesar de que en el hospital habíamos construido una sala anexa para albergarlos. Era enormemente frustrante no poder contrarrestar el sufrimiento humano más que de uno en uno. Era como achicar el agua del mar. Debía haber algún otro modo de abordar las causas del malestar general, de aquel interminable río de angustia espiritual y sufrimiento humano.

Todo esto me llevó al estudio de la quinesiología, que resultó ser un descubrimiento sorprendente. Era un «agujero de gusano» entre dos universos: el mundo físico y el mundo de la mente y del espíritu. Era un interfaz entre dos dimensiones. En un mundo lleno de personas dormidas que habían perdido la conexión con su fuente, encontramos una herramienta que permitía recuperar y demostrar ante todos la conexión perdida con la realidad superior. Esto me llevó a poner a prueba cada sustancia, pensamiento y concepto que pudiera tener en mente. En esta tarea tuve la ayuda de mis alumnos y de mis ayudantes de investigación. Y entonces se produjo un descubrimiento importante: mientras todos los individuos daban una respuesta débil ante estímulos negativos, como las luces fluorescentes, los pesticidas y los edulcorantes artificiales, los estudiantes de disciplinas espirituales que habían elevado su nivel de conciencia no daban respuestas débiles como las de las personas normales. Algo importante y decisivo había cambiado en su conciencia. Al parecer, ocurría cuando se daban cuenta de que no estaban a merced del mundo, y solo se veían afectados por las cosas que sus mentes creían. Quizá se podría probar que el proceso de progresar hacia la iluminación incrementaba la capacidad de resistencia humana ante las vicisitudes de la existencia, incluyendo las enfermedades.

El Ser tenía la capacidad de cambiar cosas en el mundo por el mero hecho de verlas; el Amor cambiaba el mundo cada vez que reemplazaba al no amor.

La estructura general de la civilización podía alterarse profundamente concentrando el poder del amor en un punto muy concreto. Cada vez que esto ocurría, la historia se abría hacia nuevos caminos.

Ahora parecía que estas comprensiones cruciales no solo se podían comunicar al mundo, además se podían demostrar de forma visible e irrefutable. Parecía que la gran tragedia de la vida humana siempre había sido que la psique era tan fácil de engañar; la discordia y el conflicto eran las consecuencias inevitables de esa incapacidad básica de la humanidad para distinguir entre lo verdadero y lo falso. Pero aquí había una respuesta para este dilema fundamental, una forma de recontextualizar la naturaleza de la conciencia misma y de hacer explicable aquello que, de otro modo, solo se podía inferir.

Había llegado el momento de dejar la vida en Nueva York, con el apartamento en la ciudad y la casa en Long Island, para hacer algo más importante. Era necesario perfeccionarme a mí mismo como instrumento. Para ello tenía que dejar el mundo y todo lo que contenía para sumergirme en una vida de reclusión en una ciudad pequeña, donde pasaría siete años entregado al estudio y la meditación.

Los abrumadores estados de arrobamiento volvieron sin buscarlos, y con el tiempo surgió la necesidad de aprender a estar en la Presencia Divina mientras seguía funcionando en el mundo. La mente había perdido el rastro de lo que sucedía en el mundo. Con el fin de investigar y escribir, tuve que abandonar la práctica espiritual y concentrarme en el mundo de la forma. Leer periódicos y ver televisión me ayudó a ponerme al día con respecto a quién era quién, los principales acontecimientos y la naturaleza del diálogo social del momento.

Las excepcionales experiencias subjetivas de la verdad, que son competencia de los místicos y afectan a toda la humanidad al enviar energía espiritual a la conciencia colectiva, no son comprensibles para la mayoría de las personas, y por lo tanto tienen un significado limitado salvo para otros buscadores espirituales. Esto me llevó a realizar un gran esfuerzo por ser normal, porque el mero hecho de ser normal es una expresión de la divinidad. La verdad de nuestro verdadero ser se puede descubrir en la vida cotidiana. Lo único que hace falta es vivir con cariño y con bondad. El resto se revela por sí mismo a su debido tiempo. Lo cotidiano y Dios no son cosas diferentes.

Así, después del largo viaje circular del espíritu, regresé al trabajo más importante, que consistía en intentar traer la Presencia un poco más cerca, para que pudieran entenderla tantas personas como fuera posible.

La Presencia es silenciosa y transmite un estado de paz que es el espacio en el cual y por el cual todo es, todo tiene su existencia y experiencia. Es infinitamente suave, y sin embargo como una roca. En ella desaparece todo temor. La alegría espiritual se produce a un nivel aquietado de éxtasis inexplicable. Y como la experiencia del tiempo se detiene, no hay aprensión ni pesar, no hay dolor ni anticipación; la fuente de la alegría es interminable y está siempre presente. Como no hay principio ni final, no hay pérdida, lamento ni deseo. No hace falta hacer nada, todo ya es perfecto y completo.

Cuando el tiempo se detiene, todos los problemas desaparecen; solo son efectos, montajes de un punto de vista. Cuando la Presencia se impone, ya no hay más identificación con el cuerpo ni con la mente. Y cuando la mente guarda silencio, el pensamiento «Yo Soy» también desaparece, y la Conciencia pura brilla para iluminar lo que uno es, fue y siempre será, más allá de todos los mundos y todos los universos, más allá del tiempo y, por lo tanto, sin principio ni fin.

La gente se pregunta: «¿Cómo se alcanza este estado de conciencia?». Pero pocos siguen los pasos debido a su sencillez. En primer lugar, el deseo de alcanzar este estado era intenso. Después, la disciplina comenzó a actuar con un perdón y una ternura constantes y universales, sin excepción. Uno ha de ser compasivo con todo, incluso con el propio yo y los propios pensamientos. Más tarde, tuve que estar dispuesto a mantener en suspenso los deseos y entregar la voluntad personal en todo momento. A medida que entregaba cada pensamiento, sentimiento, deseo y acto a Dios, la mente se volvió progresivamente más silenciosa. Al principio se liberó de historias enteras, después de ideas y conceptos. Y cuando uno deja de querer poseer los pensamientos, estos ya no son tan elaborados y comienzan a fragmentarse mientras se están formando. Al final, fui capaz de revertir la energía presente detrás del pensamiento antes de que se convirtiera en pensamiento.

La tarea de fijar el enfoque fue constante e implacable, sin siquiera permitirme un instante de distracción en la meditación, y prosiguió mientras me dedicaba a las actividades cotidianas. Al principio parecía muy difícil, pero, con el paso de los días, se convirtió en algo habitual y automático, que precisaba cada vez menos esfuerzo, y finalmente ninguno. El proceso se parece al de un cohete que sale de la órbita terrestre. Al principio hace falta una enorme potencia; después cada vez menos, conforme la nave sale del campo gravitatorio terrestre, y finalmente se desplaza por el espacio con su propio impulso.

De repente, sin previo aviso, se produjo un cambio de conciencia y la Presencia estaba ahí, inequívoca y omniabarcante. Hubo unos instantes de aprensión cuando moría el yo, y después lo absoluto de la Presencia inspiró un relámpago de asombro. Esta innovación fue espectacular, más intensa que cualquiera de las anteriores. No había nada con lo que compararla en la experiencia normal. Su profundo impacto quedó amortiguado por el amor que acompaña a la Presencia. Sin el apoyo y la protección de ese amor, uno quedaría aniquilado.

Después vino un momento de terror cuando el ego se aferró a su existencia, temiendo deshacerse en la nada. Pero, mientras moría, era reemplazado por el Ser como Totalidad, el Todo en el que todo es conocido y evidente en la perfecta expresión de su propia esencia. Con la no localidad vino la conciencia de que uno es todo lo que siempre fue o puede ser. Uno es total y completo, más allá de todas las identidades, más allá de todo género, más allá de la humanidad misma. Uno ya no necesita temer el sufrimiento ni la muerte. Lo que suceda con el cuerpo después de este punto no tiene importancia. En determinados niveles de conciencia espiritual, los achaques del cuerpo se curan o desaparecen de forma espontánea. Pero, en el estado absoluto, tales consideraciones son irrelevantes. El cuerpo seguirá el curso previsto y luego volverá al lugar de donde vino. Es una cuestión sin importancia y uno no se siente afectado por ello. El cuerpo se convierte en un «ello» más que en un «yo», como cualquier otro objeto, como el mueble de una habitación. A uno le puede parecer cómico que la gente siga dirigiéndose al cuerpo como si fuera el «yo» individual, pero no hay forma de explicar este estado de conciencia al inconsciente. Lo mejor es seguir adelante con los propios asuntos y dejar que la Providencia se ocupe de los ajustes sociales. Sin embargo, a medida que uno alcanza la dicha, resulta muy difícil ocultar tal estado de éxtasis. El mundo puede quedar deslumbrado, y la gente puede venir desde muy lejos para estar en tu aura. Los buscadores espirituales y los curiosos pueden sentirse atraídos, como los enfermos que buscan un milagro. Uno se puede convertir en un imán y en fuente de alegría para ellos. Normalmente, en este punto surge el deseo de compartir este estado con los demás y de utilizarlo en beneficio de todos.

Al principio el éxtasis que acompaña a esta condición no es absolutamente estable; también hay momentos de gran agonía. Los más intensos se dan cuando el estado fluctúa, y de repente cesa sin razón aparente. En esas ocasiones se dan periodos de intensa desesperación, y el temor de que la Presencia se haya olvidado de uno. Estas caídas hacen arduo el camino, y para superarlas hace falta mucha voluntad. Al final, se hace obvio que uno debe trascender este nivel para no sufrir estas insoportables «caídas de la gracia». Así pues, hay que renunciar a la gloria del éxtasis al emprender la ardua tarea de trascender la dualidad, hasta que uno está más allá de todos los opuestos y sus conflictivos tira y afloja. Una cosa es renunciar alegremente a las cadenas de hierro del ego, y otra muy distinta abandonar las cadenas de oro de la dicha extática. Es como si uno renunciara a Dios, y aparece un nuevo nivel de miedo que nunca antes se había anticipado. Es el terror final a la soledad absoluta.

Para el ego, el miedo a la inexistencia era formidable, y se retrajo una y otra vez cuando esta parecía aproximarse. Entonces quedó claro el propósito de las agonías y de las noches oscuras del alma. Son tan intolerables que su exquisito dolor lo estimula a uno a realizar el esfuerzo supremo que se necesita para superarlas. Cuando la vacilación entre el cielo y el infierno se hace insoportable, hay que entregar el deseo mismo de existir. Solo después de eso puedes por fin situarte más allá de la dualidad del Todo frente a la nada, más allá de la existencia y la inexistencia. Esta culminación del trabajo interior es la fase más difícil, el punto de inflexión definitivo en el que uno se hace plenamente consciente de que la trascendencia de la existencia ilusoria es irrevocable. Desde este punto no hay vuelta atrás, y el espectro de su irreversibilidad hace que esta última barrera parezca la elección más formidable jamás tomada.

Pero, de hecho, en este apocalipsis final del yo, la disolución de la única dualidad restante, la de la existencia frente a la inexistencia, la identidad misma, se disuelve en la Divinidad Universal, y no queda ninguna conciencia para tomar la decisión. El último paso, por lo tanto, lo da Dios.

—David R. Hawkins